北大荒农垦集团现代化农业企业标准

（2021—2024）

任传军　主编

北大荒集团

中国农业出版社

北　京

图书在版编目（CIP）数据

北大荒农垦集团现代化农业企业标准 . 2021—2024 /
任传军主编 . -- 北京：中国农业出版社，2025. 6.
ISBN 978-7-109-33316-1

Ⅰ. F324.1-65

中国国家版本馆 CIP 数据核字第 2025MA8155 号

中国农业出版社出版

地址：北京市朝阳区麦子店街 18 号楼
邮编：100125
责任编辑：廖　宁
版式设计：王　晨　　责任校对：周丽芳
印刷：中农印务有限公司
版次：2025 年 6 月第 1 版
印次：2025 年 6 月北京第 1 次印刷
发行：新华书店北京发行所
开本：880mm×1230mm　1/16
印张：19.25
字数：640 千字
定价：198.00 元

本书编委会

编 写 人 员

主　编　任传军

副主编　夏艳涛　胡　新　沙　录

参　编（按姓氏笔画排序）

丁毓军	于孟京	于晓羽	马　磊	马一搏
王　生	王　萌	王金楠	王晓锋	牛　莹
田　野	曲殿波	朱明亮	朱晓萍	刘　洋
刘　健	安文宇	孙振国	牟冰冰	李　朋
李伟华	李守翠	李孝凯	李绍坤	李庭锋
李宪伟	时晓民	吴亚晶	辛福志	汪　强
沈逸聪	张　霆	张立国	张学冠	张洪亮
张洪涛	张景云	陈　龙	周　宇	郑再飞
尚占江	孟繁亮	修德宣	贾力群	夏候赟捷
徐　宁	高　尚	郭立群	郭建国	黄　虎
黄以权	隋士国	焦　伟	鲁　巍	魏　源

　　标准是经济活动和社会发展的技术支撑，是国家基础性制度的重要方面。伴随国际国内形势的深刻复杂变化、新一轮科技革命和产业变革的蓬勃发展、全国统一大市场的加快建设等，标准化在经济社会发展中战略意义日益凸显。

　　经过 70 多年的不懈探索和总结，黑龙江垦区在农业标准化的推广应用上取得了骄人成就。1952 年由黑龙江垦区制定的《曙光农场农业技术操作规程》于 2013 年被中国标准化研究院、国家标准馆认定为新中国最早的农业标准。1996 年，黑龙江垦区启动开展"农业标准化年"活动，标志着垦区标准化建设进入全面发展阶段。2021 年，北大荒农垦集团有限公司发布了水稻、大豆、玉米、马铃薯、小麦五大作物种植技术及水田、旱田农机作业 7 个企业标准和 10 个无人驾驶农业机械作业功能评价技术规范企业标准，进一步提升主要农作物标准化种植水平，提高农业产业的核心竞争力。

　　近年来，北大荒农垦集团有限公司大力培育农业新质生产力，在实践中不断迭代升级新技术，原有种植企业标准需要不断更新，以满足集团建设现代农业大基地的需要和农户生产实践需要。为此，我们组织相关领域的专家对原有标准进行了修订，并围绕黑土地保护、经济作物种植等领域起草了新的标准，形成了更为完整的种植业标准体系。

　　此次种植业标准体系的完善，将进一步提升农业机械化、信息化、智能化、标准化水平，为实现农业节本、提质、增产增效和绿色可持续发展提供强有力的支撑。

编　者
2025 年 3 月

目　　录

目录

第四部分　经济作物生产技术

第一部分
作物种植技术

ICS 65.020.20
CCS B 05

Q/BDHZZ

北大荒农垦集团有限公司企业标准

Q/BDHZZ 0008—2024

玉米精密播种技术规程

2024-04-03 发布

2024-05-01 实施

北大荒农垦集团有限公司 发布

前　言

本文件依据 GB/T 1.1—2020《标准化工作导则　第 1 部分:标准化文件的结构和起草规则》的规定起草。

请注意本文件的某些内容可能涉及专利。本文件的发布机构不承担识别专利的责任。

本文件由北大荒农垦集团有限公司提出并归口。

本文件起草单位:北大荒农垦集团有限公司农业发展部、黑龙江省农垦科学院农作物开发研究所。

本文件主要起草人:高世杰、谢丽华、张洪涛、王平、戴志铖、赵建刚、夏艳涛、戴鸿飞、王仁杰、曹友维、华成龙、李春虎。

玉米精密播种技术规程

1 范围

本文件规定了精密播种技术的范围、产地环境、播前准备、播种、生产档案。

本文件适用于北大荒集团有限公司玉米种植区。

2 规范性引用文件

下列文件对于本文件的应用是必不可少的。凡是注日期的引用文件,仅注日期的版本适用于本文件。凡是不注日期的引用文件,其最新版本(包括所有的修改单)适用于本文件。

GB 3095 环境空气质量标准

GB/T 3543.2 农作物种子检验规程 扦样

GB/T 3543.4 农作物种子检验规程 发芽试验

GB 4404.1 粮食作物种子 禾谷类

GB 15618 土壤环境质量 农用地土壤污染风险管控标准(试行)

GB 20287 农用微生物菌剂

NY/T 1143 播种机质量评价技术规范

3 产地环境

空气环境质量应符合 GB 3095 的要求,土壤环境质量标准应符合 GB 15618 的要求。

4 播前准备

4.1 种床

4.1.1 垄作

秋整地为主,秋整地或春整地起垄、镇压后达到播种状态。应达到垄高一致,土壤细碎、疏松、上实下壄,垄面、垄沟整体平整,10 m 内高低差≤5 cm。110 cm 大垄台面宽度 65 cm~70 cm,垄高 15 cm~20 cm;130 cm 大垄台面宽度 85 cm~90 cm,垄高 15 cm~20 cm;65 cm 标准垄台面宽度 35 cm~40 cm。

4.1.2 平作

平作地块秋整地或春整地镇压后达播种状态。应达到土壤细碎、疏松、上实下壄,10 m 内高低差 ≤5 cm。

4.2 种子

4.2.1 品种选择

以中早熟品种为主,晚熟品种为辅。选择通过国家审定、黑龙江省审定或备案的≥10 ℃活动积温比当地活动积温少 150 ℃~200 ℃,耐密植、高产、抗逆、宜机收的品种。种子质量应符合 GB 4404.1 的要求。

4.2.2 种子精选

剔除病粒、虫蚀粒、霉变粒和破损粒,种子按大小、粒形分级精选,按级播种。

4.2.3 扦样与发芽率试验

种子扦样封存应符合 GB/T 3543.2 的要求。

种子发芽率应符合 GB/T 3543.4 的要求。

4.2.4 二次包衣

宜选择低聚糖类、抗旱保水剂、肥料或生物菌剂进行二次包衣,杜绝选择杀虫剂、杀菌剂。生物菌剂的选择应符合 GB20287 的要求。

4.3 基肥分层深施

播前宜采用分层施基肥,磷、钾肥占施肥总量的 75%,氮肥占施肥总量的 20%～30%,底层深度18 cm～20 cm,上层深度 14 cm～ 16 cm。

5 播种

5.1 适期播种

籽粒玉米高岗的地块 5 cm 耕层连续 5 d 地温稳定通过 6 ℃～7 ℃时开始播种;低洼的地块 5 cm 耕层连续 5 d 地温稳定通过 8 ℃～10 ℃时开始播种;鲜食玉米 5 cm 耕层连续 5 d 地温稳定通过 10 ℃～12 ℃时开始播种。

5.2 播种机械

优先选择气吸、气吹式或智能电控精量播种机,配有排肥、排种电子监控系统,保护性耕作地块选择带免耕装置的播种机,播种机械应符合 NY/T 1143 的要求。牵引机车要配有导航装置,播种前对机械进行检修保养。

5.3 播种速度

气吸或气吹式精密播种机播种速度 6 km/h～8 km/h,电控气吹式播种机速度≤12 km/h。

5.4 播种深度

限深播种,播种深度视墒情镇压后 4 cm～5 cm,墒情差或沙壤土镇压后播深 5 cm～6 cm,播深一致,严禁湿播。

5.5 种肥

种侧 5 cm～8 cm,深度 10 cm～12 cm,磷、钾肥占施肥总量的 25%,氮肥占施肥总量的 10%。根据测土配方适量施入中、微量元素。

5.6 播后镇压

1 cm 表土有干土,选择 V 形镇压器适度镇压,垄台压实均匀,恒速作业,速度不超过 6 km/h。

5.7 种植密度

根据品种特性、发芽率、田间机械损失率、机械性能、推荐密度等确定种植密度。依据种植密度、种植方式确定播种量及株行距,株行距均匀一致。种植密度按以下公式计算:

$$M＝M_0＋M_0×(1-X+Y)$$

式中:

M ——播种密度,单位为株每公顷(株/hm²);

M_0——推荐种植密度,单位为株每公顷(株/hm²);

X ——种子发芽率,即在规定的条件和时间内长成的正常幼苗数占供检种子数的百分率,单位为百分号(%);

Y ——田间机械损失率,即在田间管理过程中造成玉米苗缺失、损伤等的百分率,单位为百分号(%),一般按 2%～3%计算。

6 生产档案

对应地号记录整地、品种、发芽率、二次包衣、施肥种类与施肥量、施肥深度、播种机型、播期、播深、播速、镇压情况、种植密度、种植方式、种植株行距等并归档保存。

————————————

ICS 65.020.01
CCS B 05

Q/BDHZZ

北大荒农垦集团有限公司企业标准

Q/BDHZZ 0019—2024

北大荒水稻种植技术

2024-05-24 发布

2024-06-01 实施

北大荒农垦集团有限公司 发布

前　言

为加快北大荒农垦集团绿色农业体系建设,进一步提高粮食综合生产能力,提升农产品质量安全水平和市场竞争力,筑牢粮食生产"大基地",构建技术驱动型绿色高质量发展模式,特制定此文件。

本文件依据 GB/T 1.1—2020 的编写规则起草。

本文件由北大荒农垦集团有限公司提出并归口。

本文件起草单位:北大荒农垦集团有限公司、黑龙江省农垦科学院水稻研究所、黑龙江八一农垦大学、北大荒农垦集团有限公司建三江分公司、北大荒农垦集团有限公司牡丹江分公司。

实施单位:北大荒农垦集团有限公司。

本文件主要起草人:解保胜、杜明、萧长亮、王晓燕、董桂军、吴伟宗、蔡德利、田野、周玮、丁毓军、孟繁亮、高尚、时晓民、李伟华、付东波、李肖凯。

北大荒水稻种植技术

1 范围

本文件规定了北大荒农垦集团有限公司粳稻生产的农时、品种选择、秧田管理、移栽、本田管理、生产废弃物处理和生产档案。

本文件适用于北大荒农垦集团有限公司主茎 11 叶和主茎 12 叶水稻品种机插大田栽培,生态条件相近的稻区可参照使用。

2 规范性引用文件

下列文件中的内容通过文中的规范性引用而构成本文件必不可少的条款。其中,注日期的引用文件,仅该日期对应的版本适用于本文件;不注日期的引用文件,其最新版本(包括所有的修改单)适用于本文件。

GB 4404.1 粮食作物种子 第 1 部分:禾谷类

GB 5084 农田灌溉水质标准

GB/T 17891 优质稻谷

GB/T 20864 水稻插秧机 技术条件

NY/T 391 绿色食品 产地环境质量

NY/T 498 水稻联合收割机 作业质量

NY/T 593 食用稻品种品质

NY/T 2978 绿色食品 稻谷

3 术语和定义

下列术语和定义适用于本文件。

3.1

寒地 cold region

中国东北冬季冻土层大于 1 m 的区域。

3.2

条田 stripe field

为方便机械作业和田间管理而建设的长方形田块。

3.3

高床 seedling bed above the ground

高于地面的秧床。

3.4

底土 subsoil

水稻播种前秧盘内装的营养土。

3.5

底水 the water poured on the rice seedling bed before sowing

水稻播种前秧盘内浇的水。

3.6

出苗 seedling emergence

水稻秧苗 80％露尖时的时期。

4 农时

4.1 播种期
当地日平均气温稳定在 5 ℃以上时,即为寒地水稻大棚旱育秧播种始期。

4.2 移栽期
当地日平均气温稳定在 12.5 ℃以上时为寒地水稻旱育中苗(3.1 叶龄～3.5 叶龄)安全移栽最早日期;当地日平均气温稳定在 14 ℃以上时为寒地水稻旱育秧大苗(4.1 叶龄～4.5 叶龄)安全移栽期。

4.3 抽穗期
全田 50％植株抽穗为抽穗期。

4.4 成熟期
每穗谷粒颖壳 95％以上变黄或 95％以上谷粒小穗轴及副护颖变黄的时期为成熟期。

5 品种选择

种子质量应符合 GB 4404.1 和 NY/T 593 的要求。选择品质优良、熟期适宜、抗性广泛的品种。北大荒农垦集团有限公司地区第 1 积温带稻作区可选主茎 10 叶～14 叶水稻品种种植,宜种植 12 叶和 13 叶水稻品种;第 2 积温带稻作区可选主茎 10 叶～13 叶水稻品种种植,宜种植 11 叶和 12 叶水稻品种;第 3 积温带稻作区选择主茎 10 叶～12 叶水稻品种种植,宜种植 11 叶水稻品种。

5.1 品质优良
选择整精米率高、直链淀粉含量低、综合评分优的水稻品种。

5.2 熟期适宜
选择与当地积温条件相适宜的品种,严禁跨区种植,保证从抽穗到成熟的活动积温≥900 ℃。

5.3 抗性广泛
所选品种要求具有较强的耐寒性、抗倒性和抗病性。

6 秧田管理

6.1 秧田建设
根据水田分布状况,选择地势平坦、背风向阳、排水良好、灌溉方便、土壤偏酸、交通便利、肥沃且无农药残留的旱田,按水田面积的 1/60～1/80 的比例建设集中的旱育苗基地。育苗基地环境质量应符合 NY/T 391 的要求。

6.2 秧田耕整
每年秋季将秧田旋耕 15 cm,耙后粗整平,根据秧床的长和宽,修成＞8 cm 的高床,备下一年使用。

6.3 置床
秧田每 10 m² 内高低差≤0.5 cm,置床边缘每 10 m 误差≤1 cm。置床上实下松、松实适度,均匀一致。

6.4 秧田调酸
每 100 m² 用 77.2％固体硫酸 2 kg～3 kg 拌过筛细土后均匀撒施在置床表面,再耙入土中 0 cm～5 cm,使秧田床土 pH 达 4.5～5.5。

6.5 秧田杀菌
可用 3％甲霜·噁霉灵 15 mL/m²～20 mL/m² 或 30％甲霜·噁霉灵 1.5 mL/m²～2.0 mL/m²,每 100 m² 兑水 5 kg～10 kg,喷施置床。

6.6 秧田除虫
摆盘前置床用 2.5％溴氰菊酯乳油每 100 m² 2 mL 兑水 6 kg 喷洒,防治害虫。

6.7 秧田施肥

秧田尿素、磷酸二铵和硫酸钾用量分别为每 100 m² 2 kg、5 kg 和 2.5 kg,肥料均匀施在置床上并耙入土中 0 cm～5 cm。

6.8 摆盘装土

6.8.1 摆盘要求

在播种前 3 d～5 d 摆盘,摆盘时要求盘底与置床接触紧密,秧盘摆放横平竖直,秧盘边缘整齐一致,每 10 m 内误差≤0.5 cm。秧盘侧边与底部垂直不变形,秧盘间衔接紧密,盘边用细土封严。

6.8.2 底土厚度

摆盘时装土,盘内装底土厚度 2 cm,每 10m² 内高低差≤0.5 cm。

6.8.3 底水

播种前一次性浇透底水(符合 GB 5084 的要求),确保置床 15 cm～20 cm 土层内无干土。

6.9 旱育秧种子处理

6.9.1 浸种

6.9.1.1 种子分装

选用通透性好的网袋,装入种子量宜为满袋体积的 2/3。

6.9.1.2 浸种水量

浸种时水面宜没过种子 20 cm。

6.9.1.3 杀菌消毒

浸种的同时用药剂杀菌消毒,可选用 17％杀螟乙蒜素 200 倍～400 倍液,浸种 60 h 或使用含有戊唑醇、精甲霜灵、咯菌腈或多菌灵等成分杀菌剂的种衣剂包衣,或包衣后浸种。

6.9.1.4 浸种温度

浸种温度宜为 11 ℃～12 ℃。

6.9.1.5 种子翻倒

每日翻倒 1 次～2 次。若采用集中浸种催芽方式,每天 8:00—10:00 和 20:00—22:00 各进行 1 次有氧循环。

6.9.1.6 浸种时间

种子浸好需积温 80 ℃～100 ℃。浸种时间宜为 6 d～7 d,机械干燥或吸水能力差的种子适当延长浸种时间 1 d～2 d。

6.9.1.7 浸好种子的标志

浸好种子的标志是种子颖壳表面颜色变深,种子呈半透明状态,透过颖壳可以看到腹白和种胚,剥去颖壳的米粒易掐断,手捻成粉末,没有生芯。

6.9.2 催芽

6.9.2.1 常规催芽

种子破胸温度为 32 ℃,催芽温度为 25 ℃～28 ℃。种子催芽时间宜为 24 h～36 h。

6.9.2.2 快速催芽机催芽

用快速催芽机催芽时,浸种和催芽同时进行,温度为 32 ℃,催芽时间 40 h～60 h。

6.9.3 芽谷要求

芽谷发芽整齐、芽长一致,芽长和根长≤2 mm。

6.9.4 晾芽

在室内常温条件下晾芽,避免阳光直射,严防种芽过长和芽干。晾芽时间宜≤24 h,芽谷达到不黏手状态即可播种。

6.10 播种

6.10.1 播种期

详见 4.1。

6.10.2 播种量

机插中苗芽种播种密度为 2.7 粒/cm²～3 粒/cm²；钵育苗为 3 粒/穴～5 粒/穴。

6.10.3 覆土

覆土选用未施肥的过筛细土，厚度宜为 0.7 cm～1.0 cm。

6.10.4 盖地膜

覆土后及时盖地膜，地膜四周压实封严。出苗达 50%～80%时揭膜，棚边出苗不好的继续用膜覆盖增温。

6.11 秧苗管理

6.11.1 旱育机插中苗标准

秧苗叶龄 3.1 叶～3.5 叶；日龄 30 d～35 d；地上部茎长度≤3mm，第 1 叶鞘高≤3 cm，第 1 叶叶耳与第 2 叶叶耳间距 1 cm，第 2 叶叶耳与第 3 叶叶耳间距 1 cm，第 3 叶的叶长 8 cm，株高 13 cm；地下部种子根 1 条，鞘叶节根 5 条，不完全叶节根 8 条，第 1 叶节根 9 条突出待发；秧苗百株地上部干重≥3 g。

6.11.2 温度管理

6.11.2.1 种子根发育期

秧田温度≤32 ℃，超过 32 ℃时打开大棚通风口通风，在 16:00—17:00 关闭通风口。

6.11.2.2 第 1 完全叶伸长期

水稻在 2.5 叶时进入离乳期。秧田温度控制在 22 ℃～25 ℃，超过 28 ℃时，需通风炼苗，做到早通风、早炼苗、炼小苗。

6.11.2.3 离乳期

水稻 2.5 叶进入离乳期。秧田控制在 20 ℃～22 ℃，超过 25 ℃时要大通风，湿度大或下雨时也需通风。秧苗在 3.1 叶～3.5 叶时，若夜间温度>10 ℃时，需保持昼夜通风状态。

6.11.3 水分管理

6.11.3.1 种子根发育期

若秧田整体或局部湿度过大时，需日间揭膜散墒，晚上盖上地膜；若秧出过干，应及时揭开地膜补水。露种处需及时补土，再盖上地膜。

6.11.3.2 第 1 完全叶伸长期

保持苗床旱育状态，苗床过干的地方补水。

6.11.3.3 离乳期

若秧床土面发白、早晚叶尖不吐水或午间心叶卷曲，则宜在 9:00 前补水，一次浇透；反之，保持旱育状态。

6.11.3.4 苗期施肥

分别在秧苗 1.5 叶期和 2.5 叶期追肥，用量为纯氮 6 g/m²。

6.11.3.5 离乳期病害防治

离乳期秧田 pH 未在 4.5～5.5 时需调酸。调酸时将固体酸与土或沙子充分混拌，每平方米宜拌土或沙子 350 cm³，均匀撒施在秧田上，施完固体酸后及时洗苗。

6.11.3.6 杂草防治

在秧苗离乳期，可用 48%灭草松水剂 0.3 mL/m² 等茎叶喷雾除阔叶草，用 10%氰氟草酯乳油 0.1 mL/m² 等茎叶喷雾除稗草。

6.11.3.7 移栽前准备

移栽前,秧苗需带磷肥、杀虫剂(内吸型)、菌肥和硅肥。

7 移栽

7.1 水稻插秧机要求

选择符合 GB/T 20864 要求的水稻插秧机插秧。

7.2 移栽规格和密度

移栽规格宜为 23 穴/m²～30 穴/m²,插秧密度宜为 4 株/穴～7 株/穴。

7.3 移栽质量要求

插秧时本田保持"花达水"状态,机插深度为 1 cm～2 cm。插秧后秧苗直立,行穴距规整,每穴苗数均匀。

8 本田管理

8.1 稻田选择

选择地势平坦,灌水和排水方便,土壤 pH 6.0～7.0 的区域种植水稻,产地环境质量符合 NY/T 391 中对水田的要求。

8.2 稻田准备

8.2.1 灌排渠系

8.2.1.1 总体要求

完善稻田建设,确保水渠能灌能排,灌排通畅。

8.2.1.2 规格

根据地形条件,条田长度宜为 500 m～800 m;条田宽度宜为 30 m～50 m。每隔 3 个～5 个条田,在排水渠一侧设道路,路宽 4 m～6 m,高出地面≥0.5 m。

8.2.2 筑埂

加固池埂,池埂需结实耐用,埂高 30 cm。

8.2.3 泡田

泡田时灌水深达土壤垡块高度的 2/3。

8.2.4 整地

搅浆深度为 12 cm～14 cm;同一格田内高低差≤3 cm。

8.3 生长发育标准

8.3.1 4 叶期生长发育标准

第 4 叶的最晚定型日期为 6 月 5 日,平均叶长为 11 cm,叶片颜色浓于叶鞘,叶态以弯为主,平均株高 17 cm。4 叶定型时,田间茎数应达 130 个/m²,即 10%植株生长出分蘖。

8.3.2 5 叶期生长发育标准

第 5 叶的最晚定型日期为 6 月 10 日,平均叶长为 16 cm,叶色浓于叶鞘,叶态以弯叶为主。5 叶定型时,田间茎数为 150 个/m²～180 个/m²,达计划茎数的 30%左右。

8.3.3 6 叶期生长发育标准

第 6 叶的最晚定型日期为 6 月 15 日,平均叶长为 21 cm,叶色浓绿,深于叶鞘。叶态以弯、披为主。6 叶定型时,田间茎数达到 300 个/m²,为计划茎数的 50%～60%。

8.3.4 7 叶期生长发育标准

第 7 叶的最晚定型日期为 6 月 20 日,平均叶长为 26 cm,叶色浅于第 6 叶,叶态以弯为主。7 叶定型时,田间茎数达到计划茎数的 80%左右,为 450 个/m²～500 个/m²。

8.3.5 8叶期生长发育标准

第8叶的最晚定型日期为6月25日,平均叶长为31 cm,叶态以弯、挺为主;8叶长出一半时,11叶品种的田间茎数达到预期计划的茎数;12叶品种的田间茎数达到计划茎数的80%。

8.3.6 9叶期生长发育标准

第9叶的最晚定型日期为7月2日,平均叶长为36 cm,叶态以直挺为主。12叶品种达到计划茎数。

8.3.7 10叶期生长发育标准

第10叶的最晚定型日期为7月9日,11叶品种的平均叶长为31 cm,12叶品种的平均叶长为41 cm,叶鞘色应深于叶片,叶态以挺为主。

8.3.8 11叶期生长发育标准

11叶品种剑叶的最晚定型日期为7月15日—16日,平均叶长25 cm,叶鞘色深于叶片。12叶品种第11叶的最晚定型日期为7月15日—16日,平均叶长35 cm,叶鞘颜色深于叶片。

8.3.9 12叶期生长发育标准

12叶品种剑叶的最晚定型日期为7月20日—21日,叶鞘颜色深于叶片。

8.4 本田诊断标准

8.4.1 返青诊断

晴天中午有50%以上植株心叶展开;清晨秧苗叶尖吐水;秧苗生出新根。

8.4.2 叶龄诊断

8.4.2.1 标记叶龄法

插秧后,在池埂边向里数第3行上,选择穴数均匀、穴株数相近的10穴为调查对象,用不会被雨水冲洗掉的、显眼的记号笔在各株幼苗主茎的第3叶标记,随水稻生长,跟踪标记5叶、7叶、9叶。

8.4.2.2 种谷偏向法

水稻的4叶期和5叶期,水稻种谷一侧着生的叶片为单数叶,反之为双数叶。

8.4.2.3 叶脉偏向法

水稻6叶、7叶、8叶、9叶期,面对叶片正面,主叶脉偏向观察者左侧的为双数叶,反之为单数叶;使用叶脉偏向法识别叶龄有误差,要调查10株以上,以多数为准。

8.4.3 有效分蘖诊断

在有效分蘖临界叶位(11叶品种为第8叶,12叶品种为第9叶)前出生的分蘖一般为有效分蘖;当主茎拔节时,分蘖叶的出叶速度仍与主茎保持同步的为有效分蘖;主茎拔节时,分蘖包括心叶有4片绿叶的为有效分蘖,有3片绿叶可能为有效分蘖,有2片以下绿叶为无效分蘖;有自身根系的分蘖为有效分蘖,自身根系少或没有根系的为无效分蘖。

8.4.4 封行诊断

剑叶露尖为寒地水稻封行适期。栽插行距30 cm的稻田,站在田埂上顺向观察4 m～5 m处,由于稻叶覆盖而看不到水面或土面,称为封行。

8.4.5 减数分裂期诊断

剑叶叶耳在倒2叶叶鞘内10 cm(−10 cm)时,为减数分裂始期;两叶叶耳重叠时,叶耳间距为0,为减数分裂盛期;剑叶叶耳超出倒2叶叶耳10 cm(+10 cm)时,为减数分裂末期。叶耳间距为−5 cm～5 cm时,为花粉母细胞减数分裂的小孢子形成初期,为抽穗前8 d～14 d,是影响寒地水稻花粉发育的低温最敏感期,若日平均气温低于17 ℃,易影响水稻受精结实,即遭遇障碍性冷害。

8.4.6 叶长诊断

高产田水稻后四叶叶长序为倒3≥倒2>倒1>倒4或倒2≥倒3>倒1>倒4。

8.4.7 幼穗诊断

11叶品种在8叶期后半叶生长时(7.5叶龄)开始幼穗分化(第1苞原基分化);11叶品种的第9叶露

出到定长的一个叶期间,幼穗分化处于枝梗分化期(1次~2次枝梗分化),幼穗长 0.5 mm~1.0 mm。12 叶品种的第 9 叶后半叶(8.5 叶)开始幼穗分化(苞分化);11 叶品种在第 10 叶时的幼穗处在颖花分化期,幼穗长已有 1 cm 左右,12 叶品种第 10 叶露出到定长的一个叶期间,幼穗分化处于枝梗分化期,幼穗长 0.5 mm~1.0 mm;11 叶品种在第 11 叶时处于减数分裂期,幼穗长度达到 1.5 cm,12 叶品种处于颖花分化期,幼穗长为 1 cm 左右;12 叶品种在第 12 叶时处于减数分裂期,幼穗长超过 1.5 cm。

8.5 水层管理

水稻移栽后,分蘖期保持 3 cm~5 cm 水层。在蜡熟前主要采用间歇灌溉,先灌 3 cm~5 cm 水层,水层自然下降至"花达水"后再灌 3 cm~5 cm 水层,如此反复;待田间茎数占计划穗数≥80%时,通过晒田控制无效分蘖,达到田面出现≤2mm龟裂后恢复间歇灌溉;若抽穗前 8 d~14 d 气温≤17 ℃,保持田间水层≥17 cm,用于防御障碍型冷害。气温恢复后继续采用间歇灌溉方式。若水稻生育过旺、叶色偏深,要求在抽穗前 4 d~5 d 晾田 3 d~4 d;蜡熟期灌 3 cm~5 cm 水层,水层自然下降至脚窝处无水再补水,如此反复。蜡熟末期停灌,黄熟初期排干。停灌时间在抽穗后≥30 d,防止干旱逼熟。

8.6 施肥

8.6.1 基肥

8.6.1.1 施肥时期

本田整平前施入基肥,施用基肥后及时整地。

8.6.1.2 肥料运筹

全年氮磷钾用量(全年总用量范围)比例宜为 1∶0.5∶0.8。其中氮肥的基肥用量宜为全年氮肥总量的 40%;磷肥全部基施;钾肥的基肥用量为全年钾肥总量的 50%~70%。

8.6.2 分蘖肥

8.6.2.1 施肥时期

分蘖肥分 2 次施。第 1 次分蘖肥在水稻返青后 4 叶期施用,11 叶品种的第 2 次分蘖肥在水稻 5.5 叶期施用,12 叶品种在水稻 6.1 叶期施用。

8.6.2.2 施肥量

分蘖肥全部采用氮肥,施用总量为全年氮肥总量的 30%。第 1 次分蘖肥施分蘖肥总量的 70%~80%,第 2 次分蘖肥施分蘖肥总量的 20%~30%。

8.6.3 调节肥

8.6.3.1 施肥时期

11 叶品种在 7.1 叶~8.1 叶期施调节肥,12 叶品种在 8.1 叶~9.1 叶期施调节肥。

8.6.3.2 施肥量

水稻功能叶褪淡达 2/3 的地块施调节肥,且施在叶色变浅集中的区域。对于未达到计划茎数(550 个/m²)的地块,调节肥的用量为 10%以内;田间茎数明显不足的地块,可酌情增施,但不超过全生育期氮肥用量的 25%;田间茎数超过 550 个/m² 或叶色浓郁的地块不宜施调节肥,并提前晒田。

8.6.4 穗肥

8.6.4.1 施肥时期

倒 2 叶露尖至生长出一半时追施穗肥。

8.6.4.2 施肥量

田间出现拔节黄时需施穗肥。若此时水稻叶色未变浅、底部叶片枯萎和有稻瘟病害发生,应推迟施用穗肥,并采取晒田壮根或施药防病后再施穗肥;叶色不落黄,长势繁茂时,不宜再施穗肥。氮肥用量为全年氮肥总量的 10%~20%,钾肥用量为全年钾肥总量的 30%~50%。

8.7 病害防治

8.7.1 长穗期病害

8.7.1.1 稻瘟病

可选 2％春雷霉素水剂 1 500 mL/hm² 或 9％吡唑醚菌酯微囊悬浮剂 975 g/hm² 等防治水稻稻瘟病。叶瘟的最佳防治时期为 11 叶品种的 9.1 叶～9.5 叶期,12 叶品种的 10.1 叶～10.5 叶期;穗颈瘟的最佳防治时期为孕穗末期和齐穗期。

8.7.1.2 纹枯病

可选 9％吡唑醚菌酯悬浮剂 975 g/hm² 或 250 g/L 嘧菌酯等悬浮剂 450 mL/hm² 或 240 g/L 噻呋酰胺悬浮剂 350 mL/hm² 等预防水稻纹枯病。最佳防治时期为水稻分蘖末期和孕穗期。

8.7.1.3 褐变穗

可选 3％多抗霉素水剂 1 500 mL/hm² 等防治水稻褐变穗。最佳防治时期为水稻孕穗末期和齐穗期。

8.7.1.4 鞘腐病

可选 43％戊唑醇悬浮剂 300 mL/hm²,或 50％多菌灵可湿性粉剂 1 500 g/hm² 等防治水稻鞘腐病。最佳防治时期为水稻孕穗初期和末期。

8.7.1.5 细菌性褐斑病

可选 27.12％碱式硫酸铜悬浮剂 1 050 mL/hm² 等防治水稻细菌性褐斑病。防治时期宜为 11 叶品种的 9.1 叶～9.5 叶期,12 叶品种的 10.1 叶～10.5 叶期。

8.7.1.6 田间混合病害防治

若水稻稻瘟病、胡麻斑病、鞘腐病、纹枯病、褐变穗、细菌性褐斑病等病害在田间混合发生时,采取化学农药与生物农药协同防治。可选 30％嘧菌酯·戊唑醇悬浮剂 600 mL/hm²、3％多抗霉素水剂 1 500 mL/hm² 和 2％春雷霉素水剂 1 500 mL/hm² 混配施用,或 2％春雷霉素水剂 1 500 mL/hm²、3％多抗霉素水剂 1 500 mL/hm² 和 43％戊唑醇悬浮剂 300 mL/hm² 混配施用,或 2％春雷霉素水剂 1 500 mL/hm²、3％多抗霉素水剂 1 500 mL/hm² 和 50％多菌灵可湿性粉剂 1 500 g/hm² 等混配施用。最佳防治时期为水稻孕穗期和齐穗期。

8.7.2 结实期病害

结实期枝梗瘟和粒瘟的最佳防治时期为水稻抽穗后 15 d～20 d,药剂选择和用量同 8.7.1.1。

8.8 杂草防治

8.8.1 封闭除草

水整地结束后插秧前,可选用 38％噁草酮悬浮剂 950 mL/hm²～1 200 mL/hm² 等,防治稗草和阔叶杂草。

8.8.2 返青和分蘖期除草

8.8.2.1 稗草防治

1.5 叶期～2.1 叶期稗草,可选用 100 g/L 氰氟草酯乳油 1 200 mL/hm²～1 500 mL/hm²;2.1 叶～5.1 叶期稗草,可选用 100 g/L 氰氟草酯乳油 1 500 mL/hm²～1 800 mL/hm²。

8.8.2.2 阔叶杂草防治

田间有阔叶杂草,可在除稗草药液中混配 48％灭草松水剂 2 700 mL/hm²～3 000 mL/hm²。

8.8.2.3 喷药方法

背负式喷雾器喷液量 225 L/hm²(注:以下茎叶喷雾施药均参考此喷液量);茎叶喷雾,施药前排水,露出杂草后施药。

8.8.3 生育转换期除草

泽泻、慈姑等杂草,可选用 56％二甲四氯钠可溶性粉剂 150 g/hm² 与 48％苯达松水剂 2 250 mL/hm² 混配,或 460 g/L 的二甲四氯灭草松可溶性液剂 2 000 mL/hm²～2 500 mL/hm²,茎叶喷雾。

8.8.4 长穗期除草

及时拔除田间残余杂草和清理堤埂上的杂草，保持田间清洁，防止杂草反复蔓延，为水稻创造良好的通风透光条件。

8.9 虫害防治

8.9.1 返青和分蘖期虫害防治

8.9.1.1 化学防治

当田间发生潜叶蝇时，防治可选用70%噻虫嗪悬浮剂75 g/hm² 等进行防治。

8.9.1.2 物理防治

潜叶蝇和负泥虫防治可采用生物防治方法，在水稻插秧后，将黄色诱虫板展开并固定，悬挂密度为225 片/hm²～300 片/hm²，固定位置需距作物上部 15 cm～20 cm，诱杀潜叶蝇和负泥虫成虫。

8.9.2 长穗期虫害防治

铲除田边杂草。7月初，利用性诱剂群集诱杀方法遏制稻螟蛉的发生和危害，采用以管状诱芯为载体的性诱剂诱杀雄蛾；化蛹盛期摘去并捡净田间三角蛹苞。

8.10 收获

水稻抽穗后在有效积温 900 ℃～1 000 ℃，穗轴长度≥2/3变黄，颖壳和小穗轴≥95%变黄时收获，于晴天的 9：00—17：00 采用联合收割机收获，一次完成水稻的收割、脱粒、茎秆分离、谷粒清选、谷粒装袋或进入输粮箱、随车卸粮等工序，机械直收作业质量应符合 NY/T 498 的要求，稻谷卫生品质及质量应符合 NY/T 2978 和 GB/T 17891 的要求。机械直收综合损失率要控制在3%以内，谷外糙米在2%以内。

9 生产废弃物处理

9.1 生产过程中产生的农药包装袋、包装纸、塑料/玻璃瓶等应该统一回收，妥善处理，不能随地丢弃。

9.2 收获后的秸秆全量还田或者秸秆综合利用。

9.3 水稻机械直收时采用高茬收割，茬高 30 cm～40 cm；分段收获时茬高宜为 15 cm～25 cm。秸秆粉碎长度 5 cm～10 cm，抛撒均匀，然后将＞90%的水稻秸秆翻入地下 10 cm～20 cm，扣垡严密。

10 生产档案

对应地号建立水稻生产档案，包括生产投入品采购、出入库、使用记录，以及农事、收获、储运记录。所有记录应真实、准确、规范，并可追溯。

参 考 文 献

[1]　徐一戎,1995. 寒地水稻旱育稀植三化栽培技术图历[M]. 哈尔滨:黑龙江科学技术出版社

[2]　解保胜,孙作钊,2010. 依当地气温条件做好水稻计划栽培[J]. 北方水稻（6）:26-30

[3]　GB 4404.1　粮食作物种子　第1部分:禾谷类

[4]　NY/T 593　食用稻品种品质

[5]　解保胜,2017. 寒地水稻生育智慧调控技术[M]. 哈尔滨:黑龙江科学技术出版社

[6]　NY/T 391　绿色食品　产地环境质量

[7]　GB/T 20864　水稻插秧机　技术条件

[8]　陈温福,2010. 北方水稻生产技术问答[M]. 北京:中国农业出版社

[9]　NY/T 498　水稻联合收割机　作业质量

[10]　NY/T 2978　绿色食品　稻谷

[11]　GB/T 17891　优质稻谷

[12]　解保胜,慕永红,李军,等,1997. 寒地水稻经济施肥技术研究[J]. 现代化农业（1）:23-25

[13]　慕永红,李军,王焱,等,1996. 寒地水稻氮肥施用技术研究[J]. 现代化农业（12）:12-13

[14]　慕永红,孙海燕,孙建勇,等,2000. 不同施氮比例对水稻产量与品质的影响[J]. 黑龙江农业科学（3）:18-19

[15]　解保胜,2006. 寒地水稻优质高产攻关总结[J]. 现代化农业（1）:10-12

[16]　陈淑杰,2010. 水稻液施苗床肥使用技术[J]. 现代化农业（3）:20-22

[17]　慕永红,曹书恒,顾春梅,等,2002. 寒地稻区稻草还田培肥地力技术[J]. 黑龙江农业科学（5）:41-44

[18]　慕永红,曹书恒,顾春梅,等,2003. 稻草机械化直接还田技术[J]. 现代化农业（1）:13-15

[19]　那永光,陈淑洁,杨桂荣,等,2010. 寒地水稻亩产700千克产量构成特征研究[J]. 现代化农业（3）:33-34

[20]　顾春梅,曹书恒,解保胜,等,2000. 寒地水稻旱育稀植分蘖发生特点、生产力及米质[J]. 现代化农业（6）:6-7

[21]　那永光,陈淑洁,王丽萍,2010. 寒地水稻亩产700千克群体形态特征研究[J]. 现代化农业（8）:31-32

[22]　戴其根,张洪程,张祖建,2017. 水稻精确定量栽培实用技术[M]. 南京:江苏凤凰科学技术出版社

[23]　凌启鸿,2005. 作物群体质量[M]. 上海:上海科学技术出版社

[24]　凌启鸿,1991. 水稻叶龄模式的应用[M]. 南京:江苏科学技术出版社

ICS 65.020.01
CCS B 05

Q/BDHZZ
北大荒农垦集团有限公司企业标准

Q/BDHZZ 0020—2024

北大荒大豆种植技术

2024-05-24 发布

2024-06-01 实施

北大荒农垦集团有限公司 发布

前　言

为加快北大荒农垦集团绿色农业体系建设，进一步提高粮食综合生产能力，提升农产品质量安全水平和市场竞争力，筑牢粮食生产"大基地"，构建技术驱动型绿色高质量发展模式，特制定此文件。

本文件依据 GB/T 1.1—2020 的编写规则起草。

本文件由北大荒农垦集团有限公司提出并归口。

本文件起草单位：北大荒农垦集团有限公司、黑龙江省农垦科学院农作物开发研究所、北大荒农垦集团有限公司九三分公司、北大荒农垦集团有限公司北安分公司、北大荒集团黑龙江八五二农场有限公司、九三粮油工业集团有限公司。

实施单位：北大荒农垦集团有限公司。

本文件主要起草人：杨宝龙、蒋红鑫、宋晓慧、董桂军、赵建刚、张传文、王德亮、张代平、吕光琰、田野、周玮、魏源、马一搏、夏侯赟捷。

北大荒大豆种植技术

1 范围

本文件规定了大豆种植的选地、轮作、整地、播种、施肥、田间管理、病虫害防治、收获、储藏、生产档案。

本文件适用于北大荒农垦集团有限公司的大豆种植。

2 规范性引用文件

下列文件中的条款通过本标准的引用而成为本标准的条款。凡是注日期的引用文件,其随后所有的修改单(不包括勘误的内容)或修订版均不适用于本标准,然而,鼓励根据本标准达成协议的各方研究是否可使用这些文件的最新版本。凡是不注日期的引用文件,其最新版本适用于本标准。

GB 4404.2 粮食作物种子 第2部分:豆类

GB/T 8321(所有部分) 农药合理使用准则

NY/T 496 肥料合理使用准则 通则

NY/T 1276 农药安全使用规范 总则

3 术语和定义

下列术语和定义适用于本文件。

3.1

大豆"三垄"栽培技术

在行距65 cm～70 cm垄上开展以垄体垄沟深松、垄体分层深施肥、垄上双条精量播种为核心技术的种植方式。

3.2

大豆大垄密栽培技术

行距110 cm或130 cm垄作种植方式与其相适应的栽培技术,采用精量播种,在110 cm垄上种植2行或3行单条苗带,在130 cm垄上种植3行或4行单条苗带。

3.3

玉米茬原垄卡种大豆栽培技术

在上茬为玉米垄作且保留原茬基础上,采用少耕或免耕的种植方式与其相适应的栽培技术。

4 选地

4.1 大豆"三垄"和大垄密栽培技术的选地

4.1.1 选择前茬为禾谷类或非豆科类作物地块。

4.1.2 地势平坦、土壤疏松、较肥沃的地块,要求地表秸秆少,地表秸秆长度≤10 cm。

4.1.3 地块为秋整地、秋起垄,达到播种状态。

4.2 玉米茬原垄卡种大豆栽培技术的选地

4.2.1 在秋季收获时有计划地选择垄形较好的玉米茬作为来年大豆卡种的良好茬口。

4.2.2 收获前茬玉米时不要破坏垄体,不翻动土壤,原茬越冬。

4.3 不同栽培模式的选择

4.3.1 大豆"三垄"栽培技术

低洼、易涝地适合采用此技术。

因地制宜确定深松深度。在没有耕翻和深松基础的地块，深松时一次不能过深，以打破犁底层为原则，逐年加深。在不同土壤条件下密度有所不同，应根据具体情况，每公顷收获株数掌握在 20 万株～28 万株。

4.3.2 大豆大垄密栽培技术

岗地、排水较好的平川地适合采用此技术。

一定要有深松基础。在杂草基数较大的地块，不宜采用此项技术。在不同土壤条件下密度有所不同，应根据具体情况，每公顷收获株数掌握在 30 万株～35 万株。

4.3.3 玉米茬原垄卡种大豆栽培技术

在前茬为玉米茬、垄型保持较好、气候较干旱地区可以采用此技术。

春季渍涝农田地块不适宜用此技术。改进播种机性能，改善地表状态，保证播种深浅一致，种子分布均匀、苗齐。在杂草基数较大的地块，不宜采用此项技术。冷凉风沙区，保护性耕作重点在控制沙尘暴和农田沙漠化，减少地表破坏。

5 轮作

5.1 合理轮作

采用三区轮作，如"玉-玉-豆""麦-玉-豆"或"玉-杂-豆"，避免重迎茬。

5.2 秸秆还田

将前茬作物秸秆全部粉碎，秸秆长度≤10 cm，均匀抛撒于田间，翻压入土壤。

6 整地

6.1 "三垄"栽培和大垄密栽培技术的整地

6.1.1 整地时期

收获后在土壤水分适宜前提下，耕期宜早不宜迟。土壤含水量过大，耕期后延，应避免湿耕。

6.1.2 耕翻

耕翻深度以不打乱耕作层为限。伏翻宜深，秋翻宜浅。有深松配合宜浅，无深松配合宜深。耕翻三区套耕，复式作业，不起大块，不出明条，翻垡整齐严密，不重不漏，耕幅、耕深一致。

6.1.3 深松

6.1.3.1 无深松基础的地块应进行深松，打破犁底层。有深松基础的地块，每 3 年深松 1 次。

6.1.3.2 深松宜在伏季进行，秋耕土壤水分较充足仍可深松，但土壤水分较少的易旱地块，秋耕不宜深松。

6.1.3.3 深松深度一般为 30 cm～35 cm，多年未深松、犁底层厚的地块，应逐年加深。

6.1.3.4 深松应交叉进行，不重不漏，松耙紧密结合。

6.1.4 耙地

6.1.4.1 耕翻、深松后应及时耙地。越冬前重耙 2 遍，耙深耙透，深度≥15 cm。早春轻耙 1 遍～2 遍，深度≥8 cm。

6.1.4.2 春耕耙茬，土壤水分适宜时，可松耙结合，墒情差时只耙不松。

6.1.5 耢地

6.1.5.1 秋耢地以平地保墒为主，春季前期耢地以碎土平地为主，后期以保墒为主。

6.1.5.2 根据耢地目的和时机，选用相应农机具。

6.1.6 旋耕

有深松基础的玉米茬、高粱茬地，在秋季可用旋耕机旋地 1 次～2 次，再起垄、镇压，也可以复式作业，一次完成。

6.1.7 整地质量要求

6.1.7.1 要求土壤疏松,土壤硬度和容重每立方厘米不能超过 21 kg 和 1.3 g。整平耙细,土壤孔隙度 50%～60%。

6.1.7.2 土地平整,要求 10 m 宽幅高差不超过 3 cm。每平方米直径 3 cm～5 cm 的土块不超过 5 个。

6.1.8 起垄、镇压

6.1.8.1 秋起垄。作物收获后,采取耕翻、耙地、耢地、起垄、镇压,达到播种状态。根据种植方式选择不同垄距。

6.1.8.2 质量要求。起垄要直,百米内直线误差≤4 cm,往复结合垄允许误差≤3 cm;垄台压实后,垄沟到垄台的高度≥18 cm,误差≤2 cm;地头整齐,直线误差≤30 cm。

6.1.8.3 镇压要紧实,垄台、垄体要均匀压实,不漏压、不拖堆。

6.2 玉米茬原垄卡种大豆栽培技术的整地

6.2.1 采用全秸秆地表还田免耕播种

播种前不需要进行整地,在原垄上直接播种大豆。

6.2.2 少耕地块

6.2.2.1 有条件的可以视土壤状况进行秋季垄沟深松 30 cm～35 cm,要求打破犁底层,深浅一致,不漏松,不重松,不起大块。沙壤土地块不宜深松。

6.2.2.2 有深翻深松基础的玉米茬,灭茬机灭茬,达到待播状态。可封墒防止水分蒸发。

6.2.2.3 对紧实的土壤,还可在玉米收获后,结冻前,进行垄体深松,深松同时进行垄上除茬,然后垄体整形扶垄,搞好镇压,为卡种标准化打下基础。

7 播种

7.1 品种选择

选用经审定熟期适宜并在当地大面积推广或引种试种成功的优质、高产、抗逆性强的大豆品种。

7.1.1 根据栽培模式选择品种

"三垄"栽培要选用植株高大繁茂、单株生产力高的品种。大垄密栽培要选用主茎或分枝收敛、秆强抗倒伏、抗逆性强的品种。

7.1.2 根据肥力和地势选择品种

在土壤肥沃、雨水充沛地,平川地,排水良好的二洼地、江套地,选用喜肥水、秆强、抗倒伏的高产品种。在土壤肥力较差时或干旱地区、岗地、贫瘠地,选用植株高大、生长繁茂、根系发达、抗旱、适应强的耐瘠薄品种。

7.1.3 易受渍涝影响地区应该选择抗涝能力强的大豆品种。

7.1.4 根据市场需求选择品种如高蛋白豆、高油豆、大粒豆、芽豆、高异黄酮豆等。

7.1.5 根据播期选择品种。

7.2 种子

7.2.1 种子购买

购买的大豆种子应符合 GB 4402.2—2010 的要求。

7.2.2 种子精选

播种前应进行种子精选,以机械精选为主、人工粒选为辅,剔除破瓣、杂质、病粒、虫粒。所选种子粒型均匀一致。

7.2.3 种子包衣

播种前种子用种衣剂包衣,达到预防大豆根腐病、地下害虫等病虫害的目的。包衣后经自然阴干后装袋存放,尽快播种。

7.3 播期

7.3.1 0 cm～5 cm 土层内温度稳定通过 7 ℃作为当地始播期。

7.3.2 在适播期内,根据品种类型、土壤墒情等条件确定具体播期。土壤墒情较差的地块,应当抢墒早播,播后及时镇压;对土壤墒情好的地块,应选定最佳播种期。

7.4 密度

7.4.1 "三垄"栽培的播种密度22.5万株/hm²～30万株/hm²,大垄密栽培的播种密度33万株/hm²～38万株/hm²,玉米茬原垄卡种大豆的播种密度27万株/hm²～33万株/hm²。

7.4.2 整地质量好、肥力水平高的地块,密度降低10%;整地质量差、肥力水平低的地块,密度增加10%。

7.5 播种方法

7.5.1 "三垄"栽培

双条精量点播,行距为10 cm～15 cm,株距为10 cm～14 cm。

7.5.2 大垄密栽培

根据本地实际情况,因地制宜,采取不同行距,单条行距为22.5 cm～35 cm。大垄中间行(1行或2行)的株距要略大于两侧边行。

7.5.3 玉米茬原垄卡种大豆栽培

垄距65 cm～70 cm,双条精量点播,行距10 cm～15 cm,株距9 cm～12 cm;垄距110 cm,3条单苗带,苗带间距22.5 cm～25 cm,为保证播种效果,播种时应避开玉米根茬。

7.6 镇压

根据土壤墒情及时、适时镇压,禁止湿压。

7.7 播种质量

覆土严密,镇压后播深3 cm～5 cm。

8 施肥

8.1 施肥原则

8.1.1 测土配方施肥。

8.1.2 化肥与有机肥配合。

8.1.3 肥料使用应符合NY/T 496的要求。

8.2 施肥方法

8.2.1 每667 m² 大豆施肥量:纯N 1.6 kg～6 kg,P_2O_5 1.6 kg～6 kg,K_2O 1.0 kg～4.5 kg。

8.2.2 提倡分层施肥,基肥中氮占总施氮量的2/3,磷全部作基肥。种下4 cm～7 cm 和10 cm～14 cm处。

8.2.3 密植栽培适当增加施肥量。

8.2.4 微量元素根据土测值施用,锌缺乏时施用硫酸锌,钼缺乏时施用钼酸铵,缺硼时可用硼酸。

8.2.5 可结合根瘤菌剂混合拌种或喷淋,减少氮肥用量,提高根系结瘤效率。

8.2.6 叶面追肥:大豆初花期、盛花期、结荚鼓粒期叶面追肥,具体喷施时期和次数要根据田间长势合理选择。

9 田间管理

9.1 化学灭草

9.1.1 除草剂选择

选择安全、高效、环境友好、低毒、低残留的除草剂。

9.1.2 除草剂使用方法

9.1.2.1 除草剂使用以苗前土壤处理为主,苗后茎叶处理为辅。

9.1.2.2 根据杂草种类选择除草剂和合适的混用配方。

9.1.2.3 根据土壤质地、有机质含量、pH 和自然条件选择除草剂。

9.1.2.4 选择了除草剂还必须选择好的喷洒机械,配合好的施药技术。

9.1.2.5 采用 2 种以上的混合除草剂,同一地块不同年份间除草剂的配方最好交替使用。土壤墒情好,可采取土壤封闭处理灭草。春季干旱,土壤墒情差,提倡苗后茎叶处理。

9.1.2.6 喷药注意事项:药剂喷洒要均匀,坚持标准作业,不重,不漏。垄作苗带施药量应根据实喷面积计算。

9.2 中耕管理

9.2.1 在大豆出苗后第 1 次中耕,垄沟深松 30 cm 以上,大豆分枝期进行第 2 次中耕,垄沟留"活土",第 3 次中耕在大豆封垄前结合培土进行。

9.2.2 注意如果当年降水天气多,无法在上述生育时期中耕,可在大豆出苗齐后至封垄之前土壤条件允许时中耕,根据情况以不起黏条为宜,应达到 3 次。

9.2.3 在白浆土上为防止雨后土壤板结,可用小铧中耕 1 次。

9.2.4 大豆生育后期间,在草籽形成前,及时人工拔除大草。

10 病虫害防治

10.1 药剂使用要符合 NY/T 1276 和 GB/T 8321 的要求。

10.2 根腐病防治

采用 25%噻虫·咯·霜灵悬浮种衣剂或 35%阿维·多·福悬浮种衣剂拌种。防治疫霉根腐病用 6.25%精甲·咯菌腈种衣剂拌种,建议每 100 kg 大豆种子所用包衣药剂中的精甲霜灵成分含量应达到 12 g 以上,重发及适宜发病地块应达到 15 g。

10.3 灰斑病防治

以选用抗病品种为主,药剂防治为辅。

10.4 菌核病防治

在大豆 3 片~4 片复叶期喷药。可用 40%菌核净可湿性粉剂加益护和米醋防治,7 d~10 d 后再喷 1 次。

10.5 霜霉病防治

用药剂 58%瑞毒霉锰锌防治,每 7 d~10 d 喷 1 次,共喷 2 次。

10.6 大豆蓟马防治

大豆苗后早期蓟马发生造成大豆心叶皱缩时,用 2.5%高效氯氟氰菊酯乳油或 70%吡虫啉可湿性粉剂进行防治。

10.7 蚜虫防治

百株蚜量达到 1 000 头,用 2.5%高效氯氟氰菊酯乳油或 70%吡虫啉可湿性粉剂进行防治。

10.8 红蜘蛛防治

早发现,早预防,点片发生时应及时防治。采用杀螨剂防治,加入喷液量 1%的药笑宝、信德宝。

10.9 草地螟防治

在第 1 代幼虫始期,普查豆田和邻近草荒田的虫情,当有幼虫 30 头/m²~50 头/m² 时即应防治。用 2.5%高效氯氟氰菊酯乳油或 2.5%溴氰菊酯乳油等防治。

10.10 食心虫防治

在测报基础上,成虫盛发期用 2.5%高效氯氟氰菊酯乳油等杀虫剂喷雾防治。

注:喷施病虫害防治药剂时,可加些助剂,和叶面肥一起喷施,促进药剂吸收、植株强健。

11 收获

11.1 收获时期

大豆籽粒归圆、呈本品种色泽、含水量14%~16%时,机械直收。

11.2 收获

11.2.1 收获:适时收获。

11.2.2 割茬:割茬高度以不留底荚为准。

11.2.3 完整:机械收获保证刀片锋利,人工收获刀要磨快,减少损失。

11.2.4 清洁:收获前,必须清除田间杂草,包括苗带及垄沟杂草,特别是龙葵等杂草,避免出现"草花脸"及"泥花脸",影响大豆外观品质。如果是种子田,一定在收获前要拔杂草1次。下雨或有露水时不收获,应充分利用晴天地干时机,突击抢收,提高清洁度。

11.2.5 收割损失率小于1%,脱粒损失率小于2%,破损率小于5%,"泥花脸"率小于5%。

12 储藏

大豆籽粒储藏前如果含水量偏大,应通风阴干避免暴晒,使水分达标后入仓储藏。

13 生产档案

对应地号建立大豆生产档案,包括生产投入品采购、出入库、使用记录,农事、收获、储运记录。所有记录应真实、准确、规范,并可追溯。

参 考 文 献

[1] GB 3100—93 国际单位制及其应用

———————————

ICS 65.020.01
CCS B 05

Q/BDHZZ

北大荒农垦集团有限公司企业标准

Q/BDHZZ 0021—2024

北大荒玉米种植技术

2024-05-24 发布　　　　　　　　　　　　　　　　2024-06-01 实施

北大荒农垦集团有限公司 发布

前　言

　　本文件依据 GB/T 1.1—2020 的编写规则起草。

　　本文件由北大荒农垦集团有限公司提出并归口。

　　本文件起草单位：北大荒农垦集团有限公司、黑龙江省农垦科学院农作物开发研究所、黑龙江农垦职业学院、北大荒集团黑龙江八五二农场有限公司、北大荒农垦集团有限公司牡丹江分公司。

　　实施单位：北大荒农垦集团有限公司。

　　本文件主要起草人：李庭锋、戴志铖、李伟华、王平、关成宏、张海刚、孙伟海、周宇、刘慧迪。

北大荒玉米种植技术

1 范围

本文件规定了北大荒农垦集团有限公司玉米生产中播前准备、播种、施肥、病虫害防治、田间管理、收获、晾晒与储藏、秋整地、生产废弃物处理、生产档案。

本文件适用于北大荒农垦集团有限公司普通玉米全程机械化种植。

2 规范性引用文件

下列文件中的内容通过文中的规范性引用而构成本文件必不可少的条款。其中，注日期的引用文件，仅该日期对应的版本适用于本文件。不注日期的引用文件，其最新版本（包括所有的修改单）适用于本文件。

GB/T 3543.4 农作物种子检验规程 发芽试验

GB 4404.1 粮食作物种子 第1部分：禾谷类

GB/T 8321（所有部分） 农药合理使用准则

GB/T 21017 玉米干燥技术规范

GB/T 21962 玉米收获机械 技术条件

GB/T 23391.3 玉米大、小斑病和玉米螟防治技术规范 第3部分：玉米螟

NY/T 1355 玉米收获机 作业质量

3 播前准备

3.1 选地

选择地势平坦、排水良好的地块。明确前茬作物种类及用药情况，防止长残效农药导致药害发生。以豆茬为首选，优先实行玉-玉-豆轮作耕作制度。

3.2 农资准备

根据土壤类型、测土配方、品种抗病虫水平以及地块病虫草害情况，选择肥料和药剂种类、数量等。购买后注意在通风干燥处存放。

3.3 品种选择

3.3.1 选择原则

选择通过国家或黑龙江省审定（或备案），高产、稳产、耐密、抗逆性强、宜机收的优良玉米品种。品种 $\geq 10\ ℃$ 活动积温应比当地少 $150\ ℃\sim200\ ℃$，种子质量应符合 GB 4404.1 的要求。

3.3.2 种子处理

3.3.2.1 分级处理

大小不一的种子应进行分级处理，分为大、中、小粒3级，并分别进行发芽试验，依大、中、小分别播种。

3.3.2.2 种子包衣

根据地块病虫害种类和发生程度选择适合的种衣剂包衣。主要预防茎基腐病、穗腐病、丝黑穗病、地下害虫等。

3.3.2.3 晒种

种子包衣前选择晴好天气晾晒 1 d～2 d。

3.3.3 发芽试验

播种前 15 d 应进行种子发芽试验，具体操作应符合 GB/T 3543.4 的要求。机械精量播种发芽势≥

90％,发芽率≥95％。

4 播种

4.1 播期条件

土壤相对湿度(即土壤含水率占田间持水量的百分比)为70％左右,硬粒型种子在5 cm耕层温度稳定通过5 ℃时开始播种,粉质型种子在5 cm耕层温度稳定通过7 ℃时开始播种。

4.2 播种密度

严格按照所选品种农艺要求确定播种密度。机械精量播种根据发芽率计算播种粒距。计算公式如下:

$$y = \frac{10\,000}{rK \times N\sqrt{X}}$$

式中:

y ——播种粒距,即垄上两个玉米苗之间的平均距离,单位为米(m);

r ——垄距,即两条垄间的平均距离,单位为米(m);

K ——垄上行数,即每条垄上种植的玉米平均行数;

N ——公顷保苗数,即每公顷预期出苗数;

X ——种子发芽率,即在规定的条件和时间内长成的正常幼苗数占供检种子数的百分率,单位为百分号(％)。

4.3 播种方法和质量

播种选用带有窄轮胎拖拉机,配置大垄精量播种机垄上两行播种,作业速度6 km/h~8 km/h。播种期宜早不宜迟,根据土壤类型、墒情、天气,确定播种深度为镇压后3 cm~5 cm,播深一致,到头到边。

5 施肥

5.1 施肥量

化肥施肥量纯N100 kg/hm²~270 kg/hm²,P₂O₅ 60 kg/hm²~135 kg/hm²,K₂O 30 kg/hm²~120 kg/hm²。根据土壤基础肥力和预期产量调整施肥量,高肥力地块应选择低肥量,低肥力地块选择高肥量。可根据报酬递减规律,确定最大产量施肥量和经济施肥量。缺锌地块,可基施硫酸锌15 kg/hm²。

5.2 底(基)肥

起垄时施底(基)肥,包括全部有机肥、化肥中30％氮肥、80％磷肥和100％钾肥,施肥深度16 cm~20 cm。

5.3 种肥

播种时施种肥,将10％~20％氮肥、20％磷肥施于种侧5 cm,深度10 cm~12 cm。

5.4 追肥

玉米叶龄指数30％左右(拔节期),结合中耕培土,将50％~60％氮肥施于株侧15 cm~20 cm,深度10 cm~12 cm,覆土厚度6 cm以上。

5.5 叶面肥

通过测土配方施肥建立微量元素养分丰缺指标,指导硼肥、锌肥、钼肥等进行叶面肥喷施。喇叭口期结合病虫害防治,采用高地隙喷药机或飞机航化喷施微量元素等叶面肥。玉米散粉前后、灌浆期喷施磷酸二氢钾1次~2次促进早熟。

6 病虫害防治

6.1 防治原则

坚持"预防为主,综合防治"的植保方针,优先选用抗耐病虫品种,强化种子处理,加强中耕铲蹚,科学合理施肥,突出生物、物理等绿色防控技术应用,推进专业化统防统治,保护田间生态。农药使用应符合GB/T 8321的要求。

6.2 主要病害防治

a) 丝黑穗病。选用抗病品种,可用含有戊唑醇等成分的种衣剂包衣处理。

b) 根腐病和茎腐病。选用抗病品种,加强栽培管理。可用含有咯菌腈+精甲霜灵或苯醚甲环唑、吡唑醚菌酯等成分的种衣剂包衣处理。

c) 叶斑病。主要包括大斑病、小斑病等。出现少量病斑时及时防治,可选用生物制剂嘧啶核苷类抗菌素或枯草芽孢杆菌与戊唑醇或咪鲜胺混用,或使用吡唑醚菌酯、苯醚甲环唑、醚菌酯、丙环唑等药剂单用或混用,或使用丙环唑·嘧菌酯、丙环唑·苯醚甲环唑、肟菌·戊唑醇等混剂。喷洒药剂时,可加入芸薹素内酯,以促进植株生长,提高防控效果。

d) 玉米瘤黑粉病。合理轮作,选择抗病品种,选用含戊唑醇或咯菌腈成分的药剂拌种。

e) 玉米穗腐病。选用抗病品种,合理密植,注意防治玉米螟、双斑萤叶甲等虫害。大喇叭口期,用40％氯虫·噻虫嗪水分散粒剂和丙环唑+嘧菌酯混合喷施。

6.3 主要虫害防治

a) 地下害虫。可用含有噻虫嗪、溴氰虫酰胺或丁硫克百威成分的种衣剂进行种子包衣。金针虫、蛴螬发生严重地块可用辛硫磷或毒死蜱颗粒剂随种肥施用。防治地老虎,可设置糖醋酒盆诱杀成虫;当田间点片危害时,可人工捕捉,消灭幼虫;或割青草间隔 5 m 堆成堆,在堆底喷洒 300 倍液80％敌敌畏诱杀幼虫。

b) 灰飞虱、白背飞虱等。可选用25％吡蚜酮可湿性粉剂等按药剂说明进行防治。

c) 玉米螟。防治按照 GB/T 23391.3 的规定执行。

d) 黏虫:每百株有 10 头应开始防治。可用2.5％高效氯氟氰菊酯乳油、20％氯氟苯甲酰胺悬浮剂、100 亿孢子/mL 短稳杆菌等药剂按使用说明喷雾防治。如果虫龄达到 5 龄期～6 龄期时,可用25％氰·辛乳油、50％辛硫磷乳油等按使用说明喷施。

e) 蚜虫。当田间蚜量达到 100 头/株以上,或植株出现蚜虫聚集情况时,可选 20％吡虫啉可湿性粉剂、20％啶虫脒可湿性粉剂等按使用说明利用自走式高杆作物喷雾机田间喷雾防治。

f) 双斑萤叶甲。当百株虫量达 500 头(抽雄、吐丝期百株虫量 300 头)时,可选用20％氰戊菊酯乳油、2.5％高效氯氟氰菊酯等按药剂说明喷施在花丝和上部叶片周围进行连片防治。

7 田间管理

7.1 播后管理(播种至出苗)

7.1.1 镇压

根据土壤墒情及时镇压,禁止湿压。镇压作业速度为 5 km/h～6 km/h。

7.1.2 苗前封闭除草

播种镇压后及时进行土壤封闭除草处理。防治禾本科杂草主要选用莠去津系列、乙草胺系列和异丙甲草胺系列除草剂;防治阔叶杂草主要选用嗪草酮、噻吩磺隆、唑嘧磺草胺等;根据土壤质地、墒情、有机质含量和杂草种类确定药量,合剂常用的配方为异丙甲草胺+莠去津+噻吩磺隆(或嗪草酮、唑嘧磺草胺),按照产品说明书使用。

7.2 苗期管理(出苗至拔节)

7.2.1 第 1 遍中耕

根据生产现状,在播种后至玉米 1 展叶期进行第 1 遍中耕(深松),深度 30 cm～35 cm。长期低温时应提早中耕。

7.2.2 苗后茎叶除草

最佳施药期在玉米 2 展叶期～3 展叶期。根据气象条件、杂草种群、杂草大小确定配方和用药量。防治禾本科杂草的有莠去津、烟嘧磺隆、异丙草胺;防治阔叶杂草的有硝磺草酮、辛酰溴苯腈、氯氟吡氧乙酸、苯唑草酮等。合剂常用的配方有莠去津+烟嘧磺隆+硝磺草酮,按照产品说明书使用。在气候干旱环境下,应添加植物油型等桶混助剂,提高除草效果。

7.2.3 第2遍中耕

根据土壤、气候条件,在玉米3展叶期时选择性进行第2遍中耕,要求前杆尺,后犁铧,杆尺深松30 cm,犁铧浅覆土,不铲苗、不压苗、不偏墒、不损伤根系。

7.3 穗期管理(拔节至抽雄)

7.3.1 第3遍中耕与追肥

拔节后封垄前结合追肥进行第3遍中耕。追肥详见5.4。

7.3.2 化学调控

7.3.2.1 化控条件

品种抗倒能力差、生长过旺地块应采取化控防倒措施。

7.3.2.2 化控方法

根据药剂特点、施用时期分为前期化控和后期化控。前期化控在叶龄指数45%(小喇叭口期)左右,后期化控在叶龄指数60%(大喇叭口期)左右。根据生产实际情况选择化控时期,选用已获得农药登记的植物生长调节剂按照药剂说明进行叶面喷施。

7.4 花粒期管理(抽雄至成熟)

主要进行喷施叶面肥促早熟、病虫害防治作业。叶面肥喷施详见5.5,病虫害防治详见6.2和6.3。

7.5 排水

暴雨或持续降雨会产生地表积水,当地表积水超过3 cm时需要及时排水。

8 收获

8.1 收获条件

籽粒含水量降至33%以下时可采用机械摘穗收获,待籽粒含水量降至25%以下时,可用机械脱粒;当籽粒含水量降至25%以下时,可采用机械籽粒直收。

8.2 收获方法和质量

采用配秸秆粉碎装置的自走式玉米收获机进行果穗收获或籽粒直收。收获机械性能和作业质量应符合GB/T 21962、NY/T 1355的要求。

9 晾晒与储藏

籽粒收获后,采用玉米烘干机进行降水处理,烘干时的技术要求和烘干产品质量应符合GB/T 21017。当籽粒含水量降至14%以下时可入仓储藏,放在通风干燥处,注意雨水及生物危害。

10 秋整地

10.1 主要整地模式

10.1.1 玉米秸秆翻埋还田

a) 技术路线:秸秆粉碎抛撒→秸秆翻埋→耙地→起垄施肥镇压。

b) 适宜降水相对充足、积温适宜、土壤耕层深厚、玉米产量较高但秸秆利用率低的中东部、中南部和西部部分地区。土壤层为黄土、砂石等耕层浅薄地区慎用。

10.1.2 玉米秸秆碎混还田

a) 技术路线:秸秆粉碎抛撒→耙地(联合耕整地)→起垄施肥镇压。

b) 适宜有效积温低、无霜期短、玉米产量不高且秸秆利用率低的西北部地区。土壤层为黄土、砂石等耕层浅薄地区慎用。

10.1.3 玉米秸秆覆盖还田

a) 技术路线:秸秆粉碎抛撒。

b) 适宜活动积温高、风沙大、降水不足、土壤瘠薄的干旱半干旱地区。

10.2 作业方法及标准

10.2.1 秸秆粉碎抛撒

收获后留茬高度≥20 cm时应进行灭茬作业。选用120马力*～240马力拖拉机,配套灭茬机,配垄沟秸秆处理装置,根据秸秆含水量适时打茬,严禁潮湿作业,作业速度≤6 km/h。作业后,秸秆长度≤8 cm,秸秆留茬高度≤3 cm,垄上灭茬率≥95％,垄沟灭茬率≥80％,无漏打,到头到边,不拖堆,抛洒均匀。地头要横向灭茬,避免翻埋地头拖堆。

10.2.2 秸秆翻埋

应在封冻前10 d完成,遇特殊年份,封冻前完成。选用载有卫星导航的≥200马力拖拉机,配有副铧的翻转犁。当地表秸秆、残茬较多时,可配套大间距(1.2 m)翻转犁。作业时配小副铧,耕深为主铧1/2,在地块长边一侧进行打埂,进行梭形作业。翻深25 cm～30 cm,以打破犁底层不出生土层为准,耕深一致,误差≤1.5 cm。翻埋后不拖堆,扣垡和埋茬严密,地表平整,立垡与回垡率之和≤5％,秸秆、残茬掩埋率≥90％,耕埂笔直,百米直线度误差≤4 cm,耕幅误差≤2 cm,垂直耕幅10 m长度范围内地表平整度≤10 cm,不重不漏,翻到头,翻到边,无三角区,无斜扭,重耕率≤2％,地头横耕整齐。

10.2.3 耙地

选用180马力～240马力拖拉机,配有卫星导航,牵引偏置式液压耙或动力驱动耙,配轻型耢子或碎土辊,进行复式作业。应根据土壤状况选择适宜的耙地机具,轻型耙(前后圆盘)耙深10 cm～12 cm,中型耙(前缺口后圆盘)耙深12 cm～15 cm,重型耙(前后缺口)耙深16 cm～20 cm,相邻耙组间耙深误差≤1 cm。耙地适墒适时,地表有干土层,以不黏耙不出土块为准,严禁湿耙。作业时地轮升起,耙架呈水平状态,两幅重叠为10 cm～15 cm,作业速度≤8 km/h,做到耙深一致,耙透耙碎。耙后要求地表平整,表土疏松,土壤细碎,不重耙、不漏耙、不拖堆,10m内高低差≤10 cm,重耙后1 m²内直径≥10 cm土块≤5块,中轻耙后1 m²内直径≥5 cm土块≤5块。土壤湿度较大时会出现明垡片,第1遍耙地可选用缺口重耙,作业后必须等到地块表土见干才可进行第2遍耙地作业。第2遍耙地可选用中型耙,与第1遍交叉行走。翻地出现明垡片不能耙碎的地块,可选用动力驱动耙,在土壤水分适宜时,进行碎土作业,可与翻地行走方向相同,耙深≥15 cm。

10.2.4 联合耕整地

在土壤水分适宜条件下作业,严禁湿整地。选用≥300马力拖拉机,配有卫星导航,配备联合整地机,配碎土辊。入埂方向与上次深松作业方向交叉,与播种作业方向有一定夹角,一般为10°～15°,严禁顺播种方向整地。深松深度以打破底层为原则,深度适宜,主杆齿深度≥35 cm,副杆齿深度≥20 cm,同种杆齿深度一致,误差≤2 cm。各工作部件间距合理,误差≤1 cm。灭茬耙组工作深度10 cm～12 cm,合墒器工作深度7 cm～8 cm。作业后地表平整,不拖堆、不出沟、不起楞,10 m内高低差≤5 cm,土壤细碎,上实下墒,地头起落整齐、松向直、不漏松,松到头,松到边,百米直线度误差≤5 cm,往复结合埂误差≤5 cm。

10.2.5 起垄施肥镇压

选用120马力～240马力拖拉机,配套卫星导航,选用1.1 m、1.3 m或1.36 m大垄起垄机,配有大垄整形器、施肥器、镇压装置,垄沟有深松杆齿。起垄打起止线,作业速度7 km/h～9 km/h。不拖堆,垄体饱满,垄面整体平整,不出凹心垄,无大块明条,百米直线度误差≤4 cm,往复结合埂误差≤3 cm,地头(边)整齐一致,误差≤30 cm。垄高一致,镇压后18 cm～20 cm,误差≤2 cm。垄距相等,误差≤2 cm。垄距110 cm时,垄台台面宽65 cm～70 cm;垄距130(136)cm时,垄台台面宽85 cm～90 cm。起垄施底(基)肥要求详见5.2。

---

* 马力为非法定计量单位,1马力≈0.735 kW。

11 生产废弃物处理

生产过程中产生的肥料、农药等各种包装袋(纸、箱)、塑料(玻璃)瓶等应回收妥善处理,禁止随地丢弃。

12 生产档案

对应地号建立玉米生产档案,包括生产投入品采购、出入库、使用记录,农事、收获、储运记录。

参　考　文　献

[1]　GB 3100　国际单位制及其应用

[2]　GB 3102.1　空间和时间的量和单位

[3]　GB/T 37088　玉米一次性施肥技术指南

[4]　NY/T 239　西北地区春玉米生产技术规程

[5]　NY/T 240　西北地区夏玉米生产技术规程

[6]　NY/T 1425　东北地区高淀粉玉米生产技术规程

[7]　DB11/T 084　夏玉米生产技术规程

[8]　DB11/T 085　春玉米生产技术规程

[9]　DB22/T 950　绿色食品　玉米生产技术规程

[10]　DB22/T 994　无公害玉米生产技术规程

[11]　DB23/T 2533　温凉半湿润区玉米机械粒收栽培技术规程

[12]　DB23/T 2547　三江平原玉米耐低温机械化栽培技术规程

[13]　苏前富,2018.春玉米全生育期植保技术应用手册[M].北京:中国农业出版社

[14]　肖俊夫,2017.中国玉米灌溉与排水[M].北京:中国农业科学技术出版社

[15]　于立河,2001.粮食作物栽培学[M].哈尔滨:黑龙江科学技术出版社

[16]　宋耀远,2006.大豆玉米标准化施肥技术[J].现代化农业(5):15-16

[17]　邓良佐,李玉成,李艳杰,等,2005.寒地旱作玉米高产形态指标诊断技术研究[J].玉米科学(13)
　　　(增刊):122

[18]　高强,冯国忠,王志刚,2010.东北地区春玉米施肥现状调查[J].中国农学通报,26(14):229-231

[19]　张兴梅,王法清,李国兰,1996.白浆土供肥能力的试验[J].现代化农业(11):18

[20]　谭金芳,2003.作物施肥原理与技术[M].北京:中国农业大学出版社

ICS 65.020.01
CCS B 05

Q/BDHZZ

北大荒农垦集团有限公司企业标准

Q/BDHZZ 0022—2024

北大荒马铃薯淀粉加工原料薯种植技术

2024-05-24 发布　　　　　　　　　　　　　2024-06-01 实施

北大荒农垦集团有限公司 发布

前　言

　　为加快北大荒农垦集团绿色农业体系建设,进一步提高粮食综合生产能力,提升农产品质量安全水平和市场竞争力,筑牢粮食生产"大基地",构建技术驱动型绿色高质量发展模式,特制定此标准。

　　本文件依据 GB/T 1.1—2020 的编写规则起草。

　　本文件由北大荒农垦集团有限公司提出并归口。

　　本文件起草单位:黑龙江八一农垦大学、北大荒农垦集团有限公司、黑龙江农垦职业学院、黑龙江省农垦科学院农作物开发研究所、北大荒马铃薯集团。

　　实施单位:北大荒农垦集团有限公司。

　　本文件主要起草人:林长华、金光辉、张桂芝、贾力群、董桂军、姜丽丽、郭建国、于琳、黄虎、王金楠、张立国。

北大荒马铃薯淀粉加工原料薯种植技术

1 范围

本文件规定了马铃薯淀粉加工原料薯生产种植的播前准备、播种、田间管理、病虫害防治、收获及生产档案。

本文件适用于北大荒农垦集团有限公司马铃薯淀粉加工原料薯的种植。

2 规范性引用文件

下列文件对于本文件的应用是必不可少的。凡是注日期的引用文件,仅所注日期的版本适用于本文件。凡是不注日期的引用文件,其最新版本(包括所有的修改单)适用于本文件。

GB 3095　环境空气质量标准

GB 5084　农田灌溉水质标准

GB/T 8321(所有部分)　农药合理使用准则

GB 18133　马铃薯种薯

GB 15618　土壤环境质量　农用地土壤污染风险管控标准(试行)

NY/T 1276　农药安全使用规范　总则

NY/T 2462　马铃薯机械化收获作业技术规范

NY/T 2706　马铃薯打秧机　质量评价技术规范

3 术语和定义

下列术语和定义适用于本文件。

3.1

淀粉加工原料薯

以用于进行马铃薯淀粉提取加工生产为种植目的的马铃薯。

3.2

闷耕

动力中耕碎土追肥。在播种后出苗前即当地下马铃薯种芽出土前距离地表 2 cm～3 cm 时进行动力中耕培土追肥灭草作业,覆土厚度 5 cm～8 cm,一次成垄形,垄体截面为梯形。实现了培土、双侧追肥、灭草三位一体的动力中耕碎块覆土追肥技术。

3.3

原种

用育种家种子繁育的第 1 代至第 2 代或按原种生产技术规程生产的达到质量标准的种子。用原原种作种薯,在良好隔离环境中产生的经质量检测达到 GB 18133 要求的,用于生产一级种的种薯。

3.4

良种

在相对隔离的环境中,用原种作种薯生产的,经质量检测达到 GB 18133 要求的,用于生产二级种的种薯。

4 播前准备

4.1 选地选茬

以选择土质疏松、肥沃、排水通气良好的漫川漫岗地,适于机械化作业,呈微酸性或中性的地块为宜。

Q/BDHZZ 0022—2024

空气质量应符合 GB 3095 的要求,土壤环境应符合 GB 15618 的要求,灌溉水应符合 GB 5084 的要求。

4.2 整地起垄

采取秋季深松耕作为宜,深松浅翻、重耙 2 遍、轻耙 1 遍。一般耕作深度为 28 cm～32 cm,深松深度 35 cm～40 cm。

起垄时选用动力中耕机为宜,要求垄的大小为:垄底宽 90 cm,垄顶宽 30 cm,垄高 25 cm,起垄要求垄沟直,垄沟深浅一致。

4.3 种薯准备

4.3.1 品种选择

应选用品种特性和生育期适于当地淀粉加工原料薯生产的品种。

4.3.2 种薯要求

种薯质量应符合 GB 18133 的要求。种薯级别要求为一级种薯或二级种薯。

4.4 催芽

播种前 15 d～20 d 将种薯置于 15 ℃～20 ℃的室内或塑料大棚,平铺 2 层～3 层。置于散射光下催芽,每隔 3 d 翻动 1 次,芽长以小于 0.5 cm 为宜。

4.5 切块拌种

播种前 1 d～2 d 切块。切块重量 40 g～45 g。每个切块带 1 个～2 个芽眼。切刀可使用 0.1%高锰酸钾进行消毒。种薯切块后,薯块可采用微生物拌种剂或杀菌剂拌种。

5 播种

5.1 播种时期

10 cm 深的土壤温度连续 5 d 以上稳定通过 7 ℃时,即可播种。适宜播种时期为 4 月 25 日至 5 月 5 日。

5.2 播种深度

一般年份,播种深度为 8 cm～10 cm。土壤墒情好,播种深度为 6 cm～8 cm;干旱年份播种深度为 10 cm～12 cm。

5.3 播种密度

适度密植。垄距为 90 cm 时,早熟品种株距为 16 cm～17 cm,每公顷保苗 6.4 万株～6.8 万株;晚熟品种株距为 18 cm～20 cm,每公顷保苗 5.5 万株～6 万株。

5.4 施种肥

5.4.1 配肥原则

测土配方施肥。根据马铃薯生育期需肥特点和土壤肥力,确定相应施肥量和施肥方法。底肥、追肥和叶面施肥相结合。

5.4.2 施肥量

种肥在播种时施入,常用的肥料种类有尿素、磷酸二铵和硫酸钾或者复合肥。采用测土配方施肥。一般土壤地区按 $N:P_2O_5:K_2O=2:1:3.5$ 的比例每公顷施化肥纯量 338.1 kg。

追肥:每亩结合动力中耕机中耕上土时可施入 $N:P_2O_5:K_2O=14:7:24$ 的肥料,每公顷追肥施化肥量为 300 kg。肥料使用应符合 NY/T 496 的要求。

5.4.3 施肥位置

侧深施肥位置为:种薯侧 10 cm、种薯下 3 cm～5 cm;追肥要求施垄的两侧,覆土厚度 3 cm～5 cm。

6 田间管理

6.1 管理技术

建议采用马铃薯"四优一管"高产栽培技术进行田间管理。"四优"即"优耕作、优种薯、优栽培、优防控";

"一管"是指根据马铃薯的不同生长进程,实施适期播种、动力中耕、施肥、防病、打秧和收获等科学管理。

6.2 动力中耕追肥

动力中耕碎土追肥。播种后出苗前可以进行动力中耕,结合追肥一次完成。追肥 N：P_2O_5：K_2O 为 14：7：24,当地下种芽距离地表 2 cm～3 cm 时进行作业,覆土厚度 5 cm～8 cm,一次成垄,垄形为梯形。

6.3 除草

使用化学药剂苗前封闭除草或苗后除草、机械除草,除草剂使用应符合 GB/T 8321 和 NY/T 1276 的要求。

6.4 水肥管理

马铃薯整个生育期注意排水排涝。播种后天气干旱时,及时灌溉;块茎形成期和块茎膨大期土壤田间最大持水量保持在 60%～80%;结薯后期和收获前要控制水分。

6.5 叶面施肥

叶面肥选用以中微量元素为主、大量元素为辅的原则,具体肥料使用应根据田间生长状况进行植株诊断而定。马铃薯苗期表现缺氮,可叶面喷施水溶性氮肥;马铃薯花期后,每隔 7 d～10 d 叶面交替喷施磷酸二氢钾溶液 3 kg/hm^2 和硼钙镁肥 15 kg/hm^2,连续 2 次～3 次,硼钙镁肥 1 次～2 次,最后一遍宜为磷酸二氢钾。

7 病虫害防治

7.1 防治原则

坚持"预防为主、综合防治"的原则,农业防治、生物防治、化学防治相结合。

7.2 防治方法

采用"药肥一体化"防治,可将防病药剂与叶面肥料相结合,一次性同时喷施,要注意农药混配顺序和原则,配药后应立即喷施。

7.3 主要病害防治

7.3.1 早疫病

可喷施 325 g/L 苯甲·嘧菌酯悬浮剂(苯醚甲环唑 125 g/L、嘧菌酯 200 g/L)和代森锰锌等药剂。根据地块病害发生情况,苯甲·嘧菌酯悬浮剂每公顷用量为 500 g～750 g,且不建议与乳油、有机硅混用。

7.3.2 晚疫病

常用的防治方式为保护性药剂代森锰锌与硼钙镁肥和内吸性杀菌剂烯酰吗啉、吡唑醚菌酯、乙磷铝等与硼钙镁肥、磷酸二氢钾交替喷施,同时也可与杀虫剂混合喷施。

晚疫病一般流行年份喷施 7 遍～8 遍,严重流行年份喷施 9 遍～10 遍。

7.3.3 黑痣病

全苗后喷施 45% 含量的噻呋酰胺·嘧菌酯 1 次～2 次,每公顷喷施用量 525 g～750 g,根据病情酌情增减。

7.4 主要虫害防治

7.4.1 地老虎、蛴螬、金针虫等地下害虫

播种时可随播种机沟施苦参碱水剂等药剂防治地下害虫。

7.4.2 地上害虫

常见的地上害虫为茄二十八星瓢虫和蚜虫防治。蚜虫可以喷施 5% 啶虫脒乳油防治,瓢虫可喷施 2.5% 高效氯氟氰菊酯乳油,或 2.5% 溴氰菊酯乳油等药剂防治。

8 收获

8.1 收获前的机械准备

8.1.1 杀秧

收获前 10 d～15 d,利用马铃薯割秧机进行机械割秧,割秧机作业质量应符合 NY/T 2706 的要求,或者喷施催枯剂等化学药剂杀秧。

8.1.2 收获机械选择

马铃薯收获机的选择应适合当地土壤类型、黏重程度和作业要求。马铃薯收获机械的作业质量应符合 NY/T 2462 的要求。在土壤条件适宜时,也可以使用自动上车装置进行自动化收获。

8.2 适时收获

马铃薯在生理成熟期收获,产量最高。生理成熟的标志是植株茎叶大部分由绿逐渐变黄转枯,块茎表皮韧性较大、皮层较厚、色泽正常。收获时要选择晴天,避免雨淋;装运时尽量避免碰伤,便于储藏。

9 生产档案

根据当地实际种植情况,应建立生产档案,内容包括:品种选择、整地、催芽、切块拌种、播种、动力中耕追肥、水分管理、肥料使用、除草、病虫害防治及收获等详细档案。

参 考 文 献

[1]   GB 3100   国际单位制及其应用

————————

ICS 65.020.01
CCS B 05

Q/BDHZZ

北大荒农垦集团有限公司企业标准

Q/BDHZZ 0023—2024

北大荒春小麦种植技术

2024-05-24 发布

2024-06-01 实施

北大荒农垦集团有限公司 发布

前　言

为加快北大荒农垦集团绿色农业体系建设,进一步提高粮食综合生产能力,提升农产品质量安全水平和市场竞争力,筑牢粮食生产"大基地",构建技术驱动型绿色高质量发展模式,特制定此文件。

本文件依据 GB/T 1.1—2020 的编写规则起草。

本文件由北大荒农垦集团有限公司提出并归口。

本文件起草单位:北大荒农垦集团有限公司、黑龙江省农垦科学院农作物开发研究所、黑龙江八一农垦大学、北大荒集团黑龙江建边农场有限公司。

实施单位:北大荒农垦集团有限公司。

本文件主要起草人:杨世志、张景云、王平、吴伟宗、蔡德利、张传文、赵建刚、吕光琰、关成宏、赵泽双、王希武、夏侯赟捷、魏源、马一博。

北大荒春小麦种植技术

1 范围

本文件规定了北大荒农垦集团有限公司春小麦生产的选地、耕整地技术、品种选择及处理、施肥、播种、田间管理、机械收获晒场管理、生产建档。

本文件适用于北大荒农垦集团有限公司中、强筋春小麦种植。

2 规范性引用文件

下列文件中的条款通过本文件的引用而成为本文件的条款。凡是注日期的引用文件,其随后所有的修改单(不包括勘误的内容)或修订版均不适用于本文件,然而,鼓励根据本文件达成协议的各方研究是否可使用这些文件的最新版本。凡是不注日期的引用文件,其最新版本适用于本文件。

GB 4404.1 粮食作物种子 第1部分:禾谷类

GB/T 8321(所有部分) 农药合理使用准则

NY/T 496 肥料合理使用准则 通则

3 术语和定义

下列术语和定义适用于本文件。

3.1

春小麦春播栽培技术

指在春季播种的栽培技术。

3.2

春小麦冬播栽培技术

指在土壤封冻前后进行播种,并采用种侧分层施肥法,利用第二年早春活动温度促使小麦提早萌发、出苗,提早收获 7 d～10 d,有效解决干旱地区春季播种土壤水分散失影响出苗和易涝地区春季播种困难的问题,同时解决麦收季节遇雨影响收获的问题。既增强小麦抗倒伏、抗旱的能力,又保证小麦高产、提前收获和收获品质。

4 选地

选择耕层深厚、肥力较好、保水保肥的成区连片地块。在合理轮作的基础上,优选豆茬,其次马铃薯茬、玉米茬,避免甜菜茬和重迎茬,不选择前茬使用长残留除草剂的地块。

5 耕整地技术

5.1 精细整地

实行"翻、松、耙、耢、压"相结合的耕作方式,使耕地质量达到平、墒、细、碎、齐,处于上虚下实的待播状态。

深松质量:深松深度≥30 cm,打破犁底层,改善土壤通透性,达到透气透水作用。

翻地质量:伏秋翻地深度为 22 cm～25 cm,翻深一致,误差≤1 cm,翻垡整齐严密,不重翻,不漏翻,无堑沟。浅翻深松时浅翻深度为 10 cm～12 cm。

耙茬质量:耙茬深度为 15 cm～18 cm,采用对角线法,不漏耙、不拖耙,耙后地表平整,耙层每平方米大于 3 cm 块径土块不超过 3 个。

旋耕质量:旋耕深度为 12 cm～15 cm,不漏旋、不重旋,旋后地表平整,垄沟与垄台无明显差别。

耢地质量:采用对角线法,达到平整细碎的播种状态。

镇压:除土壤含水量过大的地块外,应及时镇压,以防跑墒。

5.2 整地时间

以伏、秋整地最佳,避免春整地。

6 品种选择及处理

6.1 品种选择

根据市场要求,选择适应当地生态条件,经审定推广的高产优质、抗逆性强、抗病性强、抗倒伏的强筋、中筋春小麦品种,熟期类型应注意早、中、晚适当搭配,以便适时收获,保证商品品质。

6.2 种子处理

a) 种子精选:播前进行种子清选,剔除秕粒、病粒、杂质等,使种子清洁完整、大小一致、粒大饱满、发芽力强,种子质量应符合 GB 4404.1 的要求。

b) 种子处理:播种前种子包衣,防治小麦主要病害和虫害。选用 50％唑酮・福美双、2.5％咯菌腈、3％苯醚甲环唑悬浮种衣剂、40％萎锈・福美双、2％立克秀拌种防治小麦根腐病和散黑穗。

7 施肥

采用测土配方精准施肥,肥料使用应符合 NY/T 496 的要求,适当增施有机肥和生物菌肥。

7.1 配方与用量

化肥用量(纯量)165 kg/hm²～225 kg/hm²,氮、磷、钾比例根据土壤类型及土壤肥力不同而有所差异,一般为 1:(1～1.2):(0.3～0.4),施肥纯 N65 kg/hm²～95 kg/hm²,$P_2O_5$75 kg/hm²～105 kg/hm²,K_2O 25 kg/hm²～45 kg/hm²。

7.2 施肥方法

a) 底肥:秋季深施底肥,深度 12 cm。总施氮量的 2/3、总施磷量的 2/3、总施钾量的 1/2,混合施用。

b) 种肥:总施氮量的 1/3、总施磷量的 1/3、总施钾量的 1/2 做种肥,其中,尿素作种肥时,每公顷用量不得超过 30 kg。种肥施在种子下 3 cm～5 cm 土层内。

c) 追肥:小麦 3 叶期结合除草喷施尿素 3.75 kg/hm²＋硼酸 0.3 kg/hm²＋磷酸二氢钾 3.0 kg/hm²;在小麦扬花后期结合防病措施喷施尿素 3.75 kg/hm²＋磷酸二氢钾 3.0 kg/hm²。

d) 施肥质量要求:施肥量准确,不重不漏,各排肥口流量一致,肥料要施到规定的位置。

8 播种

8.1 春小麦春播

8.1.1 适期早播

根据当地的地理位置,品种特性,光热资源,土、肥、水等条件综合考虑。春季化冻后,东部地区土壤化冻达 3 cm 深度、北部地区土壤化冻达到 5 cm～6 cm 深度、西部地区化冻达 7 cm～8 cm 深度时,及时播种。具体是东部地区于 3 月底至 4 月初播种,北部和西部地区适合播期应在 4 月 10 日—20 日。

8.1.2 播种密度

根据品种特性、播期早晚、水肥条件、地力水平、栽培技术等综合因素确定。小麦早熟品种为 750 万株/hm²,中熟品种为 700 万株/hm²,晚熟品种为 650 万株/hm²。

8.1.3 播量

按每公顷保苗株数、千粒重、发芽率、净度和田间保苗率(一般为 90％)计算播量。按下式计算。

$$播种量(kg/hm^2) = \frac{每公顷保苗株数(株/hm^2) \times 千粒重(g)}{发芽率(\%) \times 净度(\%) \times 10^6 \times 田间保苗率(\%)}$$

采用 10 cm 或 15 cm 单条播。边播种边镇压,西部地区播后镇压 2 次。镇压后的播深为东部地区 3 cm. 北部及西部地区 3 cm～5 cm,误差小于 1 cm。实际播量与规定播量误差≤1％,单排种口排种量误差≤2％,播种作业速度为 6 km/h～8 km/h,匀速作业,作业中不停车。多台播种机联合作业时,台间衔接行距误差≤2 cm;播种深浅一致,覆土均匀,无漏播、断播、重播。

8.2 春小麦冬播

8.2.1 确定播期

在封冻前 2 d～3 d 到封冻后的 1 d～10 d,室外温度为－5 ℃～5 ℃、地表封冻 1 cm～2 cm 时进行播种;小麦种子不萌动,处于"冬眠"状态,第二年春天温度适宜时出苗。保证小麦早出苗,用底墒、保底墒、早拔节、早收获,避免收获时雨水较多影响品质,确保小麦高产高效。

8.2.2 播种密度

根据品种特性、水肥条件、地力水平、栽培技术等综合因素确定。一般为 600 万株/hm²～650 万株/hm²。

8.2.3 播量

根据小麦品种、当地冬春降水量及春季土壤含水量确定播种量,干旱半干旱地区冬季播种比春季播种增加 5％的播种量;冬春雨雪较大、春季易形成渍涝的地区增加 10％的播种量;直立型品种增加 3％～5％的播种量,匍匐型品种保持原播种量。

8.2.4 播种质量

在秋整地的基础上,播种前镇压 1 次～2 次,控制播种深度,防止土壤过于疏松造成播种过深,春季出苗困难。采用 10 cm 或 15 cm 单条播种,春季易涝地区播种深度 2 cm～3 cm,春季干旱地区播种深度 3 cm～5 cm,播后及时镇压。

9 田间管理

9.1 冬播春小麦春季管理

对于春季干旱地区,在冬播小麦未出苗前土壤出现板结时,应及时镇压 1 次～2 次,打破板结,保住底墒。

9.2 压青苗

小麦 3 叶期时(喷施除草剂 3 d～5 d 后进行压青苗)用 V 形镇压器压青苗,根据土壤墒情和苗情镇压 1 次～2 次,压到头、压到边、不漏压、镇压角度大于 30°。机车行进速度≤6 km/h,镇压时不黏土、不拖堆,不转急弯。

9.3 化控

品种抗倒伏能力差,生长旺盛需采用化控防倒措施。小麦拔节前叶面喷施 20％多效缩节胺乳油 600 mL/hm²。

9.4 生育期灌水

"三看"(看天、看地、看苗)、"两适"(适时、适量)。在小麦 3 叶期至分蘖期和拔节至孕穗期,如遇旱情,及时喷灌,每次灌水量约 30 mm。

9.5 化学除草

按 GB/T 8321 的规定执行。选用安全高效、环境友好、低毒、低残留的药剂。
a) 防除阔叶杂草:小麦 2 叶 1 心至 3 叶期,根据杂草类型选用 90％ 2,4-滴异辛酯乳油、20％ 2 甲 4 氯水剂、75％噻吩磺隆水分散粒剂、10％双氟·唑草酮悬乳剂、48％ 2 甲·双氟·氯氟吡悬乳剂、20％双氟·氟氯吡啶酯水分散粒剂、50％辛酰溴苯腈乳油等药剂。
b) 防除禾本科杂草:野燕麦、稗草用 6.9％精噁唑禾草灵浓乳剂、10％精噁唑禾草灵乳油、15％炔草酯微乳剂、5％唑啉草酯乳油、5％甲基二磺隆·氟唑磺隆可分散油悬浮剂等药剂。
选用喷杆喷雾机在晴天早晚、无风、无露水时,均匀喷施,可加入植物油型助剂等桶混助剂,节省用药量和用水量并稳定药效。

9.6 防治病虫

按 GB/T 8321 的规定执行。

a) 参考 6.2 种子处理防治散黑穗病、根腐病。

b) 防治赤霉病：小麦齐穗期或扬花株率≥10％，当天气温高于 15 ℃，气象预报连续 3 天有雨或大雾时，选用 25％氰烯菌酯悬浮剂、43％戊唑醇悬浮剂、25％咪鲜胺乳油、40％丙硫菌唑悬浮剂、40％丙硫·戊唑醇等药剂兑水均匀喷施。上述配方可兼防治叶枯病和颖枯病。

c) 防治黏虫：每平方米有黏虫 30 头时，在幼虫 3 龄前，用 2.5％高效氯氟氰菊酯水乳剂、10％高效氯氰菊酯水乳剂等药剂兑水喷施。

d) 防治蚜虫：在每百株有 500 头～800 头蚜虫时，用 10％高效氯氰菊酯水乳剂、2.5％高效氯氟氰菊酯水乳剂、5％高效氯氰菊酯水乳剂＋70％吡虫啉水分散粒剂，兑水均匀喷施。

10 机械收获

10.1 收获时期

机械分段收获，蜡熟初期打道试割，蜡熟中期突击割晒，晾晒后拾禾；联合收割机收获在完熟期开始。

10.2 收割质量

10.2.1 割晒：蜡熟中期开始割晒，割净、无飞穗、散落穗及掉粒，地头整齐。割茬高度为 20 cm～25 cm，麦铺放成鱼鳞状，角度为 45°～75°，宽度 1.5 m～1.8 m，厚度为 6 cm～8 cm，放铺整齐，连续均匀，麦穗不接触地面。割行笔直，百米弯曲度不超过 20 cm。

10.2.2 拾禾：小麦割晒后 3 d～4 d，籽粒含水量小于 18％时，即可进行拾禾作业，要求捡拾干净不掉穗，损失率≤1％。

10.2.3 联合收割机收割：割茬高度不高于 25 cm，不跑粮、不漏粮、不裹粮。田间收获损失率≤1％，收获破碎率≤1.5％，脱净率≥99％，粮食清洁率90％以上，同时进行秸秆粉碎还田，长度不超过 10 cm，抛撒宽度不低于割幅的 80％，不积堆。

11 晒场管理

小麦进场后立即出风、清杂、晾晒，晴天早摊场、勤翻动。

晾晒顺序：先种子、后商品粮；先湿度大的、温度高的，后湿度小的、温度低的。

小麦种子应单品种收割、运输、脱粒、晾晒、储藏，严防品种混杂。

当种子含水量低于 13％时，可精选入库，挂好标签，注明品种名称、数量、纯度、净度、发芽率等。

12 生产建档

建立小麦生产档案，包括生产投入品采购、出入库、使用记录及农事、收获、储运记录。所有记录应真实、准确、规范，并可追溯。

参 考 文 献

［1］　DB23/T 019—2008　小麦生产技术规程
［2］　DB 41/T 1082—2015　强筋小麦生产技术规程
［3］　DB 4107/T 174—2019　强筋小麦施肥技术规程
［4］　DB 41/T 1083—2015　中筋小麦生产技术规程
［5］　DB 41/T 1084—2015　弱筋小麦生产技术规程

第二部分
黑土保护技术

ICS 65.060.01
CCS B 01

Q/BDHNJ

北大荒农垦集团有限公司企业标准

Q/BDHNJ 0013—2021

北大荒黑土地保护耕作技术规范

2021-08-18 发布

2021-10-01 实施

北大荒农垦集团有限公司 发布

Q/BDHNJ 0013—2021

前　言

　　本文件按照 GB/T 1.1—2020《标准化工作导则　第 1 部分:标准化文件的结构和起草规则》的规定起草。

　　本文件由北大荒农垦集团有限公司提出并归口。

　　本文件起草单位:北大荒农垦集团有限公司、北大荒农垦集团有限公司宝泉岭分公司、北大荒农垦集团有限公司红兴隆分公司、北大荒农垦集团有限公司牡丹江分公司、北大荒农垦集团有限公司宝泉岭分公司、黑龙江北大荒农业股份有限公司八五四分公司。

　　本文件主要起草人:杨世志、岳远林、高世杰、夏艳涛、王晓燕、张传文、董桂军、田野、周玮、隋世国、张文良、王瑞娜、刘海刚、曲殿波、贾继昌、诸葛继文。

北大荒黑土地保护耕作技术规范

1 范围

本标准规定了北大荒黑土地保护耕作技术的旱田秸秆还田模式、水田秸秆还田模式、减轻土壤压实、高标准农田建设、档案管理。

本标准适用于北大荒农垦集团有限公司黑土地保护耕作农业机械田间作业质量的检查、验收和管理。

2 规范性引用文件

本文件没有规范性引用文件。

3 术语和定义

下列术语和定义适用于本文件。

3.1

黑土地保护耕作

以遏制黑土地退化、恢复提升耕地地力、保障国家粮食安全为核心；坚持种养结合，以农机农艺相融合为原则，推广"易机化"种植模式，制定秸秆全量还田、轮作、休耕和增施有机肥等措施；根据当地气候条件、土壤类型和地形，因地制宜，采用深翻、深松耙茬和秸秆覆盖免（少）耕播种等耕整地方式，增加土壤有机质，恢复地力，减轻风蚀水蚀；通过机械灭草和化学防控相结合的方法，减少环境污染；抢抓农时，在1年内有序地完成种、管、收、秋整地（黑色越冬）田间作业项目，实现一年一个生产循环的耕作模式。

3.2

保护性耕作

保护性耕作是黑土地保护耕作模式的一个组成部分，是对农田实行免耕、少耕，尽可能减少土壤耕作，并用作物秸秆、残茬覆盖地表，减少土壤风蚀、水蚀，提高土壤肥力和抗旱能力的一项先进农业耕作技术。

3.3

秸秆全量还田

作物收获后，秸秆粉碎还田后，没有进行打包离田作业、不焚烧。秸秆粉碎还田是黑土地保护最方便、最快捷、最有效的途径，也是秸秆全面禁烧最有力的措施。

3.4

秸秆覆盖率

农田地表土壤上覆盖的秸秆和残茬所占面积占地表总面积的百分比。

3.5

秸秆全覆盖

作物秸秆或残茬覆盖地表70％（含）以上即可认定为秸秆完全覆盖。

3.6

秸秆部分覆盖

作物秸秆或残茬覆盖地表30％（含）以上、70％（不含）以下即可认定为秸秆部分覆盖。

3.7

免耕播种机

带有圆盘窄开沟器、清障、种床整理、播种、施肥、V形重镇压和作业监测等功能，能够实现在有秸秆覆盖原茬地播种作业的重型播种机具。

3.8

免耕播种

免耕播种是指前茬作物收获后,应用免耕播种机在地表秸秆覆盖原茬地上,一次作业完成种床清理、开沟破茬、侧深施肥、精量播种和覆土镇压等种植任务,将种子单粒精密播入种床的作业。一直到完成播种,除了播种机对土壤少量动土(动土率不超过10%)之外,没有任何其他形式的动土作业(深松作业除外),且动土深度原则上不超过10 cm。

3.9

少耕播种

少耕播种是指播种前或播种同时,动土率超过10%,低于50%,动土深度原则上不超过10 cm。

3.10

"易机化"种植模式

"易机化"种植模式是适合农机田间作业,提高农机田间作业效率和实现节本增效的有效途径。如旱田选择适合机械化栽培的品种,适合机械作业的垄距、行距和秸秆全量还田的方式等;水田的旱平地、免浆插秧等。

3.11

种养结合

指农机播种和养地相结合,首先要因地制宜,科学选择"易机化"种植模式,在保证农时情况下,能够适时播种,实现一次播种保全苗,作物不减产,种植效益不下滑;然后是保水、保土,增加土壤有机质,地力得到恢复的生产模式。

3.12

黑色越冬

秋季作物收获后,旱田通过深翻或深松耙茬等作业方式后,完成秋起大垄,特殊年份,土壤水分饱和的地块在封冻前完成深翻;水田通过深翻和旋(耙)等作业方式,完成秋季旱平地;土壤水分饱和的地块在土壤封冻前完成旋耕作业。

3.13

土壤压实

作业机械的轮胎行走和工作部件产生向下的压力,破坏了土壤颗粒的结构,迫使土壤压实在一起,通透性因此下降。

4 旱田秸秆还田模式

4.1 秸秆翻埋还田模式
4.1.1 技术核心

黑色越冬,原则上春季不"动"土,以利于保水、保土,为作物生长创造良好的种床。通过深翻消灭病虫草害,减少农药的施用量。

4.1.2 技术路线

玉米机械收获→粉碎秸秆均匀抛撒→深翻埋压秸秆→秋季耙地→秋起大垄→春季卡种玉米(大豆)。

4.1.3 模式要求

深翻作业地块,要求秸秆全量还田,禁止打包离田或综合利用。

4.1.4 模式适宜地区

在东部低温、雨水丰沛,易发生春涝地区,以抗涝、增温、抢播种为主线,玉米茬采用秋季深翻、秋起大垄模式,来增强抗灾能力。正常年份豆茬地不宜进行深翻作业,宜深松耙茬,翻松结合,特殊年份除外。有效积温低、冬季寒冷、无霜期短的西北部地区和西部部分地区玉米茬也可采用深翻模式。

4.2 深松耙茬模式

4.2.1 技术核心

秋季完成黑色越冬作业,地表有少量的秸秆覆盖,打破犁底层,减少风蚀和水蚀。

4.2.2 技术路线

大豆(玉米)机械收获→粉碎秸秆均匀抛撒→深松(联合整地)→秋季耙地→秋起大垄→春季卡种玉米(大豆)。

4.2.3 模式要求

深松耙茬作业地块,要求秸秆全量还田,禁止打包离田或综合利用。有深松基础的豆茬地也可直接耙茬秋起大垄。

4.2.4 模式适宜地区

在西部干旱地区,采用深松耙茬或联合整地方式,进行秸秆浅混,然后秋起大垄。在东部、西北部部分地区也可根据当地实际情况,采用这种模式,松翻结合。

4.3 秸秆覆盖免(少)耕播种模式(保护性耕作)

4.3.1 技术路线

大豆(玉米)机械收获→粉碎秸秆均匀抛撒越冬→春季免(少)耕播种。

4.3.2 模式要求

秸秆全量覆盖免(少)耕和部分秸秆覆盖免(少)耕播种宜选择有深松(深翻)基础、垄形完好地块,垄形残缺、较深车辙的地块不宜采用此模式。

4.3.3 模式适宜地区

在西部干旱、半干旱地区,风沙大,降水少,宜采用秸秆覆盖免(少)耕播种模式,在东部部分地区可以搞试点试验,在没有取得成功经验时,不宜大面积推进。

4.4 旱田秸秆还田耕作模式循环(轮作)

4.4.1 应用上述3种秸秆还田耕作模式的,原则上要遵循3年1次深松(深翻)的轮耕制度,因地制宜,也可灵活运用。

4.4.2 坚持合理轮作制度。根据市场需求,可采用玉米-玉米-玉米连续种植、玉米-玉米-大豆种植轮作和大豆-玉米-经杂作物轮作等模式。

4.4.3 建立适合垦区的休耕模式,有计划地进行休耕、轮作和增施有机肥。

4.5 旱田整地

4.5.1 秸秆还田灭茬作业

4.5.1.1 田间作业质量标准与要求

4.5.1.1.1 玉米、小麦和高粱等作物秸秆还田后留茬高度≥20 cm时宜适时进行灭茬作业。

4.5.1.1.2 秸秆粉碎后长度≤8 cm,秸秆留茬高度≤3 cm。

4.5.1.1.3 秸秆粉碎还田垄上灭茬率≥95％,垄沟灭茬率≥80％,无漏打,到头到边,不拖堆,抛撒均匀。

4.5.1.2 机械作业要求

4.5.1.2.1 适时打茬,严禁潮湿作业,满足翻地、联合整地作业地表秸秆处理要求。

4.5.1.2.2 配套机具:120马力～240马力拖拉机,配套灭茬机,并配垄沟秸秆处理装置。

4.5.1.2.3 根据秸秆含水量、灭茬质量及土地条件合理控制车速,作业速度≤6 km/h。

4.5.1.2.4 地头要横向灭茬。

4.5.2 翻地作业

4.5.2.1 田间作业质量标准与要求

4.5.2.1.1 翻地作业宜在伏、秋季进行,抓住宜耕期,不延误农时,适时耕翻。翻地作业要结合收获及时进行,伏翻地要求在收获后20 d内完成,秋翻地要在封冻前10 d完成,遇到特殊年份,秋翻地要封冻前完成。

4.5.2.1.2 伏、秋翻地耕深为 25 cm～30 cm，耕深一致，误差≤1.5 cm。

4.5.2.1.3 在翻地作业时，不拖堆，扣垡和埋茬严密，地表平整，立垡率与回垡率之和≤5％，秸秆、残茬掩埋率≥90％，垂直耕幅 10 m 长度范围内地表平整度≤10 cm。

4.5.2.1.4 翻后的地头整齐，耕堑笔直，百米直线度误差≤4 cm，耕幅误差≤2 cm，无跑犁漏翻现象，不重不漏，翻到头，翻到边，无三角区，重耕率≤2％，地头横耕整齐。

4.5.2.1.5 电线杆及标桩等建筑物周围翻不到位的地方必须用人工挖开并整平。

4.5.2.2 机械作业要求

4.5.2.2.1 配套机具：大于 200 马力拖拉机，可配卫星导航，选用带有小前犁（副铧）的翻转犁。地表秸秆、残茬较多时，可选用大间距（1.2 m～1.3 m）翻转犁，增强大犁的通过性能，减少拖堆。翻地作业前要插堑旗，打横头堑（起止线），要在未耕地头留 8 个作业幅宽处打 3 个作业幅宽的横头堑。地头有农田路的地块，地头预留宽度可适当减少，以保证拖拉机转弯方便为宜。横头堑的垡片要向外翻，入犁和出犁要以横头堑为准。到横头堑时开始入犁，出横头堑时一定要起犁。在横头堑以外不要入犁和起犁，以保证横头整齐，在翻横头时不拖堆，保证地头翻地达到 25 cm～30 cm 的标准深度，为地头出苗整齐打基础。

4.5.2.2.2 翻转犁翻地要在地的长边一侧进行打堑，不要在地中间开堑，以避免造成没有必要出现的开闭垄，保证地表平整。进行梭形作业，地头转灯泡弯，减少非作业时间。

4.5.2.2.3 翻转犁作业时要配小前犁，小前犁调整到主铧耕深的 1/2，12 cm～15 cm。如果是岸上犁翻地，靠犁沟一侧的拖拉机后双驱动轮的外侧轮要在犁沟内悬空轮胎宽度约 1/3 处，杜绝一犁一沟，达到扣垡和埋茬严密，地表平整。地块正堑翻完后翻地头，地头 8 个作业幅宽沿地边向地中间翻，垡片向外翻，地头 8 个作业幅宽翻到与横头堑重合为止，合堑沟留在地里距地边最近的第 1 个横头堑里（打横头堑时已耕），合堑耕深为正常耕深的 1/3。翻转犁耕地作业梭形行走路线如图 1 所示。

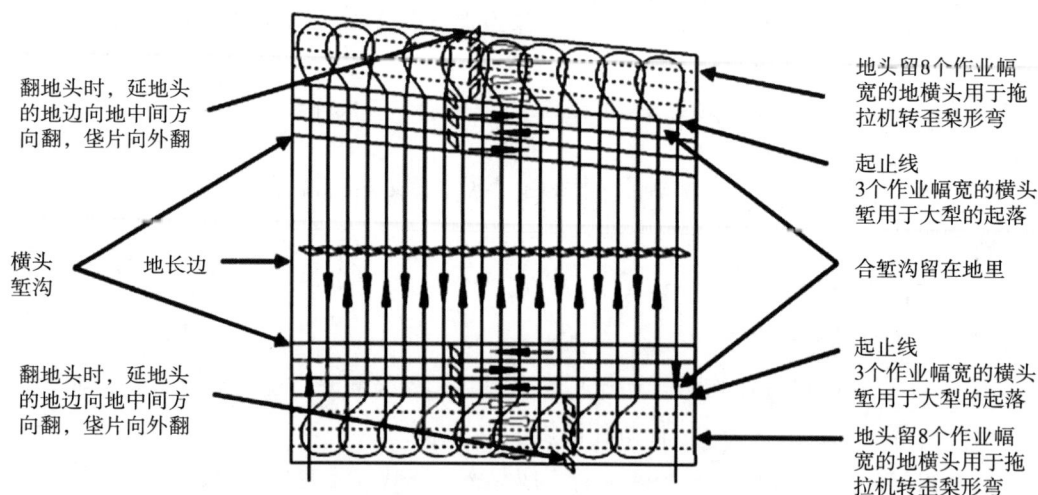

图 1 翻转犁耕地作业梭形行走路线

4.5.3 深松作业

4.5.3.1 农艺要求与田间作业质量标准

4.5.3.1.1 适用于土壤打破犁底层全面深松作业。

4.5.3.1.2 适时作业，严禁水分过大时深松作业。

4.5.3.1.3 作业前必须进行田间秸秆粉碎处理。

4.5.3.1.4 以破碎犁底层为原则，深度适宜，一般耕深为 30 cm～35 cm，深浅一致，各行深度误差≤2 cm。地表面平整，垂直于耕幅 10 m 长度范围内地表平整度≤10 cm。松到地头、地边、地角不漏格，地头整齐，耕幅一致，往复耕线要准确，百米误差≤10 cm。

4.5.3.1.5　行距一致,行距误差≤1 cm。

4.5.3.2　机械作业要求

4.5.3.2.1　配套机具:大于200马力拖拉机,宜配卫星导航系统,杆齿式深松机带双翼掌,增强碎土效果,不留生格。

4.5.3.2.2　作业前要打起止线,枕地线宽度为2个深松机作业幅宽,田边距≤1 m,确保深松质量。

4.5.3.2.3　整地深松作业方向应与作物播种方向呈10°～15°夹角,两侧距树带或田间道≤1 m,作业后圈边。

4.5.4　联合耕整地作业

4.5.4.1　农艺要求与田间作业质量标准

4.5.4.1.1　在耕层内土壤水分适宜的条件下进行,严禁湿整地。

4.5.4.1.2　深松深度以打破犁底层为原则,深度适宜,主杆齿深度≥35 cm,副杆齿深度≥20 cm,同种杆齿深度一致,误差≤2 cm。

4.5.4.1.3　整地后地表平整,不拖堆、不出沟、不起楞,10 m内高低差≤5 cm。地头起落整齐、松向直、不漏松,松到头,松到边。

4.5.4.1.4　灭茬耙组工作深度应在10 cm～12 cm,合墒器工作深度7 cm～8 cm。碎土辊碎土良好,土壤细碎,达到上实下墒效果。

4.5.4.2　机械作业要求

4.5.4.2.1　大于等于300马力拖拉机,可配套使用卫星导航,配备联合整地机,配碎土辊。

4.5.4.2.2　联合整地入垡方向与上次深松作业方向交叉,与播种作业方向有一定夹角,一般为10°～15°,严禁顺播种方向整地。

4.5.4.2.3　正式作业前首先必须在地块两个横头采取横向深松一个往复(两个工作幅宽)。顺垡作业结束后,绕地一圈进行圈边。

4.5.4.2.4　地头、地边要整齐一致,百米直线度误差≤5 cm,往复结合垡允许误差≤5 cm。

4.5.4.2.5　各工作部件间距合理,误差≤1 cm。

4.5.5　耙地作业

4.5.5.1　农艺要求与田间作业质量标准

4.5.5.1.1　适用于联合整地、翻地、深松后地表浅层的整地作业。

4.5.5.1.2　秋季适墒适时耙地,地表有干土层,以不黏耙、不出土块为准,耙后要求地表平整,土壤细碎,耙层表土疏松,严禁湿耙。

4.5.5.1.3　春季耙地一般在化冻6 cm时即可作业,适时适墒耙地,严禁湿耙,作业时以地表有干土层,不黏耙、不出土块为准。

4.5.5.1.4　耙深一致,耙透耙碎,耙后要求地表平整,不重耙、不漏耙、不拖堆,10 m内高低差≤10 cm,土壤细碎,耙层表土疏松,重耙后每平方米内≥10 cm直径土块不超过5块,中轻耙后每平方米内直径≥5 cm土块不超过5块。

4.5.5.1.5　耙深:轻型耙(前后圆盘)10 cm～12 cm,中型耙(前缺口后圆盘)12 cm～15 cm,重型耙(前后缺口)16 cm～20 cm,相邻耙组间耙深误差≤1 cm。

4.5.5.2　机械作业要求

4.5.5.2.1　配套机具:180马力～240马力拖拉机,宜配套使用卫星导航,配套液压耙,要配轻型耢子或碎土辊,进行复式作业。也可选用作业幅宽为4 m的动力驱动耙。根据地块的实际情况,选用中型耙、重型耙或动力驱动耙。

4.5.5.2.2　作业时地轮升起,耙架呈水平状态,两幅重叠为10 cm～15 cm。

4.5.5.2.3　耙地要合理区划,抓住有利时机,不能跑墒。当土壤水分适合,需要耙2遍时,可采用二区或三区对角交叉耙。二区对角交叉耙行走路线如图2所示,三区对角交叉耙行走路线如图3所示。

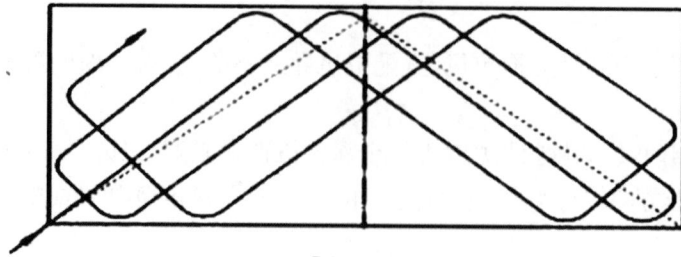

图2　二区对角交叉耙行走路线

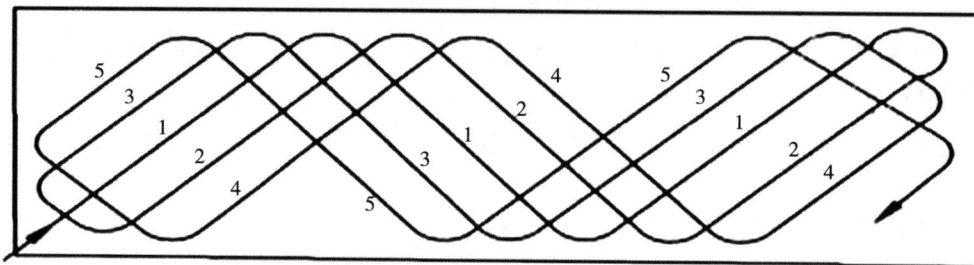

图3　三区对角交叉耙行走路线

4.5.5.2.4　秋季为了抢农时,湿整地出现明垡片,第1遍耙地可选用缺口重耙,耙地作业结束后必须等到地块表土见干方可进行第2遍耙地作业,严禁两遍连续耙地散墒作业。第2遍耙地作业可选用中型耙,第2遍耙地与第1遍耙地行走方向要交叉,不能同向。一区一遍对角耙第1遍行走路线如图4所示,一区一遍对角耙第2遍行走路线如图5所示。

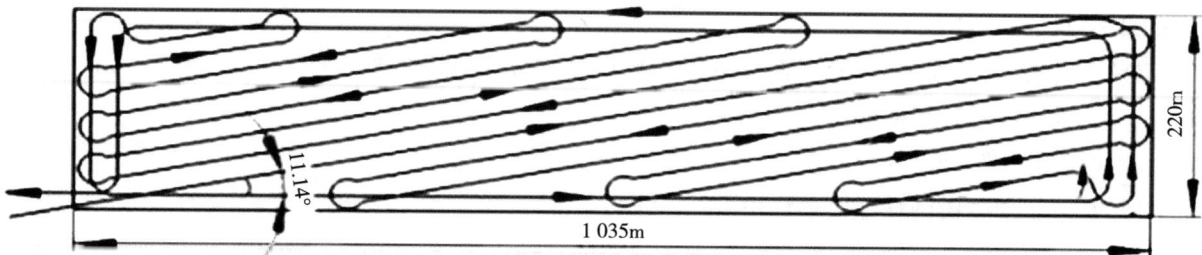

图4　一区一遍对角耙第1遍行走路线

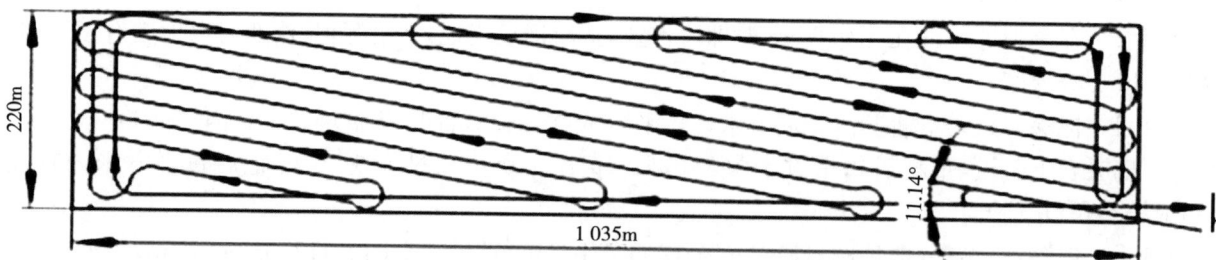

图5　一区一遍对角耙第2遍行走路线

4.5.5.2.5　土壤黏重,水分大,翻地作业后出现明垡片不能耙碎的地块,可选用动力驱动耙,在土壤水分适宜时,进行碎土作业,耙深≥15 cm,行走方向可与翻地同向,顺垄碎土结束后,在地头进行横向作业一个往复(2个作业幅宽),作业1遍就可达到起垄要求。应用卫星导航,动力驱动耙耙地可用梭形行走路线,也可用套耙行走路线(图6)。

4.5.6　耙茬作业

4.5.6.1　农艺要求与田间作业质量标准

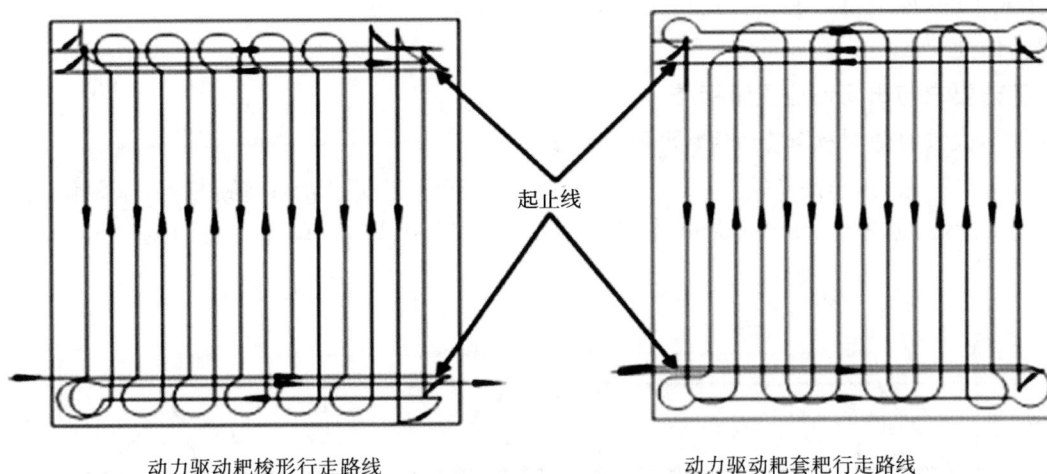

动力驱动耙梭形行走路线　　　　　　　动力驱动耙套耙行走路线

图6　动力驱动耙耙地行走路线

4.5.6.1.1　耙茬适用于前茬深翻或深松基础的大豆茬的土壤浅层耕作。

4.5.6.1.2　耙茬作业在作物收获后进行,封冻前结束。春耙茬在解冻达到耙深和水分适宜情况下进行,为保墒,可耙地、起垄、播种和镇压连续作业。

4.5.6.1.3　耙深应达到14 cm～16 cm。

4.5.6.1.4　碎土良好,耙后耕层内无大土块及空隙,每平方米耙层内直径≥5 cm的土块不超过5个。耙碎残茬细碎程度以不影响播种质量为准。

4.5.6.1.5　耙后地表平整,沿播种垂直方向在4 m的地面上,高低差≤5 cm。

4.5.6.1.6　不漏耙、不拖堆,相邻作业幅重叠量≤15 cm。

4.5.6.2　机械作业要求

4.5.6.2.1　配套机具:180马力～240马力拖拉机,宜配套使用卫星导航,配套偏置式液压耙,要配轻型耢子或碎土辊,进行复式作业。根据地块的实际情况,选用偏置式中型耙或重型耙来达到农艺要求的作业质量。

4.5.6.2.2　作业时地轮升起,耙架呈水平状态,作业速度≥8 km/h,两幅结合线重叠为10 cm～15 cm。

注:不同条件的区域,选择不同耙法,但要与耕向有一个角度,以保证作业质量。第1遍耙地可选用缺口重耙,耙地作业结束后必须等到地块表土见干方可进行第2遍耙地作业,严禁两遍连续耙地散墒作业。第2遍耙地作业可选用中型耙,第2遍耙地与第1遍耙地行走方向要交叉,不能同向。行走路线如图4和图5所示。

4.5.7　耕耘作业

4.5.7.1　农艺要求与田间作业质量标准

4.5.7.1.1　适用于茬地和翻地后地表浅层的整地作业。

4.5.7.1.2　适墒适时耕地,搅动、打碎土壤深度应达到10 cm～15 cm,耕深误差≤1 cm,严禁湿耕。

4.5.7.1.3　使用卫星导航,不重耕、不漏耕,地头、地边要整齐一致,百米直线度误差≤4 cm。往复结合垄允许误差≤2 cm。

4.5.7.1.4　配碎土辊,耕碎复式作业,碎土良好,作业后的土壤上实下墒,有利于蓄水保墒和防止土壤流失。整后地表平整,不拖堆、不出沟、不起棱,10 m内高低差≤5 cm。土壤墒情合适,一遍可完成种床整理,达到播种状态。

4.5.7.2　机械作业要求

4.5.7.2.1　配套机具:大于等于300马力拖拉机,耕耘机配碎土辊,使用卫星导航作业。

4.5.7.2.2　各工作部件间距合理,间距误差≤1 cm。

4.5.7.2.3　耕地时作业方向与播种方向要有一定夹角,严禁顺耕,一般可采用一遍对角作业。斜耕完毕后绕地边作业 1 圈,地头耕 2 遍。行走路线可参照图 4 和图 5。

4.5.8 起垄作业

4.5.8.1 农艺要求与田间作业质量标准

4.5.8.1.1 不误农时适时秋起垄,春季要顶浆起垄。

4.5.8.1.2 垄高一致,镇压后垄高 18 cm~20 cm,各垄高度误差≤2 cm;垄距相等,垄距误差≤1 cm;垄距 110 cm,垄台台面宽为 65 cm~70 cm,如图 7 所示;垄距 130(136)cm,垄台台面宽为 85 cm~90 cm,如图 8 所示。

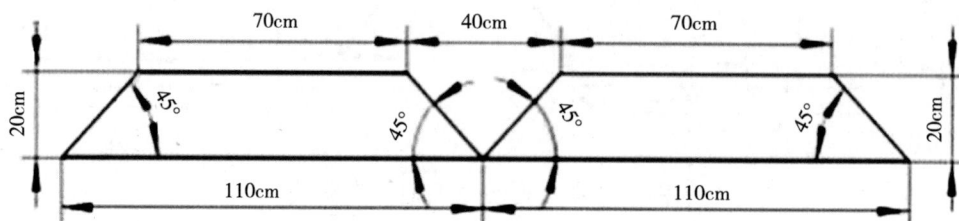

图 7　起 110 cm 大垄镇压后标准

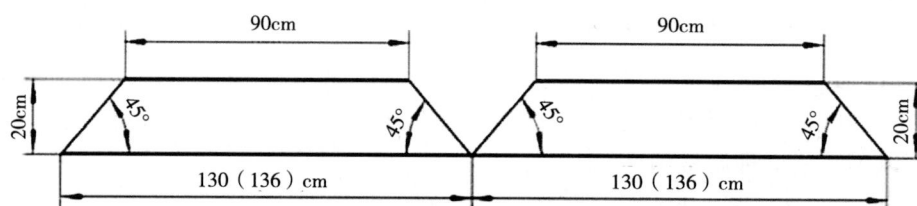

图 8　起 130(136)cm 大垄镇压后标准

4.5.8.1.3 使用卫星导航,百米直线度误差≤2.5 cm。往复结合垄允许误差≤3 cm。

4.5.8.1.4 地头、地边要整齐一致,不拖堆,到头到边,地头直线误差≤30 cm。

4.5.8.1.5 按农艺要求,垄形整齐,不起垡块,垄上无大块明条,不出现开口垄,垄体饱满,垄面整体平整。

4.5.8.2 机械作业要求

4.5.8.2.1 配套机具:120 马力~240 马力拖拉机,拖拉机必须配套卫星导航,可根据农艺要求、当地气候土壤条件与拖拉机轮距相匹配,选用 0.65 m、1.1 m、1.3 m 或 1.36 m 大(小)垄起垄机,配有大(小)垄整形器,镇压装置,垄沟要有深松杆尺。

4.5.8.2.2 起垄要打起止线,确保起落整齐。

4.5.8.2.3 作业速度为 7 km/h~9 km/h。

4.5.9 镇压作业

4.5.9.1 农艺要求与田间作业质量标准

4.5.9.1.1 适用于播前的平地镇压和春季垄上镇压,以达到保水和碎土的目的。

4.5.9.1.2 播后垄地镇压掌握作业时机,适墒镇压,垄台压实均匀,不破坏垄型,达到封墒、提墒、保墒效果。

4.5.9.2 机械作业要求

4.5.9.2.1 配套机具:90 马力~120 马力轮式拖拉机,配套 V 形镇压器,压空垄可加装铁链、条耢子等附属装置。

4.5.9.2.2 采用套压作业方法,地头转弯不宜过小,禁止梭形作业,相邻工作幅重压宽度≥30 cm。

4.5.9.2.3 播后适时镇压,地表要有 1 cm 干土层,禁止湿压;压到头、压到边、不漏压、不偏压、不漏籽。

4.5.9.2.4 匀速作业,作业速度≤6 km/h。

4.6 旱田播种技术规程

4.6.1 大豆、玉米播种作业

4.6.1.1 农艺要求与田间作业质量标准

4.6.1.1.1 适用大豆、玉米垄上精量播种。根据品种、本地区气温和土壤水分情况确定播期,当地土壤5 cm耕层内连续5 d地温稳定通过5 ℃时开始播种,抢抓农时,适时早播。

4.6.1.1.2 1.1 m大垄大豆播种3行,玉米播种2行;1.3(1.36)m大垄大豆播种4行,玉米播种2行;0.65(0.68)m小垄大豆播种2行,玉米播种1行;行距按本地区农艺要求和播种机械性能执行。

4.6.1.1.3 各行种肥深度一致,种、肥定位准确,大豆、玉米播种镇压后深度为3 cm~4 cm;大豆在行间施肥,玉米在种侧施肥,肥施种侧5 cm,施肥深度8 cm~10 cm。

4.6.1.1.4 种子分布均匀,垄距、行距相等,误差≤1 cm,结合线误差≤3 cm。玉米可选择拐子苗分布;大豆中间行可根据农艺要求,降低播种量。不漏播、不断条,漏播率≤1%,垄向笔直,地头、地边要整齐一致,误差≤20 cm,地头宽度误差≤6 m。

4.6.1.1.5 覆土均匀、深度适宜,播后及时适度镇压,不破坏垄形,不起垡块,不出现开口垄。

4.6.1.2 机械作业要求

4.6.1.2.1 配套机具:选用与大垄垄距相匹配的120马力~240马力拖拉机,配套气吸、气吹式或智能电控精量播种机,配有排肥、排种电子监控系统,大马力拖拉机组要配备轨迹松土器。

4.6.1.2.2 匀速作业,不无故停车。地轮传动的精量种机播种作业速度6 km/h~8 km/h,智能电控精量播种机作业速度≤12 km/h。

4.6.1.2.3 播量精确,实际播量与计划播量允许误差≤0.5%;肥量准确,实际施量与计划施量误差≤2%。

4.6.1.2.4 气吸式播种机组起步时,要转动排种传动地轮,使排种盘吸满种子后方可起步。

4.6.1.2.5 参与保护性耕作作业的应选用正规企业生产的免耕播种机,且配备有可靠的切茬切秆和防堵工作部件,开沟部件动土量小,播种、覆土、镇压符合播种机作业质量标准。

4.7 田间管理

4.7.1 中耕作业(大豆、玉米)

4.7.1.1 农艺要求与田间作业质量标准

各行距要一致,偏差≤1 cm。锄齿深度要达到规定要求,其深度误差≤1 cm,沟底要平,地表土壤松碎,垄沟要有5 cm的坐犁土。中耕时不伤苗、不埋苗,埋苗率≤1%,伤苗率≤3%,地头保苗率不低于90%。

4.7.1.1.1 第1遍中耕(深松放寒)

大豆、玉米第1遍中耕应尽早开展,在能确定苗眼位置时,进行垄沟或行间深松作业为宜,也可以在出苗前进行盲松,第1遍深松放寒作业宜早不宜迟。第1遍中耕深松可根据田间的实际情况,垄沟可采用单杆尺或多杆尺进行深松。工作深度要前浅后深,前杆尺入土深度18 cm~20 cm,后杆尺入土深度≥30 cm,同排杆尺入土深浅一致,误差≤1 cm。各地可根据土壤条件和秸秆量情况,适当调整杆尺入土深度。西部地区深松杆"鸭掌铲"宽度6 cm~8 cm。

4.7.1.1.2 第2遍中耕(浅培土)

a) 一般提倡2遍~3遍中耕作业。大豆第2遍中耕在分枝期进行扶垄培土,覆土深度3 cm~4 cm,沟里要留有5 cm的坐犁土。

b) 玉米在2片~3片展叶进行第2遍中耕培土、除草。中耕机可视条件决定是否配覆土铧,覆土深度3 cm~4 cm,垄沟里要留有5 cm的坐犁土。

4.7.1.1.3 第3遍中耕(追肥培土)

大豆第3遍中耕在花期进行,务必在封垄前结束,以防过晚伤根,造成伤苗、损叶落花。

4.7.1.2 机械作业要求

4.7.1.2.1 大豆、玉米中耕配套机具：120马力～240马力轮式拖拉机，配套多杆齿中耕机。根据作物生长状态，作业土壤选择不同类型的锄铲。

4.7.1.2.2 第1遍中耕，为减少拖堆和埋苗现象发生，提高机械作业效率，中耕机深松杆齿后必须装配护苗器，护苗带宽度为6 cm～8 cm。根据地表和耕层中秸秆数量多少及土壤墒情的实际情况，中耕深松机深松杆齿前可带有前置圆盘切刀或圆盘清障装置，深松钩后可改装配碎土装置，有利于保墒。前茬为玉米茬地表和耕层里秸秆量较大时，为减少拖堆伤苗和埋苗，每个垄沟可只用1个大杆齿，大杆齿前要安装缺口圆盘切刀，大杆齿后侧位置要安装护苗器，如图9所示。

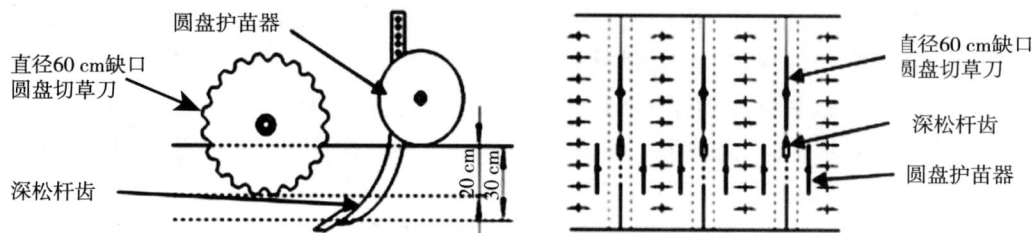

图9 带有圆盘刀、护苗器深松作业

4.7.1.2.3 第2遍中耕，杆齿要安装小"鸭掌铲"，带有可控制分土量的分土装置。

4.7.1.2.4 第3遍中耕追肥机要安装排肥监测系统和施肥开沟器，后培土杆齿要安装"鸭掌铲"，配有可靠的分土装置，以保证埋肥严密。

4.7.2 喷雾作业

4.7.2.1 农艺要求与田间作业质量标准

4.7.2.1.1 适用于作物的化学除草、病虫防治及叶面喷洒微肥、生长调节剂等田间机械喷雾作业。

4.7.2.1.2 喷药要适时，作业时要选择阴天或晴朗无风天气，能见度≥5 km，风速4 m/s（三级风）以上时严禁作业，12 h后有大雨时不可以进行茎叶处理，以免影响除草效果，同时注意风向，从下风头开始作业，避免药液漂移，危害邻近作物。喷洒易挥发和苗后除草剂时，一般10:00—16:00不宜作业。

4.7.2.1.3 区间规划合理，留好枕地线和加药区，打垄旗，划出安全区。

4.7.2.1.4 苗带喷药时，喷幅宽度不应小于垄台宽度的3/4。

4.7.2.1.5 喷洒苗前除草剂，要求直径300 μm～400 μm雾滴喷洒密度30个/cm² - 40个/cm²。喷液量180 L/hm²～200 L/hm²。

4.7.2.1.6 喷洒苗后除草剂要求喷洒雾滴直径为250 μm～400 μm，喷洒内吸性农药雾滴密度30个/cm²～40个/cm²，喷洒触杀性农药雾滴密度50个/cm²～70个/cm²。喷杆喷雾机喷洒苗后除草剂喷液量为100 L/hm²～120 L/hm²。

4.7.2.1.7 施药量应按农艺要求确定，配比度做到定点定量，往复核对，地块结清。要求喷药量与计划误差≤2%，各喷嘴间药量误差≤1%；做到喷洒均匀，雾化良好，不伤苗，不重喷、不漏喷。

4.7.2.2 机械作业要求

4.7.2.2.1 使用卫星导航，百米直线度误差≤2.5 cm，往复结合垄允许误差≤2.5 cm。为确保单位面积喷药量恒定，实现精确施药，喷药机应配有智能喷雾控制系统，装配防后滴喷头，地头拐弯或加药时，喷头滴漏≤3滴。

4.7.2.2.2 喷液压力在0.3 MPa时，相对标准扇形喷嘴，低漂移喷嘴喷出雾滴比标准扇形喷嘴大，微漂移喷嘴喷出雾滴比低漂移喷嘴大，因此，具有一定的抗风漂移能力，低漂移和微漂移喷嘴喷液量变化不大。根据作业实际情况，可选择防风喷嘴，有条件的可选带有风幕的喷药机。

4.7.2.2.3 喷洒苗前除草剂，拖拉机配套喷杆喷雾机选用11003型、11004型扇形喷嘴，配50筛目柱型防后滴过滤器，喷雾压力0.2 MPa～0.3 MPa，喷嘴距地面高度40 cm～60 cm，喷嘴喷雾扇面与喷杆要成

5°～10°夹角,匀速作业,作业速度 6 km/h～8 km/h。

4.7.2.2.4 苗期除草喷嘴距作物顶端高度 40 cm～50 cm,喷杆喷雾机喷洒苗后除草剂选用 80015 型扇形喷嘴,配 1 000 筛目柱型防后滴过滤器,压力 0.3 MPa～0.4 MPa。100 马力以上自走喷雾机选用 11002 型扇形喷嘴,配 500 筛目柱型防后滴过滤器,压力 0.4 MPa～0.5 MPa,匀速作业,作业速度 10 km/h～16 km/h(图 10)。

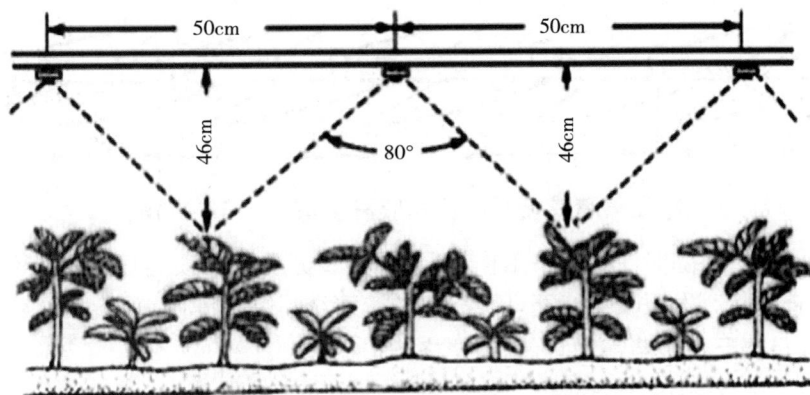

图 10　苗后喷雾喷嘴高度调整(应从作物的顶端算起)

4.7.2.2.5 药剂配制,配制药液前应准备好 2 只药桶供配制母液用。配制母液时如用可湿性粉剂,可先在桶中加入少量水,边搅拌,边加药,切不可一次加药过多,否则不易搅拌均匀。配制乳剂母液应边加药边搅拌。药箱加药时,要先在药箱中加入一半清水,然后加入配制好的母液,再加满清水。可湿性粉剂与乳剂混用时,可在两个药桶中分别配制母液。如在一个桶中配制,要先加可湿性粉剂,待可湿性粉剂搅拌均匀后再加乳剂进行搅拌,待完全均匀后再加入药箱。药剂配制步骤如图 11 所示。

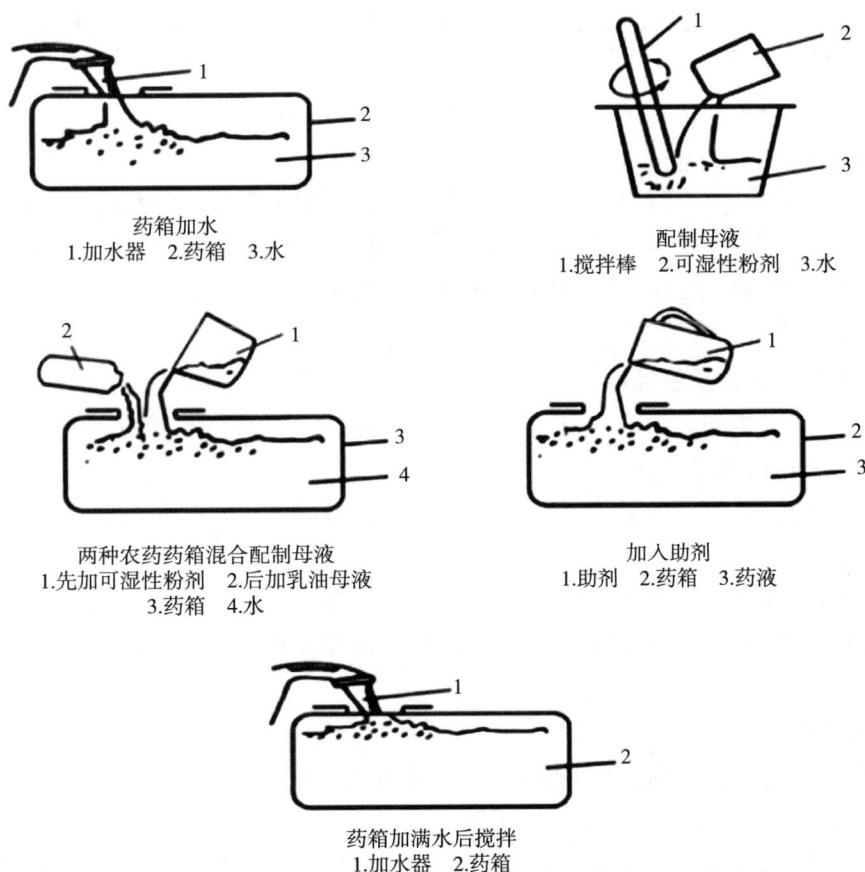

药箱加水
1.加水器　2.药箱　3.水

配制母液
1.搅拌棒　2.可湿性粉剂　3.水

两种农药药箱混合配制母液
1.先加可湿性粉剂　2.后加乳油母液
3.药箱　4.水

加入助剂
1.助剂　2.药箱　3.药液

药箱加满水后搅拌
1.加水器　2.药箱

图 11　药剂配制步骤

4.7.2.2.6 药液加入药箱后,应进行回水搅拌 3 min～5 min,搅拌均匀后再进行作业,作业时要先给动力,泵压稳定后再起步作业。

4.7.2.2.7 作业前要进行喷头流量试验,以保证喷洒均匀,喷量准确,流量误差≤3%。

4.7.2.2.8 喷嘴喷雾扇面与喷杆要成 5°～10°夹角(图 12)。

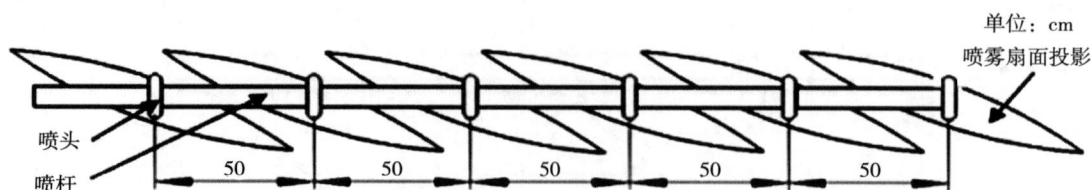

图 12 喷嘴喷雾扇面与喷杆要成 5°～10°夹角

4.7.2.2.9 作业时农机手要随时注意喷头工作情况,观察喷雾质量和喷雾压力的变化,如喷雾质量和压力不稳定,应及时检查排除。发现喷头堵塞,应停止喷雾,清洗喷嘴和滤网,重新装配后方可继续工作。

4.7.2.2.10 作业人员要配备防药害用具,制定严格防护措施。

4.8 收获作业

4.8.1 大豆收获作业

4.8.1.1 农艺要求与田间作业质量标准

4.8.1.1.1 适时收获,在大豆籽粒归圆呈本品种色泽,含水量 14%～16%时,用带有挠性割台的联合收割机进行直收。

4.8.1.1.2 割茬高度以不留底荚为准,一般为 3 cm～5 cm。

4.8.1.1.3 直收不漏割,喂入均匀。

4.8.1.1.4 要根据作物干湿程度,在早、中、晚调整滚筒间隙和转速,收获综合损失率≤2%,破碎率≤3%,泥花脸≤3%,清洁率≥97%。

4.8.1.1.5 秸秆抛撒均匀,不积堆。秸秆还田切碎长度≤10 cm,抛撒宽度不应低于割副宽度的 95%。

4.8.1.2 机械作业要求

4.8.1.2.1 谷物联合收获机配有秸秆粉碎装置,选配大豆挠性割台,大豆割台安装挡泥板及防飞溅网。

4.8.1.2.2 收获大豆时,首先在地头横向收割 2 个作业幅宽,用于转弯。匀速作业,作业速度≤8 km/h。

4.8.1.2.3 宜在地头卸粮,避免运粮车压实耕地,破坏土壤结构。

4.8.2 玉米收获作业

4.8.2.1 农艺要求与田间作业质量标准

4.8.2.1.1 适时收获,玉米生理成熟,包叶变黄、松散,玉米籽粒含水量＞30%时,可进行机械摘棒作业;玉米籽粒含水量≤30%时,可直接收获。

4.8.2.1.2 机械摘棒脱皮率≥97%,脱粒清洁率≥97%,籽粒破碎率≤1%,果穗含杂率≤1%,综合损失率≤3%。

4.8.2.1.3 籽粒直收脱粒清洁率≥97%,籽粒破碎率≤5%,籽粒含杂率≤3%,综合损失率≤3%。

4.8.2.1.4 秸秆粉碎全量还田。割茬高度≤20 cm,秸秆还田切碎长度≤10 cm,抛撒宽度不应低于割幅宽度的 95%。

4.8.2.2 机械作业要求

4.8.2.2.1 玉米联合收获机割台配底刀,带秸秆粉碎抛撒装置,湿涝地块配套防陷车装置,根据玉米的倒伏情况,可配备扶倒器。

4.8.2.2.2 在收获玉米时,首先在地头横向收割 2 个作业幅宽,用于转弯。玉米收获梭形行走路线如图 13 所示。

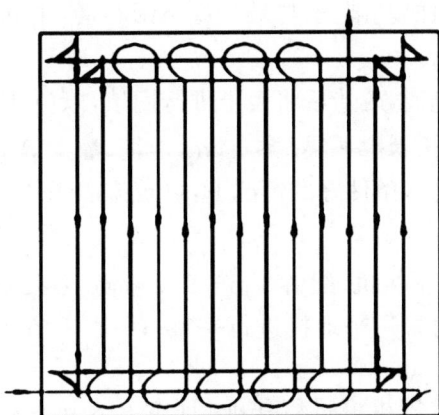

图 13 玉米收获梭形行走路线

4.8.2.2.3 宜在地头卸粮,避免运粮车压实耕地,破坏土壤结构。

4.9 注意事项

4.9.1 尤其是秸秆覆盖免(少)耕播种的地块,第 1 遍深松放寒作业易早不易迟,有条件的可进行盲耕,以提高地温,促进根系生长,防止倒伏。

4.9.2 为避免拖堆、埋苗,在中耕机上可安装双圆盘护苗和单圆盘切草刀。

4.9.3 秸秆覆盖少耕播种的地块,苗床少耕(条耕、条旋)宜在秋季进行,旋耕深度 5 cm～10 cm,以增加种床的温度。

5 水田秸秆还田模式

5.1 秸秆全量(部分)还田模式

5.1.1 技术路线

秋季翻地→翻后旋耙地→春季旱平地(卫星、激光)→"花达水"泡田→浅搅浆→沉浆→侧深施肥插秧→田间管理机械→直接收获→秸秆粉碎全量(部分)还田。

秋季翻地→翻后旋耙地→本田改造→秋季旱平地(卫星、激光)→"花达水"泡田→侧深施肥免浆插秧→田间管理→机械分段收获→秸秆粉碎全量(部分)还田。

5.1.2 模式要求

收割后地块要用重型灭茬水田专用犁进行深翻,以便消灭病虫草害;土壤湿度大,无法进行翻耕的要进行旋耕,达到黑色越冬标准。

5.2 翻地

5.2.1 农艺与田间作业质量要求

5.2.1.1 水稻秋季收获后,适时翻地作业,残茬高度 25 cm～40 cm。

5.2.1.2 东部水田种植区犁耕深度 20 cm～22 cm,西部水田种植区犁耕深度 18 cm～20 cm,将秸秆扣入垡下,池埂边要向内翻垡,不能向外翻垡。

5.2.2 机械作业要求

5.2.2.1 选用 90 马力～120 马力拖拉机,配 3 铧或 4 铧重型水田灭茬专用犁进行翻地作业。

5.2.2.2 漏耕率≤2.5%,植被覆盖率≥85%,耕深变异系数≤10%。

5.3 旱平地(后面参照修改)

5.3.1 农艺与田间作业要求

5.3.1.1.1 秋季水稻收获翻地后至耕地封冻前,可进行旋耙,然后再进行有计划的格田改造。

5.3.1.1.2 结合土壤墒情,进行旱平作业,每个格田面积达到 1 hm²～2 hm²。

5.3.1.1.3 在格田扩大和土地平整的基础上,打破常规格田布局,中间铺设田间路,两侧是格田,四周是水线,路宽 4 m～6 m,高出地面≥0.5 m。

5.3.1.1.4 改造前应将表土进行剥离,改造后将表土进行回填,以免地力水平不均影响水稻产量。

5.3.1.1.5 平地标准达到每 10 延长米水平误差≤1 cm,池埂、灌渠等修复到位,地表坡度起伏较大地区,合理缩小格田面积。井灌稻区,在排水条件好的情况下,可筑排灌一体渠道,减少工程占地。

5.3.2 机械作业要求

5.3.2.1 选用 180 马力～300 马力拖拉机,配备 3 m～8 m 幅宽卫星或激光平地机进行作业(落差大的田块可采用大型推土机等进行初平,再采用平地机进行平整);每百平方米高低差≤1 cm;中间田间路面宽度 3.5 m～4.0 m、高度 0.3 m～0.5 m。

水渠利用卫星导航定位筑埂机等机械进行作业,顶宽 0.8 m～1.0 m、底宽 0.5 m～0.6 m、渠深 0.3 m～0.4 m。

5.4 水整地、浅搅浆

5.4.1 农艺与田间作业质量要求

5.4.1.1 实行"花达水"泡田,泡田 3 d～5 d 即可进行整地作业,泡田水深为垡片高的 1/2～2/3 或旱平(旋)地水深以"花达水"为宜。

5.4.1.2 整地方向与水渠平行,避免堑沟不直导致插秧方向不直,达到格田四周整齐一致。

5.4.1.3 在旱平的基础上,以大中型机车与小型拖拉机平地相结合的方式进行格田找平,确保格田内高低差≤3 cm,连片到边。

5.4.1.4 全田整地均匀一致,平而有浆、上浆下松。

5.4.1.5 水整地沉淀后,地表有 2 cm～5 cm 的泥浆层,田面约 2 cm 深度划沟,周围软泥徐徐合拢为最佳沉淀状态,此为插秧适期。

5.4.2 机械作业要求

5.4.2.1 宜使用轻型拖拉机进行搅浆作业。

5.4.2.2 搅动层深度 12 cm～14 cm,同一格田内地表平整度≤3 cm,压茬深度≥5 cm。

5.5 插秧

5.5.1 农艺与田间作业质量要求

5.5.1.1 常规机插旱育中苗 3.1 叶～3.5 叶,大苗 4.1 叶～4.5 叶;密苗机插秧龄 2.1 叶～2.5 叶。

5.5.1.2 插秧前一天把格田水层调整到呈"花达水"状态,机械插秧适宜深度为 1 cm～2 cm。

5.5.1.3 地力条件好、秧苗素质好的田块宜稀植,地力条件差、秧苗素质差的田块宜密植;积温条件好的地区宜稀插,积温条件差的地区宜密插;分蘖能力强的品种易稀插,分蘖能力差的品种易密插。宽窄行侧深施肥插秧应根据积温带、插秧时间、作业机型、插秧规格,合理选择株数,一般为 5 株穴～7 株/穴,可以适当增大穴距。

5.5.1.4 根据气候条件、土壤条件、栽培水平、种植品种、插秧规格等确定各地区的适宜栽培密度,一般插秧规格为 30 cm×(10～12)cm,25 穴/m²～30 穴/m²,5 株/穴～7 株/穴,分蘖力差的品种 7 株/穴～9 株/穴,基本苗数 160 株/m²～220 株/m²。

5.5.2 机械作业要求

5.5.2.1 使用水稻轨道运苗车运秧作业时,运输轨道铺设在主埂上,百米直线度误差≤10 cm,90°角转弯处高低差≤5 cm。

5.5.2.2 使用自走式水稻苗运输车田间运苗作业时,要求配备专用秧苗架。

5.5.2.3 宜选用带有辅助直行系统的安装侧深施肥装置的高速插秧机作业,伤秧率≤4%,漂秧率≤3%,漏插率≤5%,相对均匀度合格率≥85%,插秧深度合格率≥90%,百米直线度误差≤5 cm,衔接行间距误差≤5 cm。

5.6 田间管理(喷雾作业)

5.6.1 自走式喷药机

5.6.1.1 农艺与田间作业质量要求

a) 按农艺要求的药剂品种正确计算用药量和喷液量,做好安全防护,先配制母液,后加入罐中搅拌均匀,地头出入堑时,结合、分离需在农田道进行,避免产生药害。

b) 选择晴朗天气早晨或傍晚,无风的时候进行,同时注意风向,从下风头开始作业,避免药液漂移。风速大于 4 m/s(三级风)严禁作业。

c) 施药量要严格按农艺要求确定,配比度做到定点定量,往复核对,并进行喷头流量试验,以保证喷洒均匀,喷量准确,其流量误差≤3%,确定好喷雾压力、行驶速度(理论作业速度 6 km/h),要恒速作业,作业时保证不重、不漏,重漏面积不超过 3%。

d) 药液加入药箱后,应进行搅拌 2 min～3 min,搅拌均匀后再进行作业,作业时要先给动力,泵压稳定后再起步作业。

e) 喷药机必须装配防后滴喷头,地头拐弯或加药时,喷头滴漏不超过 3 滴。

f) 不重不漏、雾化均匀、无后滴;喷头距作物或封闭作业地面 60 cm～70 cm。

g) 直行作业过程中压苗率为 0,转弯作业一个往复压苗数量≤50 穴。

5.6.1.2 机械作业要求

a) 配套机具:自走式喷药机,应用卫星导航,配备智能喷雾控制系统,匀速作业。

b) 使用卫星导航,百米直线度误差≤4 cm,往复结合堑允许误差≤2 cm。

c) 喷药量和喷液量准确。实际喷液量和计划喷液量误差≤2%,各喷头喷液量误差≤1%。

d) 喷洒均匀,雾化良好,不漏喷,相邻喷头重复宽度为 5 cm～15 cm,且宽度一致。苗带喷药时,单体喷幅宽度不应小于垄台宽度的 3/4。

e) 作业机械伤苗率≤0.5%。

5.6.2 无人机

5.6.2.1 农艺与田间作业质量要求

a) 作业气象条件:遇降雨或温度超 27 ℃、风力超 3 m/s 时应停止作业。

b) 喷液量:每亩至少 1 L,并应按施药液量的 0.5%～1% 添加植物油型助剂。

5.6.2.2 机械作业要求

a) 植保无人机包括油动、电动单旋翼或多旋翼、混合油单旋翼或多旋翼。

b) 飞行速度:4 m/s～6 m/s。

c) 作业喷幅:载液量 10 L 无人机的喷幅一般设定在 3 m～4 m,20 L 无人机可根据机型、飞行高度等因素适当扩大。

d) 对于配备离心式喷头的无人机,飞行高度为距作物叶尖 1 m～1.5 m;配备压力式喷头的无人机,飞行高度为距作物叶尖 1.5 m～2 m。

5.6.3 固定翼飞机

5.6.3.1 农艺与田间作业质量要求

a) 作业气象条件:风速≤6 m/s,空气相对湿度≥60%,气温≤30 ℃,2 h 内有降雨时取消当天的作业。

b) 喷液量:采用 7.5 L/hm²～20 L/hm²,每亩喷液量≥1 L,并应按施药液量的 1% 添加植物油型助剂。喷施叶面施肥作业采用雾滴直径 200 μm～350 μm 的中雾滴喷雾,雾滴密度≤20 个/cm²。

5.6.3.2 机械作业要求

a) 采用固定翼飞机和旋翼直升机机型进行喷施作业。

b) 作业飞行速度:旋翼直升机 90 km/h～140 km/h,固定翼飞机 170 km/h～240 km/h。

c) 作业喷幅:旋翼直升机 25 m～30 m,固定翼飞机 40 m～60 m。

d) 作业飞行高度:距作物叶尖 4 m～6 m。

5.7 收获作业

5.7.1 水稻割晒

5.7.1.1 农艺与田间作业质量要求

a) 水稻割晒应在黄熟期进行。

b) 放铺整齐不漏割、不丢穗、穗头不触地、不塌铺、不散铺。

c) 放铺笔直,行距相等,地头整齐。

d) 放铺时间 3 d~5 d,铺宽 1.1 m~1.3 m。

5.7.1.2 机械作业要求

a) 割茬高度为 15 cm~20 cm,最高≤25 cm。

b) 放铺角度 90°±20°;角度差≤20°;根差≤100 mm。

c) 放铺整齐,不漏割、不塌铺、不散铺。

d) 割晒损失≤0.5%。

5.7.2 水稻直收

5.7.2.1 农艺与田间作业质量要求

a) 水稻直收应在水稻遭受枯霜后进行,大型联合收割机直收水稻应改装钉齿式滚筒。

b) 籽粒含水量≤16%。

c) 种子收获应在霜前进行,采用半喂入收获机收获。

5.7.2.2 机械作业要求

a) 全喂入收割机(包括直收、拾禾):总损失率≤3%,破碎率≤1.5%,清洁率≥95%,含杂率≤2.0%,最小离地间隙≥250 mm。半喂入收割机:总损失率≤2.5%,破碎率≤0.5%,含杂率≤1.0%。

b) 割茬一致,割茬高度为 25 cm~40 cm。

c) 履带接地压力≤24 kPa。

d) 糙米率≤2%。

e) 配备秸秆粉碎还田抛撒器,抛撒均匀,抛撒宽度不应低于割幅宽度的 95%。

f) 与联合收获机配套,秸秆粉碎长度 8 cm~10 cm,秸秆粉碎长度合格率≥85%,秸秆抛撒不均匀度≤30%。

5.7.3 秸秆打捆作业

宜使用捡拾宽度 2.2 m 以上、草捆体积大于 0.9 m³ 的打捆机进行打捆作业。

5.8 注意事项

5.8.1 为增强埋茬效果,宜选用配小前犁(副铧)的重型灭茬水田专用犁,小前犁的耕深是主铧的 1/2。将主犁体所翻垡片易漏残茬的部分提前翻扣到上一个犁沟内,主犁体翻起的土垡再将小前犁(小副铧)翻起的垡片覆盖地沟底。如图 14 所示。土壤水分过大,水田犁限深轮宜选用宽轮胎;限深轮位置外移拖拉机车辙 30 cm。

5.8.2 水田秋季利用卫星(激光)平地机进行旱平地时,宜选择割晒收获方式,翻地宜选用配小前犁(副铧)的重型灭茬水田专用犁,耕深宜深不宜浅,要≥22 cm。防止秸秆翻埋过浅,平地时易造成拖堆,影响平地精度。

5.8.3 秋季利用卫星(激光)平地机进行旱平地的地块,地表秸秆过多,可选用全部安装弹齿的双轴打浆平地机进行一遍压茬作业。

6 减轻土壤压实

6.1 旱田减轻土壤压实措施

6.1.1 拖拉机、收割机宜选用子午线低压轮胎,轮胎充气压力不要超过标准。

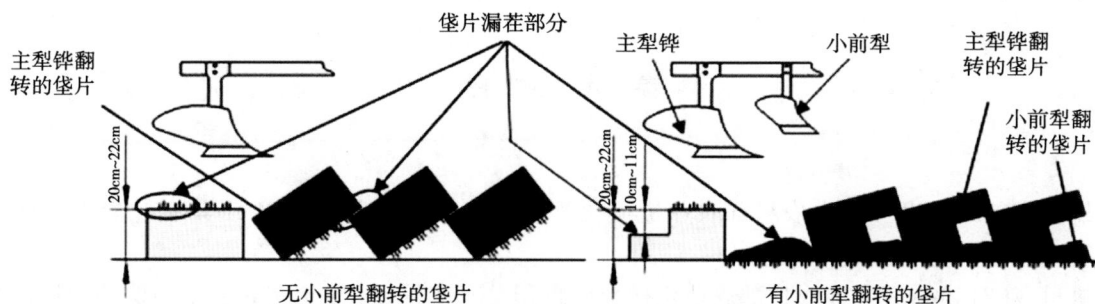

图 14　无小前犁和有小前犁翻地垡片埋茬

6.1.2　与深松放寒作业相结合,苗期进行垄沟深松,打破因连年翻地产生的犁底层,以增加土壤的通透性。

6.1.3　在收获玉米、大豆时,要在地头或农田路上卸粮,禁止重型货车进入地里拉粮,防止对土壤结构产生破坏。

6.1.4　秸秆全量还田后,根据当地的实际情况,有计划地进行深松耙茬和秸秆覆盖免少耕播种。

6.2　水田减轻土壤压实措施

6.2.1　根据本田土壤的种类和含水量,翻地时可选用全履带、半履带或多轮驱动拖拉机。

6.2.2　水稻直收宜选用全履带收割机;水稻割晒宜选用全履带割晒与运粮两用机。

6.2.3　通过标准化格田改造,修设田间路,有条件的应用电动运苗车,避免运苗车、接粮车等机械进入本田,减少机车对土壤的破坏。

7　高标准农田建设

7.1　修建农田路,实行田、土、水、路、林、电综合配套,有效提高耕地地力和质量;加大水利设施的投入力度,减少内涝,防止水土流失;完善旱田地块排水设施,集中对地块中坑塘进行治理,避免整地、播种等作业时造成困难,重复作业对土壤造成二次破坏。

7.2　水田通过标准化格田改造,修设田间路,有条件的应用电动运苗车,避免运苗车、接粮车等机械进入本田,减少机车对土壤的破坏。

8　档案管理

8.1　根据当地生产实际情况,建立生产档案。对秸秆处理、耕整地、播种、施肥等田间管理措施及病虫害防治进行记录。

8.2　建立培训档案。做好专家培训、指导等记录。

QBDHNJ 0013—2021

参 考 文 献

[1] 农机科〔2021〕28 号　农业农村部农业机械化管理司关于进一步做好 2021 年东北黑土地保护性耕作行动计划实施有关工作的通知

[2] 农机科〔2021〕6 号　农业农村部农业机械化管理司关于印发《2021 年东北黑土地保护性耕作行动计划技术指引》的函

_____

ICS 65.020.20
CCS B 05

Q/BDHZZ

北大荒农垦集团有限公司企业标准

Q/BDHZZ 0007—2024

玉米秸秆全量碎混还田技术规程

2024-04-03 发布

2024-05-01 实施

北大荒农垦集团有限公司 发布

前　言

本文件依据 GB/T 1.1—2020 《标准化工作导则　第 1 部分:标准化文件的结构和起草规则》的规定起草。

请注意本文件的某些内容可能涉及专利。本文件的发布机构不承担识别专利的责任。

本文件由北大荒农垦集团有限公司提出并归口。

本文件起草单位:北大荒农垦集团有限公司农业发展部、黑龙江省农垦科学院农作物开发研究所、北大荒农垦集团有限公司北安分公司、北大荒集团黑龙江长水河农场有限公司、北大荒集团黑龙江赵光农场有限公司、北大荒集团黑龙江龙镇农场有限公司、北大荒集团黑龙江尾山农场有限公司。

本文件主要起草人:高世杰、谢丽华、戴志铖、赵建刚、夏艳涛、张洪涛、迟宏伟、王仁杰、戴鸿飞、贾鸿雁、尹坤、王翔义、李洪涛、曹友维、李春虎。

玉米秸秆全量碎混还田技术规程

1 范围

本文件规定了玉米秸秆全量碎混还田技术的产地环境、秸秆处理、整地、生产档案。

本文件适用于北大荒集团有限公司玉米种植区。

2 规范性引用文件

下列文件对于本文件的应用是必不可少的。凡是注日期的引用文件,仅该日期对应的版本适用于本文件;不注日期的引用文件,其最新版本(包括所有的修改单)适用于本文件。

GB 3095　环境空气质量标准

GB 15618　土壤环境质量　农用地土壤污染风险管控标准(试行)

GB/T 21962　玉米收获机械　技术条件

NY/T 997　圆盘耙　作业质量

NY/T 2845　深松机　作业质量

DB 23/T 2351　起垄机作业质量评价规范

DB 23/T 2363　镇压器作业质量评价规范

3 产地环境

空气环境质量应符合 GB 3095 的要求,土壤环境质量标准应符合 GB 15618 的要求。

4 秸秆处理

4.1 玉米收获时秸秆处理

玉米收获时优先选用割台配秸秆粉碎装置的自走式玉米收获机,匀速作业,禁止超负荷作业。割茬高度≤20 cm,秸秆粉碎率＞90％,抛撒宽度＞割台宽度的 1.5 倍。收获机械性能和作业质量应符合 GB/T 21962的要求。

4.2 秸秆粉碎

秸秆含水量大时晾晒 1 d～2 d 后进行秸秆粉碎,秸秆粉碎还田机可加装秸秆收集装置,如垄沟秸秆挑起装置等,作业速度 6 km/h～7 km/h,发动机转速≥1 900 r/min,保证刀轴转速达到 2 000 r/min。秸秆打成丝絮状,秸秆长度＜10 cm,残茬高度＜3 cm,垄台秸秆破碎率≥95％,垄沟秸秆破碎率≥85％,粉碎长度合格率＞85％,抛撒均匀度＞80％,全田抛洒均匀,无漏打,不拖堆。

5 整地

5.1 深松

没有深松基础的地块深松作业,黏重土壤采用抛物线形杆尺,普通土壤采用标准形杆尺,深松杆尺配有助松器、铲尖,杆尺间距≤50 cm,间距一致;使用卫星导航辅助作业,作业前地头横向打起止堑,作业幅度为 2 个深松机作业幅宽,最后绕地块一周作业。联合深松整地与垄向＞30°作业,深度≥35 cm,打破犁底层,深浅一致,作业到头、到边,往复结合堑误差≤2 cm。深松质量符合 NY/T 2845 的要求。禁止湿整地。

5.2 耙地

耙地方向与深松作业方向呈 30°,使用卫星导航辅助作业,地表有干土层,以不黏耙、不出土块为宜,采用重型耙交叉耙 2 遍,耙片直径≥60 cm,耙深 16 cm～20 cm,耙后要求地表平整,耙到头、耙到边、不重耙、不漏耙、土壤细碎,耙层土壤疏松,每平方米内≥10 cm 直径的土块不超过 5 个,相邻作业重幅<15 cm。作业质量应符合 NY/T 997 的要求。

5.3 起垄镇压

秋起大垄,镇压后达到播种状态。应达到垄高一致,土壤细碎、疏松、上实下垄,垄面、垄沟整体平整,10 m 内高低差≤5 cm。110 cm 大垄台面宽度 65 cm～70 cm,垄高 15 cm～20 cm;130 cm 大垄台面宽度 85 cm～90 cm,垄高 15 cm～20 cm。秸秆覆盖率≤30%,作业质量符合 DB 23/T 2351 的要求。

V 形镇压器镇压,垄台压实均匀,镇压质量符合 DB 23/T 2363 的要求。

6 生产档案

对应地号记录品种、收获、秸秆粉碎、深松、耙地、起垄、镇压等并归档保存。

ICS 65.020.01
CCS B 05

Q/BDHZZ

北大荒农垦集团有限公司企业标准

Q/BDHZZ 0010—2024

三江平原水田节水灌溉技术规范

2024-04-08 发布

2024-05-01 实施

北大荒农垦集团有限公司 发布

前　言

本文件按照 GB/T 1.1—2020《标准化工作导则　第 1 部分：标准化文件的结构和起草规则》的规定起草。

请注意本文件的某些内容可能涉及专利。本文件的发布机构不承担识别专利的责任。

本文件由北大荒农垦集团有限公司提出并归口。

本文件起草单位：黑龙江省水利科学研究院、北大荒农垦集团有限公司建三江分公司、黑龙江省农村水利水电保障中心。

本文件主要起草人：黄彦、孙雪梅、曹程鹏、杨奇鹤、于艳梅、孙艳玲、孟德宝、王柏、赵青、冯子珈、张晓雨、于兴龙、赵永青、赵书丰、高汝江、彭化伟、刘文祥、李佳民。

三江平原水田节水灌溉技术规范

1 范围

本文件规定了三江平原地区水田节水灌溉技术规范的灌溉分区、工程节水、农艺节水、制度节水、管理节水、水田节水灌溉技术集成。

本文件适用于三江平原水田。

2 规范性引用文件

下列文件中的内容通过文中的规范性引用而构成本文件必不可少的条款。其中，注日期的引用文件，仅该日期对应的版本适用于本文件；不注日期的引用文件，其最新版本（包括所有的修改单）适用于本文件。

GB 5084　农田灌溉水质标准
GB/T 20203　管道输水灌溉工程技术规范
GB/T 21303　灌溉渠道系统量水规范
GB 50288　灌溉与排水工程设计标准
GB/T 50600　渠道防渗衬砌工程技术标准
DB 23/T 2334　装配式混凝土矩形渠道应用技术规范
Q/BDHZZ 0007　水田标准化格田改造技术规范

3 术语和定义

下列术语和定义适用于本文件。

3.1

工程节水

根据渠道土质条件配套防渗防冻胀措施，健全输配水建筑物等控制性工程，减少渠道渗漏损失和提高渠道输水效率的一种节水工程措施。

3.2

制度节水

满足作物对水分需求的节水型灌溉制度，在水稻非需水敏感期实施非充分灌溉，减少全生育期田间净灌溉用水量的节水方式。

3.3

管理节水

通过制定用水计划、量水与输配水调控、信息化管理等，实现科学配水、按需供水的节水方式。

3.4

水田节水灌溉技术集成

从输水、配水、用水环节全程节水，将工程节水、农艺节水、制度节水、管理节水等技术集成。

4 灌溉分区

4.1　依据自然条件相似性、社会经济协调性、农业灌溉发展可持续性、行政区划完整性的原则进行灌溉分区。

4.2　依据水文气象、水资源条件、经济社会发展水平、地势地貌、河流水系、灌溉工程类型、水源形式等进行一级灌溉分区。依据降水、蒸发、土壤类型等进行二级灌溉分区。

4.3 三江平原划分为 4 个一级区 7 个二级区,具体灌溉分区按附录 A 中表 A.1 执行。

5 工程节水

5.1 骨干渠道工程

5.1.1 灌溉渠道应采取防渗防冻措施,具体工程设计应符合 GB 50288 的要求。

5.1.2 灌溉设计保证率应不低于 80%。

5.1.3 应根据降水量、作物需水量、渗漏量,优化骨干渠道断面。

5.1.4 灌溉水质应符合 GB 5084 的要求。

5.1.5 应定期开展清淤、杂草和杂物清除工作。灌溉前应检查渠道、控制性建筑物是否正常运行。

5.2 田间渠道工程

5.2.1 灌溉渠道宜采用矩形、U 形、梯形断面等衬砌型式,设计应符合 GB/T 50600 和 DB 23/T 2334 的要求。

5.2.2 对于渗透系数≤10^{-6} cm/s 的土质农渠可不设防渗层。

5.2.3 因地制宜采用管道输水灌溉工程,设计应符合 GB/T 20203 的要求。

5.2.4 衬砌渠道宜设置生物通道,生物通道宽度不小于 2 m,宜为糙面斜坡、阶梯等型式;每间隔200 m~300 m 设置 1 处;生态材料宜采用透水混凝土砖、土工格室、植草砖等。

5.2.5 控制性建筑物应采用轻、巧、薄的装配式结构型式。

5.3 格田工程

5.3.1 应按农业机械作业幅宽,确定农机作业效率高的格田长、宽比例。

5.3.2 格田工程应符合 Q/BDHZZ 0007 的要求。

5.3.3 格田平整度应不大于±3 cm。

6 农艺节水

6.1 耕整地措施

6.1.1 包括秋整地、旱平地、耢地、耙地。

6.1.2 旱平地应与格田工程相结合。

6.1.3 旱平地作业时土壤质量含水量宜在 20% 左右。

6.2 旱平免搅浆

6.2.1 泡田与插秧前封闭除草应充分结合,减少泡田时间和补水次数。

6.2.2 协调泡田与插秧时间,做到泡田插秧一茬水。

6.3 侧深施肥

6.3.1 水整地后泥浆沉降时间以 3 d~5 d 为宜,沉实程度达到手指划沟可缓慢恢复状态即可。

6.3.2 侧深施肥部位一般为侧 3 cm~5 cm,深 4 cm~6 cm。

6.3.3 调整好排肥量,保证排肥量均匀一致。

6.3.4 宜选用氮磷钾配比合理、粒型整齐、硬度适宜的复合肥料。

6.3.5 侧深施肥应与追肥相结合。

7 制度节水

7.1 泡田定额

7.1.1 泡田日期根据当地气温、水源条件、土壤墒情确定。

7.1.2 泡田定额宜为 1 200 m³/hm²~1 650 m³/hm²。

7.1.3 插秧时田间水层宜为 20 mm 左右。

7.2 节水灌溉制度

7.2.1 净灌溉用水定额宜为 4 500 m³/hm²～5 400 m³/hm²,灌水次数 6 次～10 次,单次灌水定额为 500 m³/hm²～800 m³/hm²。

7.2.2 水层管理应与施药、施肥等农艺措施的用水相结合,保持一定水层。

7.2.3 应充分利用天然降水,当降水超过蓄雨上限应及时排水至蓄雨上限,达到蓄雨上限的连续时间不应超过 7 d。

7.2.4 防御障碍型冷害时,灌水深度应大于 170 mm,冷害期过后应及时排水至灌水上限。

7.2.5 节水灌溉制度田间水分调控指标见附录 B 中表 B.1。

8 管理节水

8.1 灌溉用水管理

8.1.1 应根据土地面积、灌溉面积、灌溉用水量等制定用水计划。

8.1.2 灌溉管理应依据全年和阶段性供水计划,科学调配水量,充分发挥灌溉效益。

8.1.3 应及时监控各量测水点的用水信息,汇总灌溉用水情况。

8.1.4 应根据各区域田间缺水状况与水源丰沛程度进行灌溉用水管理。

8.2 量测水设施

8.2.1 量测水设施的型式、位置和数量应和建筑物结合布置,可设置标准断面、自动量测设施(量水仪表、量控一体化闸门)等。

8.2.2 干、支渠应采用自动量测水设施,斗渠宜采用自动量测水设施,农渠宜采用标准断面量测水方式;量水标准断面宜采用矩形或梯形。

8.2.3 选择典型田块安装水位计或一体化墒情水位仪,监测净灌溉用水量,水位计精度≤1 mm,土壤墒情精度≤5%。

8.2.4 井灌出水口应采用水表或流量计计量,水表或流量计应安装在出水口顺直段,上游直管段长度应不小于 10 倍管径,下游直管段长度应不小于 5 倍管径。

8.2.5 渠道采用水位传感器量测,应进行水位-流量关系曲线率定。

8.2.6 量测水设施布设、率定方法等应符合 GB/T 21303 的要求。

9 水田节水灌溉技术集成

9.1 根据区域气候、土地情况、水资源等特点,整合优化节水技术资源,将工程节水、农艺节水、制度节水、管理节水等技术集成,形成水田节水灌溉技术集成模式,提高灌溉水利用率。

9.2 充分利用信息化手段,在各重要节点处安装计量设施,实时掌握来水量,依据田间墒情及水位数据科学合理灌溉。

9.3 井灌水田宜采用灌溉全程自动化,做到提水、输水、用水全过程自动化控制。

9.4 各区域宜根据实际情况采用不同节水技术集成。

9.5 采用集成技术后,灌溉水利用率提高 10% 以上。

附 录 A

（规范性）

三江平原水田灌溉分区

三江平原水田灌溉分区见表 A.1。

表 A.1 三江平原水田灌溉分区

一级区	二级区	所属行政区	所属行政区数,个
I 汤绥河间平原区	—	汤原县、鹤岗市（区）、萝北县、绥滨县	4
II 佳抚低平原区	II-1	抚远市、同江市	2
	II-2	富锦市、友谊县	2
	II-3	佳木斯市(区)、桦川县	2
	II-4	饶河县	1
III 西部低山平原区	III-1	双鸭山市(区)、集贤县	2
	III-2	依兰县、桦南县、七台河市(区)、勃利县	4
	III-3	宝清县	1
IV 穆兴平原区	—	虎林市、密山市	2

附　录　B
（规范性）
节水灌溉制度田间水分调控指标

节水灌溉制度田间水分调控指标见表 B.1。

表 B.1　节水灌溉制度田间水分调控指标

分区单元及控制指标			返青期	分蘖期			拔节孕穗期	抽穗开花期	乳熟期	黄熟期
				前期	中期	末期				
Ⅰ 汤绥河间平原区	—	蓄雨上限,mm	30	50～100	50～100	0	100～150	100～150	100～150	0
		灌水上限,mm	30	30	30	0	50	50	50	0
		灌水下限,%	80	95	95	70	90	95	80	70
Ⅱ 佳抚低平原区	Ⅱ-1	蓄雨上限,mm	30	50～100	50～100	0	100～150	100～150	100～150	0
		灌水上限,mm	30	40	40	0	50	50	50	0
		灌水下限,%	85	90	90	80	90	90	80	70
	Ⅱ-2	蓄雨上限,mm	30	50～100	50～100	0	100～150	100～150	100～150	0
		灌水上限,mm	20	40	40	0	50	50	50	0
		灌水下限,%	80	95	95	70	90	95	80	70
	Ⅱ-3	蓄雨上限,mm	30	50～100	50～100	0	100～150	100～150	100～150	0
		灌水上限,mm	20	30	30	0	50	50	50	0
		灌水下限,%	80	95	95	70	90	95	80	70
	Ⅱ-4	蓄雨上限,mm	30	50～100	50～100	0	100～150	100～150	100～150	0
		灌水上限,mm	20	40	40	0	50	50	50	0
		灌水下限,%	85	90	90	80	90	90	80	70
Ⅲ 西部低山平原区	Ⅲ-1	蓄雨上限,mm	30	50～100	50～100	0	100～150	100～150	100～150	0
		灌水上限,mm	20	30	30	0	50	50	50	0
		灌水下限,%	80	95	95	70	90	95	80	70
	Ⅲ-2	蓄雨上限,mm	30	50～100	50～100	0	100～150	100～150	100～150	0
		灌水上限,mm	20	30	30	0	50	50	50	0
		灌水下限,%	80	95	95	70	90	95	80	70
	Ⅲ-3	蓄雨上限,mm	30	50～100	50～100	0	100～150	100～150	100～150	0
		灌水上限,mm	20	40	40	0	50	50	50	0
		灌水下限,%	85	90	90	80	90	90	80	70
Ⅳ 穆兴平原区	—	蓄雨上限,mm	30	50～100	50～100	0	100～150	100～150	100～150	0
		灌水上限,mm	20	30	30	0	50	50	50	0
		灌水下限,%	80	95	95	70	90	95	80	70

ICS 65.020.01
CCS B 05

Q/BDHZZ

北大荒农垦集团有限公司企业标准

Q/BDHZZ 0012—2024

垦区玉米秸秆全量还田一次性施肥
技术规程

2023-04-08 发布
2024-05-01 实施

北大荒农垦集团有限公司 发布

前　言

本文件依据 GB/T 1.1—2020《标准化工作导则　第 1 部分：标准化文件的结构和起草规则》的编写规则起草。

本文件由中国科学院沈阳应用生态研究所提出。

本文件由北大荒农垦集团有限公司归口。

本文件起草单位：中国科学院沈阳应用生态研究所、北大荒农垦集团有限公司、北大荒集团黑龙江曙光农场有限公司、北大荒集团黑龙江八五二农场有限公司。

本文件主要起草人：王玲莉、魏占波、李彦生、张锋、刘刚、李宝民、许文松、田立彬、姜宇。

垦区玉米秸秆全量还田一次性施肥技术规程

1 范围

本文件规定了垦区玉米秸秆全量还田一次性施肥技术的秸秆还田、田间管理、施肥技术、收获、档案管理。

本文件适用于北大荒农垦集团有限公司的玉米种植,其他玉米种植区可作参考。

2 规范性引用文件

下列文件中的条款通过本文件的引用而成为本文件的条款。凡是注日期的引用文件,其随后所有的修改单(不包括勘误的内容)或修订版均不适用于本文件,然而,鼓励根据本文件达成协议的各方研究是否可使用这些文件的最新版本。凡是不注日期的引用文件,其最新版本适用于本文件。

GB/T 23348　缓释肥料

GB/T 35113　稳定性肥料

HG/T 4215　控释肥料

NY/T 496　肥料合理使用准则　通则

NY/T 500　秸秆还田机作业质量

DB 23/T 017　玉米生产技术规程

DB 2301/T 111　玉米连作秸秆翻埋还田侧深分层施肥技术规程

3 术语和定义

下列术语和定义适用于本文件。

3.1 种肥同播

作物播种时,使用播种施肥机,通过设置适宜的种子和肥料距离,安全有效地将种子和肥料一次性播入土壤的技术。

3.2 玉米一次性施肥技术

选用适宜的肥料,采用种肥同播的方式,一次施肥为玉米提供全生育期所需的养分,不再追肥,省工省时,高效稳产的施肥技术。

3.3 缓释肥料

缓释肥料应符合 GB/T 23348 的要求。

3.4 稳定性肥料

稳定性肥料应符合 GB/T 35113 的要求。

3.5 控释肥料

控释肥料应符合 HG/T 4215 的要求。

3.6 肥料养分施用量

施于单位面积耕地或单位质量生长介质中的肥料或土壤调理剂中养分的质量或体积。

3.7 目标产量

根据土壤肥力,一般为前 3 年玉米平均产量增加 8％～10％作为目标产量。

4 秸秆还田

秸秆还田应符合 NY/T 500 的要求。

5 田间管理

田间管理应符合 DB 2301/T 111 和 DB23/T 017 的要求。

6 施肥技术

6.1 肥料类型

符合国家标准要求的缓释肥料、稳定性肥料、控释肥料等复混/复合肥料,作为一次性施肥的肥料为宜。其中控释肥料选择释放期 60 d 的产品,制备控释掺混肥料时,控释氮不低于 10%。

6.2 肥料养分施用量及比例

活动积温,℃	推荐施肥总量		
	总氮量,kg/hm²	总磷量,kg/hm²	总钾量,kg/hm²
2 600～3 000	117～160	48～63	75～85
2 200～2 600	104～143	38～53	60～75
小于 2 200	90～127	33～42	50～60

6.3 施肥方法

将玉米全生育期所需的肥料进行种肥同播一次性施入土壤之中,施肥深度在种子下方 8 cm～10 cm,并保证种子和肥料间隔 8 cm 以上。

7 收获

玉米籽粒进入完熟期后,籽粒含水量≥25%时,用收穗机收获;含水量低于 25%时,可机械直接收获。

8 档案管理

生产过程中应详细记录整地、播种、施肥、收获等情况,并保存至少 3 年。

ICS 65.020.01
CCS B 05

Q/BDHZZ

北大荒农垦集团有限公司企业标准

Q/BDHZZ 0013—2024

寒区农田生态沟渠设计规范

2024-04-08 发布

2024-05-01 实施

北大荒农垦集团有限公司 发布

前　言

为实现寒区粮食主产区农田退水中氮磷污染消减,加快北大荒农垦集团有限公司(简称北大荒集团)绿色农业体系建设,促进区域农业生产与水环境安全的协调发展,特制定此标准。

本文件按照GB/T 1.1—2020的编写规则起草。

本文件由北大荒农垦集团有限公司提出并归口。

本文件起草单位:中国科学院东北地理与农业生态研究所、黑龙江北大荒农业股份有限公司兴凯湖分公司。

实施单位:中国科学院东北地理与农业生态研究所。

本文件主要起草人:祝惠、侯胜男、王鑫壹、崔虎、欧洋、阎百兴、周雪全、曾媛。

寒区农田生态沟渠设计规范

1 范围

本文件规定了北大荒集团寒区农田生态沟渠设计的总体要求、技术设计、效果监测、管理与维护。

本文件适用于北大荒集团常规灌溉水田种植区,且下游分布重要的湖库和河流。

2 规范性引用文件

下列文件对于本文件的应用是必不可少的。凡是注日期的引用文件,仅该日期对应的版本适用于本文件;不注日期的引用文件,其最新版本(包括所有的修改单)适用于本文件。

GB 5084　农田灌溉水质标准

GB 11893　水质　总磷的测定　钼酸铵分光光度法

HJ 493　水质采样　样品的保存和管理技术规定

HJ 505　水质　五日生化需氧量(BOD$_5$)的测定　稀释与接种法

HJ 506　水质　溶解氧的测定　电化学探头法

HJ 536　水质　氨氮的测定　水杨酸分光光度法

HJ 636　水质　总氮的测定　碱性过硫酸钾消解紫外分光光度法

HJ 828　水质　化学需氧量的测定　重铬酸钾法

NY/T 396　农用水源环境质量监测技术规范

SL/T 246　灌溉与排水工程技术管理规程

3 术语和定义

3.1

生态沟渠

由植物、底泥、微生物等组成的具有完整生态结构和净化水质、调蓄水源等生态功能的沟渠生态系统,它可以将流经沟渠的农田退水中污染物吸附在沉积物颗粒表面,随沟渠坡面漫流或沟渠径流迁移,通过底泥吸附、植物吸收、生物吸收和降解等一系列作用,降低进入受纳水体中的污染物含量。

3.2

生态基质坝

一种具有生态功能的截留坝,通常由坝体、基质、植物等组成。生态基质坝设置于排水沟渠内,基质填充于坝体内,并在基质的上部栽种水生植物,利用其过滤、吸附、植物吸收和微生物代谢作用达到对于农田退水中污染物的去除作用。

3.3

生态护坡

通过种植植物,利用植物与沟渠侧壁土体的互相作用对边坡表层进行防护、加固,使之既能满足对边坡表层稳定的要求,又能恢复被破坏的自然生态环境的护坡方式。

4 总体要求

4.1 农田排灌保障

结合北大荒集团不同作物农田排灌需求和特点,科学制订生态沟渠建设方案,在改善农田排水、泄洪、防洪、灌溉条件的同时,兼顾生态环境保护功能,确保作物高产稳产和农田生态安全,促进农业生产持续稳定发展。

4.2 生态适应性

在北大荒集团配置生态沟渠净化技术,应结合当地特定气候、地质、地形、物种等条件,同时遵循生物多样性保护原则,尽量采用生态材料与本土物种。

4.3 安全稳定性

生态沟渠既要稳固,又要兼顾排水,避免沟渠阻塞,保证沟渠不冲不淤。

5 技术设计

5.1 基质坝设计

5.1.1 基质坝框架

框架由角铁焊接而成,四周包裹铁丝网,基质坝的高度应小于渠深2/3。基质坝根据沟渠断面形状,设计为铁质梯形框架,其上下宽度根据沟渠的实际上下宽度进行设计,并配有铁质把手,便于更换基质坝基质。

5.1.2 筑坝方式

首先将基质坝梯形结构框架镶嵌在沟壁土壤和沟底底泥中,其中沟壁两侧分别嵌入 0.25 m,沟底嵌入 0.2 m。然后用已装入基质材料的纱网或透水袋填入其中。

5.1.3 基质配用

5.1.3.1 基质材料选择:应针对农田排水污染物性质筛选具有不同吸附作用的基质材料,其中沸石、生物炭、蛭石和炉渣,其分别对铵态氮、硝态氮、总氮和总磷污染物的吸附作用最佳。

5.1.3.2 基质最佳过水粒径选择:块状沸石粒径为 9 mm～11 mm,柱状生物炭长度为 10 mm～30 mm,柱状蛭石长度为 5 mm～8 mm,块状炉渣粒径为 30 mm～50 mm。

5.2 植物配置

5.2.1 选择耐污性强、污染物吸收能力强、生长速度适中的植物,同时要根据具体的地理环境、气候特点、水质特点和设计要求,可以选择适合的植物组合,适用于寒区生态沟渠的植物见附录 A。

5.2.2 规避杂草品种作为沟渠净化植物,避免植物净化水体的同时变成田间杂草影响作物生长。

5.3 主要辅助装置

在生态沟渠进水口和出水口处设置自动监测装置,实现自动记录和传输流量、水位等相关数据。

6 效果监测

以农田生态沟渠的进水口、出水口作为净化效果监测的取样点。测定水体样品中的氮、磷等污染物浓度,分析生态沟渠净化效果。水体样品的采集和污染指标检测应符合 GB 11893、NY/T 396、HJ 493、HJ 505、HJ 506、HJ 536、HJ 636 和 HJ 828 的要求。经生态沟渠处理的农田退水符合 GB 5084 要求的即可用于农田灌溉,实现水资源的循环利用。

7 管理与维护

7.1 沟渠主体的维护

对生态沟渠系统进行定期巡查,定期清除生态沟渠底部的淤泥,防止沟道底泥淤积影响水质净化效果。检查沟渠水位、进水口、出水口等的状况,发现问题及时处理,保证正常运行。沟渠的维护和管理相应措施应符合 SL/T 246 的要求。

7.2 基质坝的维护

定期对基质坝进行维护,如出现沉陷、生锈和损坏等情况需进行及时修复。对基质填料进行及时更换,将其吸附的污染物定期移除生态沟渠系统。定期检查基质坝填料沉降现象,必要时及时补充填料至设计高度。

7.3 植物的管理

7.3.1 定期对植物进行修剪和清理,确保植被的生长不会过度阻塞水流。

7.3.2 当植物出现死亡时,通过进行及时补植填补空缺,维持水质净化和植物多样性等生态功能。

7.3.3 对植物进行适时刈割,防止植物枯萎经微生物分解向水体释放污染物,造成二次污染。对刈割的植物残体进行妥善处理,如造纸或加工后作为家禽饲料。

附　录　A

（资料性）

寒区生态沟渠主要植物种类

寒区生态沟渠主要植物种类见表 A.1。

表 A.1　寒区生态沟渠主要植物种类

分类	植物名称	拉丁学名	繁育方式	适宜地区
挺水植物	香蒲	*Typha orientalis* Presl	分株	第四积温带：海伦农场、青龙山农场、前进农场、胜利农场等 第五积温带：红星农场、山河农场、二龙山农场、前锋农场、建边农场等 第六积温带：龙门农场、长水河农场等
	菖蒲	*Acorus calamus* L.	分株	
	黄菖蒲	*Iris pseudacorus* L.	分株	
	芦苇	*Phragmites australis*	分株	
	水葱	*Scirpus validus* Vahl	分株	
	宽叶菖蒲	*Aocrus latifolius* Z. Y. Zhu	分株	
	花叶菖蒲	*Acorus gramineus*	分株	
	菰	*Zizania latifolia*	分株	第四积温带：海伦农场、青龙山农场、前进农场、胜利农场等 第五积温带：红星农场、山河农场、二龙山农场、前锋农场、建边农场等
	泽泻	*Alisma plantago-aquatica* L.	栽插	
	美人蕉	*Canna indica* L.	分株	第三积温带：柳河农场、庆丰农场、大兴农场等 第四积温带：海伦农场、青龙山农场、前进农场、胜利农场等
	水烛（蒲草）	*Typha angustifolia* L.	分株	
	千屈菜	*Lythrum salicaria* L.	分株、栽插	
	鸢尾	*Iris tectorum*	分株	
	紫花鸢尾	*Iridaceae*	分株	
	水蓼	*Polygonum hydropiper* L.	栽插	第三积温带：柳河农场、庆丰农场、大兴农场等
	红蓼	*Polygonum orientale* L.	栽插	
浮水植物	睡莲	*Nymphaea tetragona*	栽插	第二积温带：兴凯湖农场、友谊农场、红兴隆农场、双河农场等
	芡实	*Euryale ferox* Salisb	播撒	
	凤眼莲	*Eichhornia crassipes*（Mart.）Solms	栽插	第三积温带：柳河农场、庆丰农场、大兴农场等
	浮萍	*Lemna minor*	播撒	第二积温带：兴凯湖农场、友谊农场、红兴隆农场、双河农场等
沉水植物	黑藻	*Hydrilla verticillata*（Linn. f.）Royle	播撒	第一积温带：北大荒集团哈尔滨分公司、齐齐哈尔分公司等
	金鱼藻	*Ceratophyllum demersum* L.	播撒	第二积温带：兴凯湖农场、友谊农场、红兴隆农场等
	狐尾藻	*Myriophyllum verticillatum* L.	播撒	第一积温带：北大荒集团哈尔滨分公司、齐齐哈尔分公司等
	苦草	*Vallisneria natans*（Lour.）Hara	分株	

ICS 65.020.01
CCS B 05

Q/BDHZZ

北大荒农垦集团有限公司企业标准

Q/BDHZZ 0014—2024

坡耕地导航等高起垄技术规程

2023-04-08 发布　　　　　　　　　　2024-05-01 实施

北大荒农垦集团有限公司 发布

前　言

为加快北大荒农垦集团有限公司绿色农业体系建设,进一步促进黑土保护,提升黑土农业生产力,特制定此标准。

本文件按照GB/T 1.1—2020《标准化工作导则　第1部分:标准化文件的结构和起草规则》的规定起草。

本文件由北大荒农垦集团有限公司、聊城大学与中国科学院东北地理与农业生态研究所提出。

本文件由北大荒农垦集团有限公司归口。

本文件起草单位:聊城大学、中国科学院东北地理与农业生态研究所、北大荒农垦集团有限公司、北大荒农垦集团有限公司红兴隆分公司、北大荒集团黑龙江友谊农场有限公司、北大荒集团黑龙江北兴农场有限公司、北大荒集团黑龙江曙光农场有限公司、北大荒集团黑龙江新华农场有限公司、北大荒集团黑龙江宝泉岭农场有限公司。

实施单位:北大荒农垦集团有限公司。

本文件主要起草人:李浩、刘焕军、宋春雨、王轶昂、高世杰、夏艳涛、暴勇、陈月堂、杨慧、赵海成、李宝民、唐曹甲子、段连臣、张峰、张万奇。

坡耕地导航等高起垄技术规程

1 范围

本文件规定了使用农机导航的坡耕地等高起垄的前期准备、等高垄线设计、基线的田间布局、起垄、轨迹保存与使用。

本文件适用于北大荒农垦集团有限公司等高起垄的设计与实施。

2 规范性引用文件

本文件没有规范性引用文件。

3 术语和定义

下列术语和定义适用于本文件。

3.1
基线

坡耕地等高起垄设计和实施的第1条垄线。位于坡耕地最长等高线的附近。其余垄线均为该条基线的平行线。

3.2
垄向坡度

沿着垄线的坡度。

3.3
垄线形态

沿着垄线的高程变化。

4 前期准备

4.1 地块选择

4.1.1 地块面积100亩～1 500亩。

4.1.2 地块坡度介于1.2°～4°。

4.1.3 地块长宽比小于2∶1。

4.2 地形数据获取

4.2.1 获取时段为秋季10—11月收获并无站立秸秆至落雪前,或春季地表无积雪后至苗高小于15 cm。

4.2.2 使用测绘级无人机获取坡耕地块数字地形模型。

4.2.3 坡耕地块数字地形模型的分辨率≤20 cm。

4.3 基线垄向坡度

4.3.1 基线垄向坡度为0.5%～2%。

4.3.2 若土壤水分入渗性好,则选择较低的垄向坡度。

4.3.3 若土壤水分入渗性差,则选择较高的垄向坡度。

4.4 基线沿线高程变化

4.4.1 垄线形态一般选择沿垄线的高程变化为中间高两侧低。

4.4.2 若受坡耕地两侧的公路、河流等实地生产条件限制,不宜选择沿垄线的高程变化为中间高两侧低的垄线形态时,可选择沿垄线的高程变化为一侧高、一侧低的垄线形态。

5 等高垄线设计

5.1 基线位置确定

5.1.1 将等高线与数字地形模型叠加后,采用所有等高线中长度最长的等高线为基线的基础位置。

5.1.2 在该条等高线与地块边界两个交叉点中,选取高程较低的一点为基线的起始点。

5.2 基线沿线各点的确定

5.2.1 结合数字地形模型、基线垄向坡度与垄线形态,确定基线沿线各点。相邻两点的水平距离为 15 m。

5.2.2 以起始点为第 1 点,根据基线垄向坡度与垄线形态,在数字地形模型中选取下一点。

5.2.3 不断循环选取点,直至到达坡耕地的另一侧。

5.2.4 基线宜圆滑,以便于农机作业。

5.2.5 本标准以垄向坡度为 10‰、垄线形态为中间高两侧低的基线设计过程为例,描述坡耕地等高起垄的设计过程。步骤如下:

 a) 记录起始点的高程;
 b) 确定下一点的高程。根据垄向坡度为 1%(即 0.01)、垄线形态为中间高两侧低且相邻点间距为 15 m 的设计标准,下一点的高程高于初始点 15 m×0.01＝0.15 m,即 15 cm;
 c) 在距离起始点 15 m 的距离上,选择高程高于起始点 15 cm 的点,作为下一点;
 d) 循环上述过程,直至坡耕地的中间;
 e) 由于垄线形态为中间高两侧低,因此从坡耕地中间开始,下一点的高程低于上一点 15 cm;
 f) 循环上述过程,直至到达坡耕地的另一侧边界。此时即已经获取了间隔为 15 m 的沿基线各点。

6 基线的田间布设

6.1 基线布设方法的选择

6.1.1 若农机的导航设备支持设计垄线的导入功能,则采用 6.2 布设基线。

6.1.2 若农机的导航设备不支持设计垄线的导入功能,则采用 6.3 布设基线。

6.2 基于数据导入的基线布设

6.2.1 将已有设计点的经纬度坐标,导入到农机的导航设备。

6.2.2 农机按导航信息,沿基线行走,以确定基线形态与设计形态一致。

6.3 基于田间放样的基线布设

6.3.1 放样设备的水平精度≤5 cm。

6.3.2 将已有设计点的经纬度坐标,导入放样设备中。

6.3.3 使用放样设备,在田间沿基线各点的对应位置处布设标记旗或桩。

6.3.4 使用带有导航系统的起垄机,沿着标记旗行走,以记录基线信息。

7 起垄

7.1 使用农机自带的导航设备,完成坡耕地范围内起垄作业。

7.2 沿曲线作业时,适当降低速度,保证作业质量。

8 轨迹保存与使用

8.1 起垄完成后,及时将起垄轨迹命名与保存。

8.2 第 2 年或之后需要重新起垄时,将起垄轨迹文件导入带有相同类型导航设备的起垄机中,直接起垄,无须重新导入数据或田间放样点。

ICS 65.020.01
CCS B 05

Q/BDHZZ

北大荒农垦集团有限公司企业标准

Q/BDHZZ 0016—2024

北大荒水稻无人机施肥
（颗粒肥料）技术

2024-04-11 发布
2024-05-01 实施

北大荒农垦集团有限公司 发布

Q/BDHZZ 0016—2024

前　言

为加快北大荒农垦集团有限公司（简称"北大荒集团"）绿色农业体系建设，进一步提高粮食综合生产能力，提升农产品质量安全水平和市场竞争力，构建技术驱动型绿色高质量发展模式，规范寒地水稻无人机施肥（颗粒肥料）标准化水平，特制定此文件。

本文件依据 GB/T 1.1—2020 的编写规则起草。

本文件由北大荒农垦集团有限公司梧桐河农场提出。

本文件由北大荒农垦集团有限公司归口。

本文件起草单位：北大荒农垦集团有限公司、黑龙江农垦职业学院、北大荒集团黑龙江梧桐河农场有限公司。

实施单位：北大荒农垦集团有限公司。

本文件主要起草人：姜庆海、岳远林、梁道满、高世杰、夏艳涛、李孝凯、李宪伟、贾力群、辛福志、裴宇峰、高文昊、李百春、符啸威、赵朝阳、李石、董桂军、孙盟璐、沙录。

北大荒水稻无人机施肥（颗粒肥料）技术

1 范围

本文件规定了北大荒农垦集团有限公司水稻施肥（颗粒肥料）无人机安全作业技术规程的水稻技术标准、植保无人飞机操作人员基本条件、无人机施肥操作技术要求、运输和存放、作业记录。

本文件适用于北大荒农垦集团有限公司农业多（单）旋翼植保无人机（以下简称"施肥无人机"）进行水稻大田栽培、田间施肥作业时的操控、安全、作业流程等。生态条件相近的稻区可参照使用。

2 规范性引用文件

下列文件中的条款通过本文件的引用而成为本文件的条款。凡是注日期的引用文件，其随后所有的修改单（不包括勘误的内容）或修订版均不适用于本文件，然而，鼓励根据本文件达成协议的各方研究是否可使用这些文件的最新版本。凡是不注日期的引用文件，其最新版本适用于本文件。

AC-91-FS-2015-31 轻小无人机运行规定（试行）

Q/BDHZZ 0001—2020 北大荒水稻种植技术

3 术语和定义

3.1 农业施肥无人机

农业施肥无人机是经检测合格，符合 AC-91-FS-2015-31 的相关规定，用于水稻施肥的远程操控航空植保的机械。

3.2 喷幅

指在喷肥作业中，施肥无人机在运动方向上的横向覆盖范围的大小。

3.3 寒地

中国东北冬季冻土层大于 1 m 的区域。

3.4 条田

为方便机械作业和田间管理而建设的长方形田块。

3.5 航空植物保护

利用有人驾驶或无人驾驶的民用航空器对农作物、森林、果树和草原喷洒（撒）各种生物或化学药肥、毒饵，防治其病、虫、鼠、草害的作业飞行。

3.6 航空施撒

利用有人驾驶或无人驾驶民用航空器在空中进行的喷雾和播撒作业。

3.7 植保无人飞机

UAV 配备播撒系统（或喷雾设备），主要用于农林业植保作业任务的无人飞机。

3.8 旋翼植保无人飞机

UAV 配备播撒系统（或喷雾设备），主要用于农林植保作业任务的无人直升机（单旋翼无人飞机）或多旋翼无人飞机，分别称为"单旋翼植保无人飞机"和"多旋翼植保无人飞机"。

3.9 空机质量

不包含肥料、燃料和地面设备的植保无人飞机整机质量，包含肥料箱、油箱或电池等固有设备的质量。

3.10 起飞质量

带有为完成任务所需要的燃料、药液的植保无人飞机起飞开始时的总质量，包括空机质量、燃油质量、药液质量及其他必要的任务载荷质量等。

3.11 最大起飞质量

植保无人飞机能够起飞的最大质量,包含空机质量和最大负载的质量。

3.12 续航时间

在给定的大气环境条件下,植保无人飞机一次升空所能在空中持续水平飞行的最长时间,分为满载续航时间和空载续航时间。

3.13 最大续航时间

在给定的大气环境条件下,植保无人飞机在额定起飞质量条件下,自起飞至喷洒完所有药液后安全着陆,能维持的最长飞行时间。

3.14 抗风性能

在满足正常作业及在给定的大气环境条件下,植保无人飞机飞行时能够抵抗最大风速的能力。

3.15 避障功能

感知与避让功能,指植保无人飞机在飞行过程中能够看见、察觉或发现交通冲突、地形障碍以及其他影响正常飞行的危险并做出适当行动(如悬停或绕开等)的能力。

3.16 播种期

当地日平均气温稳定在5℃以上时,即为寒地水稻大棚旱育秧播种始期。

3.17 移栽期

当地日平均气温稳定在12.5℃以上时为寒地水稻旱育中苗(3.1叶龄～3.5叶龄)安全移栽最早日期;当地日平均气温稳定在14℃以上时为寒地水稻钵育摆栽旱育秧大苗(4.1叶龄～4.5叶龄)安全移栽期。

4 水稻技术标准

按 Q/BDHZZ 0001—2020 的规定执行。

4.1 生长发育标准

4.1.1 4叶期生长发育标准

第4叶的最晚定型日期为6月5日,平均叶长为11 cm,叶片颜色浓于叶鞘,叶态以弯为主,平均株高17 cm。4叶定型时田间茎数应达130个/m²,即10%植株生长出分蘖。

4.1.2 5叶期生长发育标准

第5叶的最晚定型日期为6月10日,平均叶长为16 cm,叶色浓于叶鞘,叶态以弯叶为主。5叶定型时田间茎数为150个/m²～180个/m²,达计划茎数的30%左右。

4.1.3 6叶期生长发育标准

第6叶的最晚定型日期为6月15日,平均叶长为21 cm,叶色浓绿,深于叶鞘。叶态以弯、披为主。6叶定型时田间茎数达到300个/m²,占计划茎数的50%～60%。

4.1.4 7叶期生长发育标准

第7叶的最晚定型日期为6月20日,平均叶长为26 cm,叶色浅于第6叶,叶态以弯叶为主。7叶定型时田间茎数达到计划茎数的80%左右,为450个/m²～500个/m²。

4.1.5 8叶期生长发育标准

第8叶的最晚定型日期为6月25日,平均叶长为31 cm,叶态以弯、挺叶为主;8叶长出一半时,11叶品种的田间茎数达到预期计划的茎数,12叶品种的田间茎数达到计划茎数的80%。

4.1.6 9叶期生长发育标准

第9叶的最晚定型日期为7月2日,平均叶长为36 cm,叶态以直挺叶为主。12叶品种达到计划茎数。

4.1.7 10叶期生长发育标准

第10叶的最晚定型日期为7月9日,11叶品种的平均叶长为31 cm,12叶品种的平均叶长为41 cm,

叶鞘色应深于叶片,叶态以挺叶为主。

4.1.8　11叶期生长发育标准

11叶品种剑叶的最晚定型日期为7月15日—16日,平均叶长25 cm,叶鞘色深于叶片。12叶品种第11叶的最晚定型日期为7月15日—16日,平均叶长35 cm,叶鞘色深于叶片。

4.1.9　12叶期生长发育标准

12叶品种剑叶的最晚定型日期为7月20日—21日,叶鞘色深于叶片。

4.2　本田诊断标准

4.2.1　返青诊断

晴天中午有50%以上植株心叶展开,清晨秧苗叶尖吐水,秧苗生出新根。

4.2.2　叶龄诊断方法

插秧后,在池埂边向里数第3行上,选择穴数均匀,穴株数相近似的10穴为调查对象,用不会被雨水冲洗掉的、显眼的记号笔在各株幼苗主茎的第3叶标记,随水稻生长,跟踪标记第5、7、9叶。

4.2.3　有效分蘖诊断

在有效分蘖临界叶位(11叶品种为第8叶,12叶品种为第9叶)前出生的分蘖一般为有效分蘖;当主茎拔节时,分蘖叶的出叶速度仍与主茎保持同步的为有效分蘖;主茎拔节时,分蘖包括心叶有4片绿叶的为有效分蘖,有3片绿叶可能为有效分蘖,有2片以下绿叶为无效分蘖;有自身根系的分蘖为有效分蘖,自身根系少或没有根系的为无效分蘖。

4.2.4　封行诊断

剑叶露尖为寒地水稻封行适期。栽插行距30 cm的稻田,站在田埂上顺向观察4 m～5 m处,由于稻叶覆盖而看不到水面或土面,称为封行。

4.2.5　减数分裂期诊断

剑叶叶耳在倒2叶叶鞘内10 cm(−10 cm)时,是减数分裂始期;两叶叶耳重叠时,叶耳间距为0,是减数分裂盛期;剑叶叶耳超出倒2叶叶耳10 cm(+10 cm)是减数分裂末期。叶耳间距为−5 cm～5 cm为花粉母细胞减数分裂的小孢子形成初期,为抽穗前8 d～14 d,是影响寒地水稻花粉发育的低温最敏感期,若日平均气温低于17 ℃,易影响水稻受精结实,即遭遇障碍性冷害。

4.2.6　叶长诊断

高产田水稻后四叶期叶长序为倒3≥倒2>倒1>倒4或倒2≥倒3>倒1>倒4。

4.2.7　幼穗诊断

11叶品种在8叶期后半叶生长时(7.5叶龄)开始幼穗分化(第一苞原基分化);11叶品种的第9叶露出到定长的一个叶期间,幼穗分化处于枝梗分化期,幼穗长0.5 mm～1.0 mm。12叶品种的第9叶后半叶(8.5叶)开始幼穗分化(苞分化);11叶品种在第10叶时的幼穗处在颖花分化期,幼穗长已有1 cm左右,12叶品种第10叶露出到定长的一个叶期间,幼穗分化处于枝梗分化期,幼穗长0.5 mm～1.0 mm;11叶品种在第11叶时处于减数分裂期,幼穗长度达到1.5 cm,12叶品种处于颖花分化期,幼穗长为1 cm左右;12叶品种在第12叶时处于减数分裂期,幼穗长超过1.5 cm。

4.2.8　水层管理

水稻移栽后,分蘖期保持3 cm～5 cm水层。在蜡熟前主要采用间歇灌溉,先灌3 cm～5 cm水层,水层自然下降至"花达水"后再灌3 cm～5 cm水层,如此反复;待田间茎数占计划穗数≥80%时,通过晒田控制无效分蘖,达到田面出现≤2 mm龟裂后恢复间歇灌溉;若抽穗前8 d～14 d气温≤17℃,保持田间水层≥17 cm,用于防御障碍型冷害。气温恢复后继续采用间歇灌溉方式。若水稻生育过旺、叶色偏深,要求在抽穗前4 d～5 d晾田3 d～4 d;蜡熟期灌3 cm～5 cm水层,水层自然下降至脚窝无水再补水,如此反复。蜡熟末期停灌,黄熟初期排干。停灌时间在齐穗后≥30 d,防止干旱逼熟。

4.3 施肥

4.3.1 基肥

4.3.1.1 施肥时期

本田整平前施入基肥,施用基肥后及时整地。

4.3.1.2 肥料运筹

全年氮磷钾肥用量根据测土配方结果,按需施用。其中氮肥的基肥用量宜为全年氮肥总量的 40%;磷肥全部基施;钾肥的基肥用量为全年钾肥总量的 50%～70%。

4.3.2 分蘖肥

4.3.2.1 施肥时期

返青肥、分蘖肥分 2 次施。返青肥在水稻覆水后(3.5 叶～4 叶期)立即施用,第一次分蘖肥在水稻返青后 4 叶～4.5 叶期施用,11 叶品种的第二次蘖肥在水稻 5.5 叶期施用,12 叶品种在水稻 6.1 叶期施用。

4.3.2.2 施肥量

分蘖肥全部采用氮肥,施用总量为全年氮肥总量的 30%。第一次施分蘖肥总量的 70%～80%,第二次施分蘖肥总量的 20%～30%。

4.3.3 调节肥

4.3.3.1 施肥时期

11 叶品种在 7.1 叶～8.1 叶期施调节肥,12 叶品种在 8.1 叶～9.1 叶期施调节肥。

4.3.3.2 施肥量

水稻功能叶褪淡达 2/3 的地块施调节肥,且施在叶色变浅集中的区域。对于未达到计划茎数(550 个/m²)的地块,调节肥的用量为 10% 以内;田间茎数明显不足的地块,可酌情增施,但不超过全生育期氮肥用量的 25%;田间茎数超过 550 个/m² 或叶色浓郁的地块不宜施调节肥,并提前晒田。

4.3.4 穗肥

4.3.4.1 施肥时期

倒 2 叶露尖至生长出一半时追施穗肥。

4.3.4.2 施肥量

田间出现拔节黄时需施穗肥。若此时水稻叶色未变浅、底部叶片枯萎和有稻瘟病害发生,应推识施用穗肥,并采取晒田壮根或施药防病后再施穗肥;叶色不落黄、长势繁茂时不宜再施穗肥。氮肥用量为全年氮肥总量的 10%～20%,钾肥用量为全年钾肥总量的 30%～50%。

5 植保无人飞机操作人员基本条件

5.1 植保无人飞机运营人应取得相关部门颁发的相应资质。

5.2 植保无人飞机的驾驶员应年满 18 周岁,身体健康并持有相关部门颁发的相应证照。

5.3 参与作业的人员,须经过下列内容的理论知识培训:

  ——航空、气象法律法规;

  ——开始作业飞行前应当完成的工作步骤,包括作业区勘察等;

  ——植保无人飞机日常检查维修项目;

  ——固态肥、农艺相关知识,了解固体肥,掌握施肥剂量、施肥技术和操作方法。

5.4 具有下列情况之一的人员不应参与植保无人飞机作业活动:

  ——作业前 24 h 内饮酒和服用国家管制的精神药品或麻醉药品的;

  ——过度疲劳或出现身体不适的;

  ——患有妨碍安全操作疾病的。

6 无人机施肥操作技术要求

6.1 植保无人飞机应至少满足下列要求:
——经过注册登记的;
——经过相关主管部门检验合格的。

6.2 植保无人飞机作业环境应符合下列条件:
——气温 5 ℃~35 ℃(含)。
——平均风力 3 级(含)以下。
——非雨、雾、雷等恶劣天气。

6.3 施肥时间
——根据前一年的测土配方施肥表,合理完成当年的施肥作业;
——每年的 5 月 25 日左右第一次蘖肥,返青 56 kg~64 kg/hm² 纯氮。施肥量为全年蘖肥总量的 70%~80%;
——每年的 6 月 5 日左右 5.5 叶时施 16 kg~24 kg/hm² 纯氮。施肥量为全年蘖肥总量的 20%~30%;
——每年的 6 月 20 日左右施 11.5 kg/hm² 纯氮调节肥。施肥量为全年施肥总量的 10%;
——每年的 7 月 2 日左右施 23 kg/hm² 纯氮施穗肥,22.5 kg/hm²~30 kg/hm² 纯钾。施肥量为全年钾肥用量的 30%~40%,全年氮肥量的 20%;
——每年的 7 月上旬至 8 月初,配合防病喷施 2 遍~3 遍叶面肥(磷酸二氢钾)。

6.4 施肥前要求

6.4.1 作业区域调查和评估
植保无人飞机的操作人员在水稻无人机施肥(颗粒肥料)前,应充分调查作业区内部及周边环境信息,在充分考虑人员安全、机具安全、环境安全及公共安全的基础上,综合评估本次水稻无人机施肥(颗粒肥料)的安全性,如存在较大安全隐患,应立即停止作业。
作业区域调查和评估应至少包括以下内容:
——喷洒区域面积;
——喷洒区内部及周边邻近障碍物信息;
——温湿度、风向风速等基本气象信息;
——周边禁飞区、重点区分布情况调查。

6.4.2 作业负责人
现场应有指定作业负责人,负责整个无人机系统运行作业安全和环境安全。

6.4.3 防护和防护装备
所有作业人员应穿戴好防护服、防护帽、防护镜、水靴等装备。

6.4.4 隔离区设置
作业前应设置安全隔离区,在计划作业的地块周围立警示标志,并告知可进入该区域的建议时间。

6.4.5 无人机安全检查
植保无人飞机操作人员应按机具生产厂家提供的技术要求,进行机具飞行安全检查,确保其技术状态良好。飞行安全检查应至少包括以下内容:
——各个部件的连接紧固检查;
——电气设备的通电检查;
——动力设备及传动装置的运转灵活性检查;
——通信讯号检查;
——整机试运转及测试调试;

6.5 作业参数和要点

6.5.1 作业参数

应根据所施肥料亩用量、植保无人机飞行速度、播撒幅宽等参数,结合不同形状、粒径、密度的固态肥料的具体情况,按下式计算播撒量。

$$每667 \ m^2 用量(g)=\frac{播撒量(g/m^2)×667}{飞行速度(m/s)×幅度(m)×时间(s)}$$

6.5.2 作业要点

6.5.2.1 起降点和作业路径

植保无人飞机的操作人员应根据作业区域的调查结果,遵循以下原则,合理安排起降点和作业路径,具备自主驾驶功能的植保无人飞机可预先规划航路:

——应确保起降点周围视野开阔,且无障碍物遮挡,起降区长度和宽度不得少于机具对应长宽的1.5倍;

——作业幅宽与植保无人飞机生产厂家提供的参数一致;

——作业路径均匀覆盖作业区域;

——机具与田间障碍物保持合适的安全距离。

6.5.2.2 作业过程

——植保无人机固件应升级到最新版本;

——返回加料前,保持作业箱内剩余少量物料,就近加料,以减少续航点空飞距离,提升作业效率;

——作业结束后及时清理剩余肥料及粉尘,避免其吸湿结块致播撒系统损坏;

——正式作业前应进行试播作业,若实际播撒亩用量大于计划用量,适当加快飞行速度,反之则减小。

6.6 作业安全注意事项

6.6.1 植保无人机作业时,应确保天气、周边环境符合作业条件,作业区域内无其他人员劳作方可开始作业;操作人员应手持地面站终端或遥控器站在起降点附近,避免人控分离;并在无人机起飞和返航前及时驱散起降点附近围观人群。

6.6.2 全自主作业无人机应在作业前详细勘察作业区域,在障碍物区域设置避障范围;手动控制飞行作业的应尽量使无人机在视距内飞行。

6.6.3 植保无人机作业前应确保无人机与遥控设备电量充足。无人机使用的锂聚合物电池应使用专用充电器按要求正确充电,存放或运输时应使用专用金属箱严格保管,避免阳光照射。作业时电池不能在作业区随意摆放。

6.6.4 所有飞防操作人员作业时应穿长衣长裤,并做好个人防护,且始终在上风向区域内操作,切不可在无人机飞行航路下方停留或作业。作业后应及时洗澡。

6.6.5 折叠式或快速拆装式无人机,起飞前应由无人机驾驶员亲自确认机体机臂展开及锁紧状态,无误后方可起飞。

6.6.6 植保无人机受控或自主返航降落,待螺旋桨停转且无人机已处于锁定状态后,操作人员方可靠近进行后续操作。

6.6.7 完成作业时,无人机降落确认无误后,操作人员先断开无人机电源,再关闭地面站及遥控器电源。

6.6.8 每10个起落应对无人机螺旋桨、机臂、机翼、起落架等应力集中部位进行检查,确保机体强度符合要求方可继续作业。

6.7 维护保养与运输

6.7.1 作业完成后,将电池从无人机上取下,检查电量,收入电池存放箱。若长期不使用,应将电池充放至存储电压,并每个月进行一次充放电循环。

6.7.2 如连续作业时间较长,应每天检查电机、电调及其他电子部件接线端是否受水分或药液侵蚀,如发现侵蚀应停止作业,及时处理。

6.7.3 每天作业结束后,应擦拭清洗机体及播撒系统。

6.7.4 运输植保无人机及药剂时必须使用驾驶室与货箱严格分离的厢式货车。

6.8 应急处理

作业时如出现下列情况应立即终止作业:

——机具运行时出现异响;

——操控失准、失灵;

——监控到的飞行数据异常;

——出现不适合的气象条件;

——其他存在安全隐患的异常现象;

发生重大人身伤害或财产损失时,应立即停止作业,保护现场,及时报告和处置。

6.9 作业完成后的要求

作业负责人在每次作业后应撰写飞行作业记录,记录的内容至少包括:

——服务对象的名称和地址;

——服务时间和气象条件;

——作物种类、作业面积、施肥情况;

——故障情况;

——全部工作人员姓名,作业负责人和驾驶员的联系方式。

7 运输和存放

应确保运输、地面工作的各种环境条件能满足植保无人飞机的要求,包括气候、机械、生物等环境。

植保无人飞机应置于干燥、通风、避光、远离酸碱的室内。应按植保无人飞机使用说明书要求,进行定期维护和保养。

8 作业记录

应记录作业项目、装料量、面积、地号等信息,所有记录应真实、准确、规范,并可追溯。

————————

ICS 65.020.01
CCS B 05

Q/BDHZZ

北大荒农垦集团有限公司企业标准

Q/BDHZZ 0017—2024

玉米变量施肥技术规程

2024-04-15 发布　　　　　　　　　　　　　　2024-05-01 实施

北大荒农垦集团有限公司 发布

前　言

本文件按照 GB/T 1.1—2020《标准化工作导则　第 1 部分：标准化文件的结构和起草规则》的规定起草。

本文件由北大荒农垦集团有限公司与中国科学院东北地理与农业生态研究所共同提出。

本文件由北大荒农垦集团有限公司归口。

本文件起草单位：中国科学院东北地理与农业生态研究所、东北农业大学、北大荒农垦集团有限公司农业发展部、北大荒农垦集团有限公司红兴隆分公司、黑龙江北大荒农业股份有限公司、北大荒农垦集团有限公司宝泉岭分公司、北大荒农垦集团有限公司九三分公司、智慧农场技术与系统全国重点实验室、北大荒黑龙江友谊农场有限公司、北大荒集团黑龙江宝泉岭农场有限公司、北大荒集团黑龙江鹤山农场有限公司。

实施单位：北大荒农垦集团有限公司。

本文件主要起草人：刘焕军、姜佰文、王轶昂、马士耐、王殿尧、高世杰、陈月堂、刘海刚、马忠峙、杨荣军、刘文武、巩建光、杨慧、唐曹甲子、赵海成、寇文生。

玉米变量施肥技术规程

1 范围

本文件规定了适用于田块尺度的玉米变量施肥技术的数据准备、变量施肥空间区域划定标准、变量施肥处方图制定标准、智能变量施肥农机的选择、档案管理。

本文件适用于北大荒集团有限公司玉米种植中固体肥料的施用。

2 规范性引用文件

下列文件中的内容通过文中的规范性引用而构成本文件必不可少的条款。其中，注日期的引用文件，仅该日期对应的版本适用于本文件；不注日期的引用文件，其最新版本（包括所有的修改单）适用于本文件。

Q/BDHZZ 0021 北大荒玉米种植技术

3

术语和定义
下列术语和定义适用于本文件。

3.1
玉米变量施肥技术

玉米变量施肥技术指的是利用卫星遥感监测由于土壤差异引起的作物长势空间异质，根据其异质性进行精准管理分区，生成分区内异质性低，分区间异质性高的分区图；根据北大荒玉米生产标准施肥量与偏生产力确定各分区内施肥量，结合两者信息，在变量施肥 App 中，生成玉米变量施肥处方图，随后通过变量施肥 App 将玉米变量施肥处方图传输至能够实现田块尺度变量施肥功能的智能变量施肥农机中。

3.2
变量施肥 App

一款可用于划定并上传耕地范围、施肥量信息、产量信息、提供分区建议、在线生成玉米变量施肥处方图并可实现网络传输功能的手机 App。

3.3
精准管理分区

精准管理分区是根据田块作物长势的空间异质性，将田块分成多个不同均质性的区域的一种方法；要求其满足分区内作物长势异质性小，分区间作物长势异质性大。

3.4
变量施肥处方图

变量施肥处方图是在精准管理分区结果上，以北大荒玉米生产标准施肥量为施肥基准量；以各区域间的偏生产力确定施肥梯度，形成差异化施肥方案；用来指导智能变量施肥农机进行空间位置上的变量施肥。包含了地理位置与施肥量信息，其制图的空间分辨率优于10 m，格式可为 shp、grd、json 等格式。

3.5
智能变量施肥农机

应通过变量施肥 App 划定变量施肥田块范围，其中区域的划定范围仅包含耕地，划定单元应为田块尺度。

4 数据准备

4.1 制图范围

应通过变量施肥 App 划定技术实施区域,其中区域的划定范围仅包含耕地,划定单元应为田块尺度。

4.2 卫星数据

变量施肥 App 中应包含卫星数据的选取空间分辨率优于 10 m/pixel;卫星重复周期小于 7 d;至少包含可见光波段、近红外波段。采集卫星影像时间,详见附录 A。常用于玉米变量施肥处方图制图的光学遥感数据源见附录 B。

4.3 本地施肥量

基肥施肥量的制定应符合 Q/BDHZZ 0021 的要求。

5 变量施肥空间区域划定标准

利用变量施肥 App 中获得的 NDVI 数据进行区域划定;划定标准如下:
a) 区域的划定应分为 $2n+1$ 个等级(n 为正整数);
b) 划定的各区域内作物长势差异达到弱变异程度(变异系数小于 0.1);
c) 划定的各区域间作物长势为中等或强变异程度(变异系数大于 0.1)。

6 变量施肥处方图制定标准

变量施肥处方图制定标准如下:
a) 施肥处方图中应对不同区域赋予不同等级施肥量;
b) 处方图中不同等级施肥量应与偏生产力数值存在对应关系;
c) 其中 $n+1$ 等级的肥量为北大荒玉米生产标准施肥量;
d) 在各等级区域内随机选择五点测取人工测产平均值,利用各等级区域人工测产平均值计算平均偏生产力。依据各等级区域间平均偏生产力比值计算各等级区域的施肥量。

7 智能变量施肥农机的选择

7.1 智能变量施肥控制系统

a) 可接受变量施肥 App 以 json 格式网络传输的施肥处方图,或通过可移动存储设备拷贝施肥处方图至智能施肥农机控制系统中,拷贝格式可为 shp、grd、json 等格式;
b) 可识别变量施肥处方图的地理位置与施肥量信息,并控制变量施肥装置完成相应作业。

7.2 农机具选定标准

a) 可提供 12 V 供电;
b) 排肥方式应为侧深施用固体颗粒肥。

8 档案管理

应符合 Q/BDHZZ 0003 的要求,提供相应档案管理记录,所有记录应真实、准确、规范,并可追溯。

附　录　A

（资料性）

北大荒集团玉米施肥所需影像时期与变量施肥技术开展时间

北大荒集团玉米施肥所需影像时期与变量施肥技术开展时间见表 A.1。

表 A.1　北大荒集团玉米施肥所需影像时期与变量施肥技术开展时间

农作物	玉米春施肥	玉米中耕施肥	玉米秋施肥
所需卫星影像	上年度9月上旬影像	耕作当年6月上旬影像	当年8月中旬影像
变量施肥实施时间	4月至5月	5月至6月	9月至10月

附　录　B

（资料性）

常用于玉米变量施肥处方图制图的光学遥感数据源

常用于玉米变量施肥处方图制图的光学遥感数据源见表 B.1。

表 B.1　常用于玉米变量施肥处方图制图的光学遥感数据源

传感器/卫星	空间分辨率	波段	光谱范围，μm	数据时间	重访周期，d
MSI/ Sentinel 2A/2B	10 m,20 m,60 m	2,3,4,5, 6,7,8,8A,11,12	中心波长 0.49 0.56 0.665 0.705 0.74 0.783 0.842 0.865 1.61 2.19	2015 年至今	5
GF 系列卫星	GF-1:2 m,8 m,16 m; GF-2:1 m,4 m; GF-6:2 m,8 m,16 m	2,3,4,5	0.45～0.52 0.52～0.59 0.63～0.69 0.77～0.89 GF-6 红边 0.63～0.69	2013 年至今	4
PlanetScope	3 m	2,3,4,6,7,8	0.455～0.515 0.513～0.549 0.547～0.583 0.650～0.680 0.697～0.713 0.845～0.885	2014 年至今	1～2

ICS 65.020.01
CCS B 05

Q/BDHZZ

北大荒农垦集团有限公司企业标准

Q/BDHZZ 0018—2024

水稻变量施肥技术规程

2024-04-15 发布

2024-05-01 实施

北大荒农垦集团有限公司 发布

前　言

本文件按照 GB/T 1.1—2020《标准化工作导则　第 1 部分:标准化文件的结构和起草规则》的规定起草。

本文件由北大荒农垦集团有限公司与中国科学院东北地理与农业生态研究所共同提出。

本文件由北大荒农垦集团有限公司归口。

本文件起草单位:中国科学院东北地理与农业生态研究所、东北农业大学、北大荒农垦集团有限公司建三江分公司、北大荒集团黑龙江二道河农场有限公司、北大荒农垦集团有限公司农业发展部、黑龙江北大荒农业股份有限公司、北大荒农垦集团有限公司红兴隆分公司、北大荒农垦集团有限公司牡丹江分公司、黑龙江北大荒农业股份有限公司八五六分公司、北大荒集团黑龙江八五三农场有限公司、北大荒集团黑龙江友谊农场有限公司。

实施单位:北大荒农垦集团有限公司。

本文件主要起草人:刘焕军、彭显龙、秦泗君、徐祥龙、高世杰、暴勇、于军华、孙伟海、沈国春、张磊、张毅、韩乃坤、马士耐、王轶昂。

水稻变量施肥技术规程

1 范围

本文件规定了适用于田块尺度的水稻变量施肥技术的数据准备、精准管理分区划定标准、变量施肥处方图制定标准、智能变量施肥农机的选择、档案管理。

本文件适用于北大荒集团有限公司水稻施肥作业。

2 规范性引用文件

下列文件中的内容通过文中的规范性引用而构成本文件必不可少的条款。其中,注日期的引用文件,仅该日期对应的版本适用于本文件;不注日期的引用文件,其最新版本(包括所有的修改单)适用于本文件。

Q/BDHZZ 0019 北大荒水稻种植技术

3

术语和定义

下列术语和定义适用于本文件。

3.1 水稻变量施肥技术

水稻变量施肥技术指的是利用卫星遥感监测由于土壤差异引起的作物长势空间异质,根据其异质性进行精准管理分区,生成分区内异质性低、分区间异质性高的分区图;根据北大荒水稻生产标准施肥量(具体参考 Q/BDHZZ 0019)与偏生产力确定各分区内施肥量,结合两者信息,在变量施肥 App 中,生成水稻变量施肥处方图,随后通过变量施肥 App 将水稻变量施肥处方图传输至能够实现田块尺度变量施肥功能的智能变量施肥农机中。

3.2

变量施肥 App

一款可用于划定并上传耕地范围、施肥量信息、产量信息、提供分区建议、在线生成水稻变量施肥处方图并可实现网络传输功能的手机 App。

3.3

精准管理分区

精准管理分区是根据田块作物长势的空间异质性,将田块分成多个不同均质性的区域的一种方法;要求其满足分区内作物长势异质性小、分区间作物长势异质性大。

3.4

精准管理分区

变量施肥处方图是在精准管理分区结果上,以北大荒水稻生产标准施肥量(具体参考 Q/BDHZZ 0019)为施肥基准量;以各区域间的偏生产力确定施肥梯度,形成差异化施肥方案;用来指导智能变量施肥农机进行空间位置上的变量施肥。包含了地理位置与施肥量信息,其制图的空间分辨率高于 10 m,格式可为 shp、grd、json 等格式。

3.5 智能变量施肥农机

能够网络接收并执行变量施肥处方图的农机设备;包含全球定位系统、地理信息系统、变量控制系统的施肥农机;可实现定位与定量智能施肥。

4 数据准备

4.1 制图范围

应通过变量施肥 App 划定变量施肥田块范围,其中区域的划定范围仅包含耕地,划定单元应为田块尺度。

4.2 卫星数据

变量施肥 App 中应包含卫星数据的选取空间分辨率优于 10 m;重访周期至少 7 d 以内;至少包含可见光波段、近红外波段。常用于变量施肥处方图制图的光学遥感数据源见附录 A。

4.3 本地施肥量

基肥施肥量的制定应符合 Q/BDHZZ 0019 的要求。

5 精准管理分区划定标准

利用变量施肥 App 中获得的 NDVI 数据进行区域划定;划定标准如下:

a) 区域的划定应分为 $2n+1$ 个等级(n 为正整数);
b) 划定的各区域内 NDVI 差异达到弱变异程度(变异系数小于 0.1);
c) 划定的各区域间为中等或强变异程度(变异系数大于 0.1)。

6 变量施肥处方图制定标准

变量施肥处方图制定标准如下:

a) 施肥处方图中应对不同区域赋予不同等级施肥量;
b) 处方图不同等级施肥量应与偏生产力数值存在对应关系;
c) 其中 $n+1$ 等级的施肥量为北大荒水稻生产标准施肥量;
d) 在各等级区域内随机选择 5 点测取人工测产平均值,利用各等级区域人工测产平均值计算平均偏生产力。依据各等级区域间平均偏生产力比值计算各等级区域的施肥量。

7 智能变量施肥农机的选择

7.1 智能变量施肥控制系统

a) 可接受变量施肥 App 以 json 格式网络传输的施肥处方图,或通过可移动存储设备拷贝施肥处方图至智能施肥农机控制系统中,拷贝格式可为 shp、grd、json 等;
b) 可识别变量施肥处方图的地理位置与施肥量信息,并控制变量施肥装置完成相应作业。

7.2 农机选定标准

a) 可提供 12 V 供电;
b) 排肥方式应为侧深施用固体颗粒肥;
c) 传动方式应为电驱动气吹式;
d) 装置可容纳 60 L～90 L 肥料。

8 档案管理

应符合 Q/BDHZZ 0019 的要求,提供相应档案管理记录,所有记录应真实、准确、规范,并可追溯。

附　录　A

（资料性）

常用于变量施肥处方图制图的光学遥感数据源

常用于变量施肥处方图制图的光学遥感数据源见表 A.1。

表 A.1　常用于变量施肥处方图制图的光学遥感数据源

传感器/卫星	空间分辨率	波段	光谱范围，μm	数据时间	重访周期，d
MSI/ Sentinel 2A/2B	10 m,20 m,60 m	2,3,4,5, 6,7,8,8A,11,12	中心波长 0.49 0.56 0.665 0.705 0.74 0.783 0.842 0.865 1.61 2.19	2015 年至今	5
GF 系列卫星	GF～1:2 m,8 m,16 m; GF～2:1 m,4 m; GF～6:2 m,8 m,16 m	2,3,4,5	0.45～0.52 0.52～0.59 0.63～0.69 0.77～0.89 GF-6 红边 0.63～0.69	2013 年至今	4
Planet Scope	3 m	2,3,4,6,7,8	0.455～0.515 0.513～0.549 0.547～0.583 0.650～0.680 0.697～0.713 0.845～0.885	2014 年至今	1～2

第三部分
农业机械作业质量

ICS 65.060.30
CCS B 91

Q/BDHNJ

北大荒农垦集团有限公司企业标准

Q/BDHNJ 0014—2022

无人驾驶插秧机　作业质量

2022-12-26 发布

2022-12-26 实施

北大荒农垦集团有限公司 发布

前　言

本文件按照 GB/T 1.1—2020《标准化工作导则　第 1 部分：标准化文件的结构和起草规则》的规定起草。

请注意本文件的某些部分可能涉及专利。本文件的发布机构不承担识别专利的责任。

本文件由北大荒农垦集团有限公司提出并归口。

本文件起草单位：黑龙江省农垦科学院、黑龙江农垦农业机械试验鉴定站、北大荒农垦集团有限公司建三江分公司、北京农业智能装备技术研究中心、扬州大学机械工程学院、北大荒集团黑龙江红卫农场有限公司、北大荒集团黑龙江胜利农场有限公司、北大荒集团黑龙江友谊农场有限公司。

本文件主要起草人：杨宝龙、柳春柱、贺佳贝、于省元、梁道满、秦泗君、张立国、崔少宁、孟祥印、刘威、孟志军、张瑞宏、王满友、卢佰谦、牛文祥、高嵩、修德龙、顾冰洁、高广智、刘渊、邢左群、于孟京、卢宝华、李东涛、杜吉山、朱梅梅、裴浩男、王金楠、范淼、常相铖、段兰昌、谭景光、刘廷宇、朱晓萍、刘海民。

无人驾驶插秧机　作业质量

1　范围

本文件规定了无人驾驶插秧机的作业质量、检测方法和检验规则。

本文件适用于无人驾驶插秧机(以下简称"插秧机")的作业质量评定。

2　规范性引用文件

下列文件中的内容通过文中的规范性引用而构成本文件必不可少的条款。其中,注日期的引用文件,仅该日期对应的版本适用于本文件;不注日期的引用文件,其最新版本(包括所有的修改单)适用于本文件。

GB/T 6243　水稻插秧机　试验方法

GB/T 20864—2021　水稻插秧机　技术规范

3　术语和定义

GB/T 20864—2021界定的以及下列术语和定义适用于本文件。

3.1

无人驾驶插秧机

基于北斗可兼容GPS等全球定位导航系统,具有精准定位、环境感知、远程通信、智能控制等技术,在限定场景内实现按规划的路径进行无人驾驶插秧作业的插秧机。

3.2

环境感知

利用视觉或其他传感器技术,对插秧机周边环境或对特定物体进行探测甄别。

3.3

作业路径规划

根据当前作业地块地理信息数据,规划用于插秧机作业的路径。

3.4

自动模式

运行时无须驾驶员控制,可采用手机应用软件及管控云平台方式操作的模式。

3.5

管控云平台

以大数据、云计算、人工智能、互联网等技术为支撑,可接入各种终端设备,提供实时的设备信息采集、存储、管理、远程控制等功能,并具有各种终端的可视化展示、用户管理基础功能的管控平台。

3.6

A-B线

在作业田块中(场地上)选定适当位置A点和B点,直连A点和B点作为插秧机作业基准线的虚拟直线。

3.7

直线度精度

插秧机沿A-B线从行程起点至终点,其行驶轨迹与A-B线的标准差。

3.8

衔接行间距精度

在直线作业状态,实际测量作业衔接行间距与理论衔接行间距之间的符合度的标准偏差。

3.9

横向控制精度

插秧机作业过程中,在测区内横向最外侧每一穴秧苗与基准线的相对间距的标准偏差。

4 作业质量

4.1 作业条件

作业地块长不少于50 m,测区长度不少于20 m,宽度为4个作业幅宽,插前床土绝对含水率为35%～55%。试验用秧苗密度应均匀一致,苗高、叶龄符合样机的适用范围。插秧田块应泥碎田平,泥脚深度不大于300 mm,水深10 mm～30 mm,田面高差不大于30 mm。秧块空格率不大于2%。

4.2 作业质量

在4.1规定的作业条件下,插秧机的作业质量指标应符合表1的要求。

表 1 作业质量指标

序号	检验项目名称	质量指标要求	检测方法对应的条款号
1	伤秧率,%	≤4	5.1
2	漂秧率,%	≤3	5.2
3	漏插率,%	≤5	5.3
4	翻倒率,%	≤3	5.4
5	相对均匀度合格率,%	≥85	5.5
6	插秧深度合格率,%	≥90	5.6
7	作业速度,km/h	≥3	5.7
8	直线度精度,cm	≤5	5.8
9	衔接行间距精度,cm	≤5	5.9
10	插秧起始横向控制精度,cm	≤10	5.10
11	避障距离,m	≥2	5.11
12	自主转弯时间,s	≤20	5.12
13	作业路径规划的插秧覆盖率,%	95～100	5.13

5 检测方法

交叉选取3个测区。每个测区取50穴,共150穴,分别测定每穴株数、伤秧株数、漂秧株数及漏插株数。在3个测区附近各沿插秧机行进方向连续选择10穴秧苗,测定插秧深度,计算其合格率。测定漏插穴数和翻倒穴数时,每个测区各测100穴。按公式(1)～公式(7)计算各项指标。

5.1 伤秧率

$$R_s = \frac{Z_s}{Z} \times 100 \quad \cdots\cdots\cdots\cdots\cdots\cdots\cdots\cdots\cdots\cdots\cdots\cdots\cdots\cdots \quad (1)$$

式中:

R_s——伤秧率,单位为百分号(%);

Z_s——伤秧株数总和,单位为株;

Z ——测定总株数,单位为株。

5.2 漂秧率

$$R_p = \frac{Z_p}{P} \times 100 \quad \cdots\cdots\cdots\cdots\cdots\cdots\cdots\cdots\cdots\cdots\cdots\cdots\cdots\cdots \quad (2)$$

式中：

R_p——漂秧率，单位为百分号（%）；

Z_p——漂秧株数总和，单位为株。

5.3 漏插率

$$R_1 = \frac{X_1}{X} \times 100 \quad\cdots\cdots\cdots\cdots\cdots\cdots\cdots\cdots\cdots\cdots\cdots\cdots\cdots\cdots\cdots\cdots（3）$$

式中：

R_1——漏插率，单位为百分号（%）；

X_1——漏插穴数总和，单位为穴；

X——测定的穴数，单位为穴。

5.4 翻倒率

$$R_f = \frac{X_f}{X} \times 100 \quad\cdots\cdots\cdots\cdots\cdots\cdots\cdots\cdots\cdots\cdots\cdots\cdots\cdots\cdots\cdots\cdots（4）$$

式中：

R_f——翻倒率，单位为百分号（%）；

X_f——翻倒秧穴数总和，单位为穴。

5.5 相对均匀度合格率

按 GB/T 6243 的规定进行数据统计，并按公式（5）、公式（6）计算。

$$R_j = \frac{X_h}{X} \times 100 \quad\cdots\cdots\cdots\cdots\cdots\cdots\cdots\cdots\cdots\cdots\cdots\cdots\cdots\cdots\cdots\cdots（5）$$

式中：

R_j——均匀度合格率，单位为百分号（%）；

X_h——合格穴数，单位为穴。

$$R_{jx} = \frac{R_j}{R_{jq}} \times 100 \quad\cdots\cdots\cdots\cdots\cdots\cdots\cdots\cdots\cdots\cdots\cdots\cdots\cdots\cdots\cdots\cdots（6）$$

式中：

R_{jx}——相对均匀度合格率，单位为百分号（%）；

R_{jq}——插前均匀度合格率，单位为百分号（%）。

5.6 插秧深度要求为当地农艺要求±8 mm，栽植深度要求满足使用说明书要求。按公式（7）计算插秧深度合格率。

$$R_c = \frac{X_{ch}}{X} \times 100 \quad\cdots\cdots\cdots\cdots\cdots\cdots\cdots\cdots\cdots\cdots\cdots\cdots\cdots\cdots\cdots\cdots（7）$$

式中：

R_c——插秧深度合格率，单位为百分号（%）；

X_{ch}——测定的插秧深度合格的穴数（以当地农艺为准），单位为穴。

5.7 作业速度

排掉测区田面明水，在自动模式下，当插秧机稳定作业后，在测区内选取 10 m 长度记录作业时间，按公式（8）计算插秧机自主作业速度。

$$V = \frac{S}{T} \quad\cdots\cdots\cdots\cdots\cdots\cdots\cdots\cdots\cdots\cdots\cdots\cdots\cdots\cdots\cdots\cdots（8）$$

式中：

V——自主作业速度，单位为米/秒（m/s）；

S——测区长度，按 10 m 计算；

T——测定时间，单位为秒（s）。

5.8 直线度精度

插秧机要求作业基站与卫星接收机距离不小于 5 km(单基站系统),在测区内以 A-B 线为基准线,使插秧机完成长度不小于 15 m、宽度为 4 个作业幅宽的规划路径作业,插秧作业速度为 1.0 m/s±0.2 m/s。将高精度测量型卫星接收机安装于带有水准仪的专用碳纤杆上,将碳纤杆垂直插入每穴秧苗的中心位置,待高精度测量型卫星接收机处于水平稳定位置后进行打点记录,在任一行每隔 4 穴取一测点,连续取 20 个检测点,测量每穴秧苗的实际轨迹点距离 A-B 线的距离(图 1),按公式(9)计算距离标准差作为插秧机直线度精度。

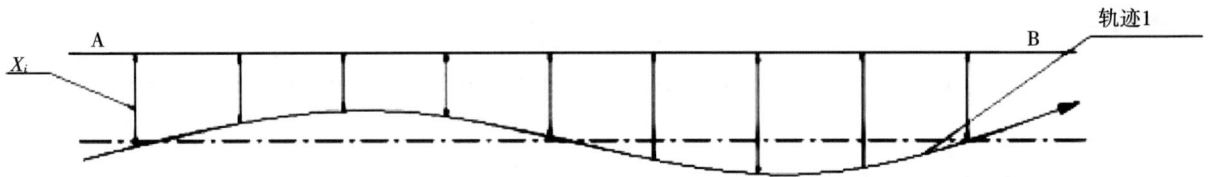

图 1 插秧机直线度精度检测

$$S_1 = \sqrt{\sum_i^N (X_i - \overline{X}_i)^2 / (N-1)} \quad\cdots\cdots\cdots\cdots\cdots (9)$$

式中:

S_1——直线度精度,单位为厘米(cm);

X_i——每穴秧苗的实际轨迹点到 A-B 线的距离,单位为厘米(cm);

$\overline{X}_i$——每穴秧苗的实际轨迹点到 A-B 线的距离平均值,单位为厘米(cm);

N——所取的检测点点数。

5.9 衔接行间距精度

插秧机要求作业基站与卫星接收机距离不小于 5 km(单基站系统),在测区内以 A-B 线为基准线,使插秧机完成长度不小于 15 m、宽度为 4 个作业幅宽的规划路径作业,插秧作业速度为 1.0 m/s±0.2 m/s。将高精度测量型卫星接收机安装于带有水准仪的专用碳纤杆上,将碳纤杆垂直插入每穴秧苗的中心位置,待高精度测量型卫星接收机处于水平稳定位置后进行打点记录,在仟一衔接行每隔 4 穴取一测点,对应取 20 对检测点,在第 1 条轨迹线中记录行驶轨迹点 A_i(i 从 1 到 20),在第 2 条轨迹线中记录行驶轨迹点 B_i(i 从 1 到 20),A_i、B_i 要对应。从而得到轨迹线 1 和轨迹线 2 的相对间距 h_i(i 从 1 到 20)(图 2)。按公式(10)计算轨迹线 1 和轨迹线 2 的相对间距 h_i 的标准差,该标准差即为插秧机衔接行间距精度。

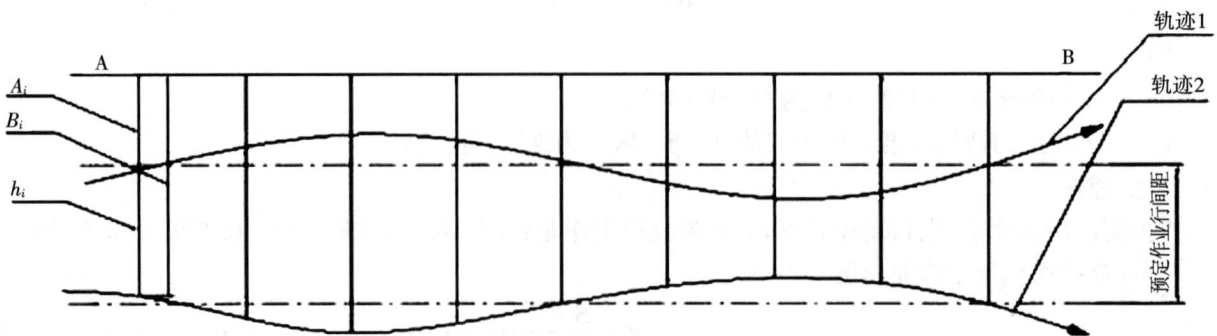

图 2 插秧机衔

$$S_2 = \sqrt{\sum_i^N (h_i - \overline{h}_i)^2 / (N-1)} \quad\cdots\cdots\cdots\cdots\cdots (10)$$

式中:

S_2 ——衔接行间距精度,单位为厘米(cm);

h_i ——轨迹线 1 和轨迹线 2 的相对间距,单位为厘米(cm);

$\overline{h_i}$ ——轨迹线 1 和轨迹线 2 的相对间距平均值,单位为厘米(cm)。

5.10 插秧横向控制精度

测区设置见图 3,在测区内以 A-B 线为基准线,使插秧机完成长度不小于 15 m、宽度为 4 个作业幅宽的规划路径作业,插秧作业速度为 1.0 m/s±0.2 m/s。将高精度测量型卫星接收机安装于带有水准仪的专用碳纤杆上,将碳纤杆垂直插入每穴秧苗的中心位置,待高精度测量型卫星接收机处于水平稳定位置后进行打点记录。数据处理时,过 A 点、B 点做垂直直线 AC、BD 为虚拟基准线,分别测量 4 个作业幅宽上AC 端每行最外侧一穴秧苗与基准线 AC 的距离、BD 端每行最外侧一穴秧苗与基准线 BD 的距离,按公式(11)计算标准差,该标准差即为插秧机的插秧横向控制精度。

$$S_3 = \sqrt{\sum_{i}^{N}(h_{i1} - \overline{h_{i1}})^2 / (N-1)} \quad \cdots\cdots\cdots\cdots\cdots\cdots\cdots\cdots (11)$$

式中:

S_3 ——插秧横向控制精度,单位为厘米(cm);

h_{i1} ——每行最外侧一穴秧苗与基准线的相对间距,单位为厘米(cm);

$\overline{h_{i1}}$ ——每行最外侧一穴秧苗与基准线的相对间距平均值,单位为厘米(cm)。

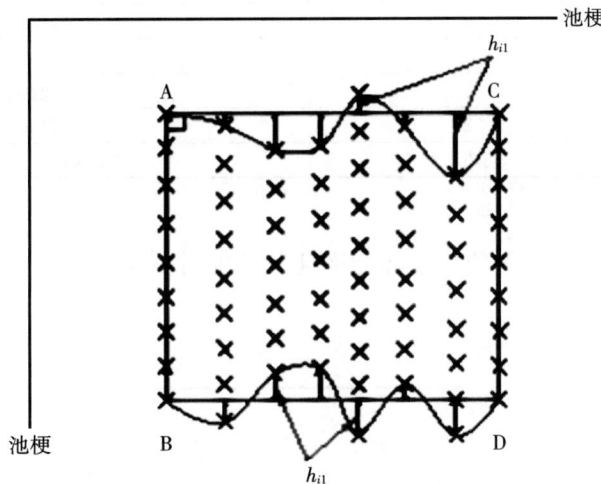

图 3　测区

5.11 避障距离

将直径为 25 mm、高度为 600 mm 的圆柱形试验障碍桩水平放置在地面上,并垂直于插秧机的行驶方向。插秧机以使用说明书中规定的作业速度靠近测试障碍桩,应在试验障碍桩与插秧机的刚性部件或载荷接触前停车制动,并测量出插秧机与障碍桩的距离。试验重复 3 次,1 次试验障碍桩放置在插秧机正前方的中心线上,另外 2 次试验障碍桩分别放置在机器轮廓边界线的两端。

5.12 自主转弯时间

在自动模式下换行时,分插机构停止插秧开始计时,换行入线后分插机构开始插秧时停止计时。

5.13 作业路径规划的插秧覆盖率

完成 5.10 试验后,按照 5.10 试验的方法记录规划路径最外侧实际秧苗位置,该秧苗所围成的区域的面积为实际插秧作业的覆盖面积总和,按公式(12)计算作业路径规划的插秧覆盖率,插秧覆盖率为 95%~100%为合格,否则不合格。

$$L_1 = \frac{S_f}{S_n} \quad \cdots\cdots\cdots\cdots\cdots\cdots\cdots\cdots\cdots\cdots\cdots\cdots\cdots (12)$$

式中:

L_1——作业路径规划的插秧覆盖率,单位为百分号(%);

S_f——实际插秧作业的覆盖面积总和,单位为平方米(m^2);

S_n——作业路径规划的面积,单位为平方米(m^2)。

6 检验规则

6.1 不合格项目分类

按照其对作业质量的影响程度,将检测项目分为 A、B 两类。检测项目分类见表 2。

表 2 检测项目分类

分类		合并项目
类	项	
A	1	伤秧率
	2	漂秧率
	3	漏插率
	4	翻倒率
	5	相对均匀度合格率
	6	插秧深度合格率
	7	作业速度
	8	直线度精度
	9	衔接行间距精度
	10	避障距离
B	1	插秧横向控制精度
	2	自主转弯时间
	3	作业路径规划的插秧覆盖率

6.2 判定规则

对所有项目进行逐项检测。A 类项目全部合格且 B 类项目不多于 1 项不合格时,则判定插秧机作业质量为合格;否则为不合格。

ICS 65.060.50
CCS B 91

Q/BDHNJ

北大荒农垦集团有限公司企业标准

Q/BDHNJ 0015—2022

无人驾驶玉米籽粒收获机 作业质量

2022-12-26 发布   2022-12-26 实施

北大荒农垦集团有限公司 发布

前　言

本文件按照 GB/T 1.1—2020《标准化工作导则　第 1 部分:标准化文件的结构和起草规则》的规定起草。

请注意本文件的某些部分可能涉及专利。本文件的发布机构不承担识别专利的责任。

本文件由北大荒农垦集团有限公司提出并归口。

本文件起草单位:黑龙江省农垦科学院、黑龙江农垦农业机械试验鉴定站、北大荒农垦集团有限公司建三江分公司、北京农业智能装备技术研究中心、扬州大学机械工程学院、北大荒集团黑龙江红卫农场有限公司、北大荒集团黑龙江胜利农场有限公司、北大荒集团黑龙江友谊农场有限公司。

本文件主要起草人:于省元、牛文祥、高嵩、梁道满、柳春柱、秦泗君、崔少宁、孟志军、张瑞宏、王满友、卢佰谦、董桂军、魏文华、吴小军、修德龙、邢左群、高广智、贺佳贝、李东涛、于孟京、杜吉山、刘渊、裴浩男、范淼、刘威、常相铖、朱梅梅、顾冰洁、卢宝华、王金楠、王瑞娜、郑再飞、隋士国、张霆、谭景光、隋喜友、郭建国、刘庆国。

无人驾驶玉米籽粒收获机　作业质量

1　范围

本文件规定了无人驾驶玉米籽粒收获机的作业质量、检测方法和检验规则。

本文件适用于无人驾驶玉米籽粒收获机(以下简称"收获机")的作业质量评定。

2　规范性引用文件

下列文件中的内容通过文中的规范性引用而构成本文件必不可少的条款。其中，注日期的引用文件，仅该日期对应的版本适用于本文件；不注日期的引用文件，其最新版本(包括所有的修改单)适用于本文件。

T/CAAMM 13—2018　农业机械卫星导航自动驾驶系统前装　通用技术条件

DG/T 015　玉米收获机

3　术语和定义

下列术语和定义适用于本文件。

3.1

无人驾驶玉米籽粒收获机

集成北斗系统且兼容 GPS 等的精准定位、环境感知、远程通信、智能控制等技术，在限定场景内自动按规划的路径实现无人驾驶玉米籽粒收获作业的机械。

3.2

CAN 总线

CAN 是控制器局域网络(controller area network)的简称。车载计算机控制系统和嵌入式工业控制局域网组成的标准总线。

3.3

查准率

基于人工智能技术的单目标识别中，查准率反映了识别结果中正确识别为正样本的样本数量占全部识别为正样本的样本数量的比例。

3.4

查全率

基于人工智能技术的单目标识别中，查全率反映了识别结果中正确识别为正样本的样本数量占全部正样本数量的比例。

3.5

人工智能

用于模拟、延伸和扩展人的智能理论、方法、技术及应用系统的技术科学。

3.6

智能感知

收获机能够模拟、延伸和扩展人感知认知事物、环境、物体等的能力，这种能力通常通过综合应用人工智能等技术对各种传感器数据进行智能分析获得。

3.7

智能控制

收获机能够模拟、延伸和扩展人对感知信息进行分析、判断、决策形成最优控制方案或策略的能力，这种能力通常通过综合应用人工智能等技术对各种感知信息进行智能分析、判断、获得决策。

3.8

人机交互

研究系统与用户之间交互关系的科学或技术。系统可以是各种各样的机器,也可以是计算机化的系统和软件。

3.9

实时

智能终端对某种情况的响应与该情况的发生保持同步,用户感觉延迟不明显或者该响应过程与外部过程保持同步。

3.10

秸秆切段长度合格率

样品秸秆切段长度符合设计值合格范围占总样品质量的百分比。

3.11

对行收获作业

在确定作业路线且保证不漏收的前提下,玉米籽粒收获机割台全部对行收获到玉米籽粒的作业状态。

3.12

对行收获合格率

在同一试验条件下,收获机收获作业过程中,实际无人对行收获与人工对行收获之比。

4 作业质量

4.1 作业条件

在试验地应具有代表性,地势应平坦、无障碍物,地表条件符合使用说明书要求。田地周边环境应开阔无遮挡;田地周边应无强的电磁干扰,试验的工作环境温度为−10 ℃～50 ℃,湿度不大于90%,多机作业时,应避免电台频率重叠;使用网络 RTK 时,应当确保当地网络信号良好。选择晴天或者阴天较为适宜,雷雨天气不能作业。试验区由稳定区、测定区和停车区组成。地块长不应小于160 m,宽不应小于40 m。测定区长度应不少于20 m,测区前应有不少于10 m 的稳定区,测定区后应有不少于10 m 的停车区。选择作物长势比较均匀,没有病虫害,包含倒伏和未倒伏两种状态的有代表性的玉米品种。籽粒含水率为15%～25%,植株倒伏率低于5%的条件下;机械的作业应在使用说明书规定的作业速度下,作业1个行程。

4.2 作业质量指标

在4.1规定的条件下,收获机作业质量应符合表1的要求。

表 1 作业质量指标

序号	检测项目名称	质量指标要求	检验方法对应的条款号
1	生产率,hm²/h	≥标定生产率	5.1
2	总损失率,%	≤4	5.1
3	籽粒破碎率,%	≤5	5.1
4	籽粒含杂率,%	≤2.5	5.1
5	割茬高度,mm	≤500	5.2
6	可靠性,%	有效度≥98	5.3
7	对行收获合格率,%	≥97	5.4
8	信息获取	收获机定位精度应符合 T/CAAMM 13—2018 中 5.2 的要求;收获机采集的图像应清晰可靠,图像的采集速度应高于 20 FPS,采集的每帧图像均应包含准确的时间戳,采集图像的分辨率水平像素×垂直像素应不低于 1 280 DPI×720 DPI;收获机处于自动模式工作状态下 CAN 总线数据传输负载率应不高于30%	5.5

表 1（续）

序号	检测项目名称	质量指标要求	检验方法对应的条款号
9	智能感知	收获机的作物倒伏率识别水平不低于人工识别水平（以查准率、查全率指标为评判标准）；识别速度应实时；收获机的损失率识别、本机状态检测速度应实时	5.6
10	秸秆切段长度合格率，%	≥85	5.7
11	智能控制	收获机对行驶速度、割台高度、风机转速、脱粒滚筒转速和筛片开度的自动调整精度应不低于人工调整精度的3%，调整速度应实时；收获机的自动控制割台、风机、滚筒、筛片的执行系统、制动系统的速度应实时	5.8
12	无人作业	收获机的作业水平应不低于人工操作下作业水平（以含杂率、破碎率、损失率指标为评判标准）；收获机的智能作业速度应不低于人工操作下作业速度；收获机的错误/危险操作告警正确率不低于90%，致命错误/危险操作告警正率应不低于99%，告警信息输出速度应实时	5.9
13	人机交互	收获机的人机交互单元应能清晰、准确、实时地输出图像、文字、声音信息给远程控制端，远程控制人员应能够清楚容易地读取信息，收获机应能正确、实时地接收远程控制端的输入信息，远程控制人员应能够容易地通过键盘、鼠标、手写屏输入信息或选择项目	5.10
14	避障距离，m	≤2	5.11
15	收获后地表状况	割茬高度一致、无漏割、地头地边处理合理	5.12
16	污染情况	地块和收获物中无明显污染	5.12

5 检测方法

5.1 基本性能

总损失率、籽粒破碎率、籽粒含杂率按 DG/T 015 的规定进行测定。

5.2 割茬高度

在往返各一个行程中每个行程不少于 50 m，沿收获机行驶方向每隔 5 m 取 1 个测点，利用五点法测 10 株或 10 穴，测量割茬至垄顶距离取其平均值为该点处的割茬高度，结果取往返行程各点的总平均值。

5.3 可靠性

收获机在正常工作状态，按正常作业速度在田间工作。对 1 台样机进行 18 h 的生产查定，考核机具的运行、故障和维修保养情况，按公式（1）计算机具的有效度。

$$K = \frac{\sum t_z}{\sum t_z + \sum t_g} \times 100 \quad \cdots\cdots (1)$$

式中：

K ——有效度，单位为百分号（%）；

t_z ——样机作业时间，单位为小时（h）；

t_g ——样机故障修复时间，单位为小时（h）。

5.4 对行收获合格率

在无人驾驶模式下，让收获机按照着作物垄收获至少 50 m，每隔 2 m 采样，重复 3 次，记录采样点中漏收的玉米植株个数；在人工模式下，让收获机按照着作物垄收获至少 50 m，每隔 2 m 采样，重复 3 次，记录采样点中漏收的玉米植株个数；该收获机对行收获合格率按公式（2）计算。

$$\alpha = \frac{\sum m}{\sum n} \times 100 \quad \cdots\cdots (2)$$

式中：

α ——对行收获合格率，单位为百分号（％）；

m ——无人驾驶模式下，漏收植株数；

n ——人工模式下，漏收植株数。

5.5 信息获取

在规定的试验条件下，收获机处于自动模式，启动信息获取功能，按 T/CAAMM 13—2018 的规定进行定位试验；运行图像采集软件测定图像采集性能；运行数据通信软件测定工作状态数据获取性能。

5.6 智能感知

5.6.1 智能感知试验包括识别查准率和查全率测定、识别实时性测定和性能对比试验。

5.6.2 倒伏识别查准率和查全率测定按以下程序进行：

a) 根据对作物倒伏特征描述，利用图片的方式，定义倒伏的 n 种类别为 2 类：倒伏（倒伏率大于 0）和未倒伏（倒伏率为 0）；

b) 选定测试用试验地块，地块面积应不小于 6 400 m^2，且必须包含倒伏、未倒伏两种特征，试验条件符合 4.1 的规定；

c) 无人收获机处于自动模式下完成试验地块作业，系统自动记录并存储作业过程中的倒伏识别相机获取的图片，选取 600 张图片，其中倒伏的图片 300 张、未倒伏的图片 300 张；

d) 无人收获机在作业中自动处理 600 张图片，并对每张图片自动给出识别结果（倒伏和未倒伏）；

e) 倒伏识别的查准率和查全率按公式（3）、公式（4）、公式（5）、公式（6）计算。

$$P_{dn} = \frac{TP}{TP+FP} \quad\cdots\cdots\cdots\cdots（3）$$

$$R_{dn} = \frac{TP}{TP+FN} \quad\cdots\cdots\cdots\cdots（4）$$

$$P_{d} = \frac{P_{d1}+P_{d2}+\cdots P_{dn}}{n} \quad\cdots\cdots\cdots\cdots（5）$$

$$R_{d} = \frac{R_{d1}+R_{d2}+\cdots R_{dn}}{n} \quad\cdots\cdots\cdots\cdots（6）$$

式中：

P_{dn} ——第 n 种类别目标的查准率，单位为百分号（％）；

TP ——样本类型为正样本且识别为正样本的样本个数；

FP ——样本类型为负样本但识别为正样本的样本个数；

R_{dn} ——第 n 种类别目标的查全率，单位为百分号（％）；

FN ——样本类型为正样本但识别为负样本的个数；

P_{d} ——倒伏识别查准率，单位为百分号（％）；

P_{d1} ——倒伏的查准率，单位为百分号（％）；

P_{d2} ——未倒伏的查准率，单位为百分号（％）；

R_{d} ——倒伏识别查全率，单位为百分号（％）；

R_{d1} ——倒伏的查全率，单位为百分号（％）；

R_{d2} ——未倒伏的查全率，单位为百分号（％）；

n ——目标的种类数。

5.6.3 识别实时性测定按以下程序进行：

a) 选定测试用试验地块，地块面积应不小于 6 400 m^2，且必须包含倒伏、未倒伏两种特征，试验条件符合 4.1 的要求；

b) 选定 3 名人工机手作为本方法测试用户；

c) 按 5.6.2 的规定，进行倒伏查准率和查全率测定，同时智能作业收获机将识别结果通过显示屏显示给测试用户,测试用户根据自身感受对显示数据的实时性进行打分,打分取值范围 0～10,其中 0 表示实时性最差,10 表示实时性最好;

d) 计算全部测试用户打分的平均值,若平均值不小于 8,则认定该识别的执行速度为实时;若平均值不小于 6 但小于 8,则认定该识别的执行速度为准实时;否则认定为不实时。

5.6.4 性能对比试验按以下程序进行:

性能对比试验主要是对收获机识别能力测试结果与人工机手识别能力测试结果进行比较,按以下程序进行:

a) 将 5.6.2 试验中测定的倒伏的查准率和查全率作为收获机的识别能力指标;

b) 选定 3 名人工机手进行查准率、查全率计算,取该 3 名人工机手的平均查准率、平均查全率作为人工的识别能力指标;

c) 将收获机的识别能力指标与人工的识别能力指标进行对比,确定结果是否满足表 1 中第 9 项的规定。

5.6.5 作物损失检测/本机状态感知速度试验按以下程序进行:

a) 选定测试用试验地块,地块面积应不小于 6 400 m²,试验条件符合 4.1 的要求;

b) 选定 3 名人工机手,作为本方法测试用户;

c) 将选定的损失传感器、位置信息传感器(北斗导航设备)与智能终端/整车控制器连接,通过整车控制器获取损失传感器数据、收获机械位置信息和运行状态参数;

d) 收获机将损失检测结果/本机状态感知结果通过人机交互单元(如显示屏)显示给测试用户,测试用户根据自身感受对显示结果的实时性进行打分,打分取值范围 0～10,其中 0 表示实时性最差,10 表示实时性最好;

e) 计算全部测试用户打分的平均值,若平均值不小于 8,则认定该识别的执行速度为实时;否则认定为不实时。

5.7 秸秆切断长度合格率

在无人驾驶模式下,切碎装置秸秆切段长度的设计标准值为 L,秸秆切段长度合格范围为 0.7 L～1.2 L。从集草箱或抛送口的接取物中,随机取 3 个不少于 1 kg 的样品,可通过手工分选、机械分选、气力分选或其他分选手段对样品进行分选,分选出切段长度小于 0.7 L 和切段长度大于 1.2 L 的秸秆(不含其两端的韧皮纤维),称其质量,按公式(7)和公式(8)计算秸秆切段长度合格率。

$$Q_{ni} = \frac{L_{zi} - L_{bi}}{L_{zi}} \times 100 \quad \cdots\cdots\cdots\cdots\cdots\cdots\cdots\cdots\cdots\cdots\cdots \quad (7)$$

$$Q_n = \frac{\sum_{i=1}^{3} Q_{ni}}{3} \quad \cdots\cdots\cdots\cdots\cdots\cdots\cdots\cdots\cdots\cdots\cdots \quad (8)$$

式中:

Q_{ni} ——第 i 样品秸秆切段长度合格率,单位为百分号(%);

L_{zi} ——第 i 样品秸秆质量,单位为(g);

L_{bi} ——第 i 样品切段长度不合格秸秆质量,单位为克(g);

Q_n ——测定区内秸秆切段长度合格率,单位为百分号(%)。

5.8 智能控制

5.8.1 智能控制试验包括控制精度测试和控制速度测试。

5.8.2 控制精度测试按以下程序进行:

a) 在规定的试验条件下,收获机于自动模式,启动智能控制功能,由无人作业收获机逐项调整行驶速度、割台高度、风机转速、脱粒滚筒转速、筛片开度和卸粮速度并记录其误差;

b) 在规定的试验条件下,收获机处于人工模式下,由机手逐项调整行驶速度、割台高度、风机转速、脱粒滚筒转速、筛片开度和卸粮速度并记录其误差;

c) 比较以上两款项测定的误差,评判收获机智能控制精度是否符合规定。

5.8.3 控制速度测试按以下程序进行：

    a) 在规定的试验条件下,收获机处于自动模式,启动智能控制功能;

    b) 通过人机交互单元(如显示屏)将行驶速度、割台高度、风机转速、脱粒滚筒转速、筛片开度和卸粮速度的调整结果显示给测试人员进行控制实时性评判;

    c) 通过人机交互单元(如显示屏)将割台、风机、脱粒滚筒、筛片、行走系统、制动系统和卸粮系统的执行结果显示给测试人员进行部件执行实时性评判。

5.9 无人作业

5.9.1 无人作业试验包括无人作业性能测试和错误/危险操作告警性能测试。

5.9.2 无人作业性能测试按以下程序进行：

    a) 选定 1 台收获机;选定同样条件、同样面积的 2 块试验地块 A 和地块 B;

    b) 收获机以自动模式完成地块 A 的收获作业,记录其含杂率、破碎率、损失率指标以及整个作业时长;

    c) 收获机以人工模式完成地块 B 的收获作业,记录其含杂率、破碎率、损失率指标以及整个作业时长;

    d) 比较以上 2 款项测定结果,评判收获机的自动模式作业水平和速度是否不低于人工模式作业水平和速度。

5.9.3 错误/危险操作报警性能测试按以下程序进行：

    在规定的试验条件下,收获机处于自动模式下,由机手随机做出 100 个错误/危险/致命错误/致命危险操作,由收获机对其响应并给出报警,由机手对报警正确率和实时性进行评判。

5.10 人机交互

    在规定的试验条件下,收获机处于自动模式下。由机手观察收获机在显示屏、音箱设备上输出的信息是否符合表 1 中第 13 项的规定,由机手操作键盘、鼠标或其他输入设备并观察无人驾驶大豆收获机是否正确接收所输入信息。

5.11 避障距离

    将直径为 25 mm、高度为 600 mm 的圆柱形测试障碍桩水平放置在地面上,并垂直于收获机的行驶方向。收获机以使用说明书中规定的作业速度靠近测试障碍桩,应在测试障碍桩与收获机的刚性部件或载荷接触前停车制动,并测量出收获机与障碍桩的距离。测试重复 6 次,1 次测试障碍桩放置在收获机正前方的中心线上,1 次测试障碍桩放置在收获机正后方的中心线上,另外 4 次测试障碍桩分别放置在机器轮廓边界线两端的前后。

5.12 收获后地表状况及污染情况

    用目测法观察检测区收割后地表状况;籽粒中有无由收获机漏油造成的污染,检测区内的茎秆和地块有无由于收获机漏油造成的污染评价。

6 检验规则

6.1 不合格项目分类

    按照其对作业质量的影响程度,将检测项目分为 A、B 两类。检测项目分类见表 2。

表 2 检测项目分类表

分类		检测项目名称
类	项	
A	1	喂入量
	2	总损失率
	3	籽粒破碎率
	4	籽粒含杂率
	5	可靠性
	6	对行收获合格率
	7	信息获取

表 2（续）

分类		检测项目名称
类	项	
A	8	智能感知
	9	秸秆切断长度合格率
	10	智能控制
	11	无人作业
	12	人机交互
	13	避障距离
B	1	割茬高度
	2	收获后地表状况
	3	污染情况

6.2 判定规则

对所有项目进行逐项检测。A 类项目全部合格且 B 类项目不多于 1 项不合格时，判定收获机作业质量为合格；否则为不合格。

ICS 65.060.10
CCS B 91

Q/BDHNJ

北大荒农垦集团有限公司企业标准

Q/BDHNJ 0016—2022

无人驾驶大豆收获机 作业质量

2022-12-26 发布

2022-12-26 实施

北大荒农垦集团有限公司 发布

前　言

本文件按照 GB/T 1.1—2020《标准化工作导则　第 1 部分：标准化文件的结构和起草规则》的规定起草。

请注意本文件的某些部分可能涉及专利。本文件的发布机构不承担识别专利的责任。

本文件由北大荒农垦集团有限公司提出并归口。

本文件起草单位：黑龙江省农垦科学院、黑龙江农垦农业机械试验鉴定站、北大荒农垦集团有限公司建三江分公司、北京农业智能装备技术研究中心、扬州大学机械工程学院、北大荒集团黑龙江红卫农场有限公司、北大荒农垦集团有限公司建三江分公司胜利农场有限公司、北大荒集团黑龙江友谊农场有限公司。

本文件主要起草人：唐浩、梁道满、高嵩、牛文祥、白雪、崔少宁、于省元、秦泗君、孟志军、张瑞宏、王满友、卢佰谦、柳春柱、修德龙、邢左群、高广智、贺佳贝、李东涛、于孟京、杜吉山、刘渊、裴浩男、范淼、刘威、常相铖、王金楠、朱梅梅、顾冰洁、卢宝华、段兰昌、王瑞娜、郑再飞、隋士国、张霆、吴小军、隋喜友、郭建国、刘庆国。

无人驾驶大豆收获机　作业质量

1　范围

本文件规定了无人驾驶大豆收获机的作业质量、检测方法和检验规则。

本文件适用于无人驾驶大豆收获机(以下简称"收获机")的作业质量评定。

2　规范性引用文件

下列文件中的内容通过文中的规范性引用而构成本文件必不可少的条款。其中,注日期的引用文件,仅该日期对应的版本适用于本文件;不注日期的引用文件,其最新版本(包括所有的修改单)适用于木文件。

T/CAAMM 13—2018　农业机械卫星导航自动驾驶系统前装　通用技术条件

NY/T 738　大豆联合收割机　作业质量

3　术语和定义

下列术语和定义适用于本文件。

3.1

无人驾驶大豆收获机

集成北斗系统且兼容 GPS 等的精准定位、环境感知、远程通信、智能控制等技术,在限定场景内自动按规划的路径实现无人驾驶大豆收获作业的机械。

3.2

CAN 总线

CAN 是控制器局域网络(controller area network)的简称。车载计算机控制系统和嵌入式工业控制局域网组成的标准总线。

3.3

查准率

基于人工智能技术的单目标识别,识别结果中正确识别为正样本的样本数量占全部识别为正样本的样本数量的比例。

3.4

查全率

基于人工智能技术的单目标识别,识别结果中正确识别为正样本的样本数量占全部正样本数量的比例。

3.5

人工智能

用于模拟、延伸和扩展人的智能理论、方法、技术及应用系统的技术科学。

3.6

智能感知

收获机能够模拟、延伸和扩展人感知认知事物、环境、物体等的能力,通常这种能力是通过综合应用人工智能等技术对各种传感器数据进行智能分析获得。

3.7

智能控制

收获机能够模拟、延伸和扩展人对感知信息进行分析、判断、决策形成最优控制方案或策略的能力,通常这种能力是通过综合应用人工智能等技术对各种感知信息进行智能分析、判断、决策获得。

3.8

人机交互

研究系统与用户之间交互关系的科学或技术。系统可以是各种各样的机器,也可以是计算机化的系统和软件。

3.9

实时

智能终端对某种情况的响应与该情况的发生保持同步,用户感觉延迟不明显或者该响应过程与外部过程保持同步。

3.10

茎秆切碎长度合格率

样品茎秆切碎长度符合设计值合格范围的质量占总样品质量的百分比。

3.11

满幅收割

在确定作业路线且保证不漏割的前提下,收获机割台全部收获到大豆的作业状态。

3.12

满幅利用率

在大豆收获机收获作业过程中,实际割幅与割台标称割幅之比。

4 作业质量

4.1 作业条件

在作物收获完熟期试验,试验地应具有代表性,地势应平坦,无障碍物,地表条件符合使用说明书要求。地块长不应小于 160 m,宽不应小于 40 m,地块周边环境应开阔无遮挡;地块周边应无强的电磁干扰;多机作业时,应避免电台频率重叠;使用网络 RTK 时,应当确保当地网络信号良好。选择晴天或者阴天较为适宜,雷雨天气不能作业。环境温度:0 ℃～40 ℃;环境湿度不大于 90%;海拔不大于 2 000 m;作业地应无明显杂草,地块面积、坡度、土壤质地、土壤含水率以及大豆种植方式等条件应符合收获机的作业技术要求。大豆含水率为 13%～18%,最低结荚高度不低于 8 cm;机械的作业应在使用说明书规定的作业速度下,作业一个行程。

4.2 作业质量指标

在 4.1 规定的条件下,收获机作业质量应符合表 1 的要求。

表 1 作业质量指标

序号	检测项目名称	质量指标要求	检验方法对应的条款号
1	喂入量,kg/s	≥标定喂入量	5.1
2	总损失率,%	≤5	5.1
3	破碎率,%	≤5	5.1
4	含杂率,%	≤3	5.1
5	割茬高度,mm	≤80	5.2
6	可靠性,%	有效度≥98	5.3
7	满幅利用率,%	≥85	5.4
8	信息获取	收获机定位精度应符合 T/CAAMM 13—2018 中 5.2 的规定;收获机采集的图像应清晰可靠,图像的采集速度应高于 20 FPS,采集的每帧图像均应包含准确的时间戳,采集图像的分辨率水平像素×垂直像素应不低于 1 280 DPI×720 DPI;收获机处于自动模式工作状态下 CAN 总线数据传输负载率应不高于 30%	5.5

表 1（续）

序号	检测项目名称	质量指标要求	检验方法对应的条款号
9	智能感知	收获机的作物倒伏率识别水平不低于人工识别水平（以查准率、查全率指标为评判标准）；识别速度应实时；收获机的损失率识别、本机状态检测速度应实时	5.6
10	茎秆切碎长度合格率，%	≥85	5.7
11	智能控制	收获机对行驶速度、割台高度、拨禾轮高度、拨禾轮转速、风机转速、滚筒转速和筛片开度的自动调整精度应不低于人工调整精度，调整速度应实时；收获机的自动控制割台、拨禾轮、风机、滚筒、筛片的执行系统、制动系统的速度应实时	5.8
12	无人作业	收获机的作业水平应不低于人工操作下作业水平（以含杂率、破碎率、损失率指标为评判标准）；收获机的智能作业速度应不低于人工操作下作业速度；收获机的错误/危险操作告警正确率不小于90%，致命错误/危险操作告警正确率不小于99%，告警信息输出速度应实时	5.9
13	人机交互	收获机的人机交互单元应能清晰、准确、实时地输出图像、文字、声音信息给远程控制端，远程控制人员应能够清楚容易地读取信息，收获机应能正确、实时地接收远程控制端的输入信息，远程控制人员应能够容易地通过键盘、鼠标、手写屏输入信息或选择项目	5.10
14	避障距离，m	≤2	5.11
15	收获后地表状况	割茬高度一致、无漏割、地头地边处理合理	5.12
16	污染情况	地块和收获物中无明显污染	5.12

5 检测方法

5.1 基本性能

喂入量、总损失率、破碎率、含杂率按 NY/T 738 的规定进行测定。

5.2 割茬高度

在往返各一个行程中每个行程不少于 50 m，沿收获机行驶方向每隔 5 m 取 1 个测点，利用五点法测 10 株或 10 穴，测量割茬至垄顶距离取其平均值为该点处的割茬高度，结果取往返行程各点的总平均值。

5.3 可靠性

收获机在正常工作状态下，按正常作业速度在田间工作。对 1 台样机进行 18 h 的生产查定，考核机具的运行、故障和维修保养情况，按公式（1）计算机具的有效度。

$$K = \frac{\sum t_z}{\sum t_z + \sum t_g} \times 100 \cdots\cdots\cdots\cdots\cdots\cdots\cdots\cdots\cdots (1)$$

式中：

K ——有效度，单位为百分号（%）；

t_z ——样机作业时间，单位为小时（h）；

t_g ——样机故障修复时间，单位为小时（h）。

5.4 满幅利用率

收获机沿着作物边界收获至少 50 m，每隔 2 m 采样获得一个实际割幅尺寸，记录采样点个数和对应采样点处割幅，按公式（2）计算。

$$\alpha = \frac{\sum b_n}{n_1 B} \times 100 \cdots\cdots\cdots\cdots\cdots\cdots\cdots\cdots\cdots (2)$$

式中：

α ——满幅利用率,单位为百分号(%);

b_n ——采样点处的割幅,单位为米(m);

n_1 ——采样点数;

B ——收割机的标称割幅,单位为米(m)。

5.5 信息获取

在规定的试验条件下,收获机处于自动模式,启动信息获取功能,按 T/CAAMM 13—2018 的规定进行定位试验;运行图像采集软件测定图像采集性能;运行数据通信软件测定工作状态数据获取性能。

5.6 智能感知

5.6.1 智能感知试验包括识别查准率和查全率测定、识别实时性测定和性能对比试验。

5.6.2 倒伏识别查准率和查全率测定按以下程序进行:

a) 根据对作物倒伏特征描述,利用图片的方式,定义倒伏的 n 种类别为两类:倒伏(倒伏率大于 0)和未倒伏(倒伏率为 0);

b) 选定测试用试验地块,地块面积应不小于 6 400 m^2,且必须包含倒伏、未倒伏两种特征,试验条件符合 4.1 的要求;

c) 无人收获机处于自动模式下完成试验地块作业,系统自动记录并存储作业过程中的倒伏识别相机获取的图片,选取 600 张图片,其中倒伏的图片 300 张、未倒伏的图片 300 张;

d) 无人收获机在作业中自动处理 600 张图片,并对每张图片自动给出识别结果(倒伏和未倒伏);

e) 倒伏识别的查准率和查全率按公式(3)、公式(4)、公式(5)、公式(6)计算。

$$P_{dn} = \frac{TP}{TP+FP} \quad\cdots\cdots (3)$$

$$R_{dn} = \frac{TP}{TP+FN} \quad\cdots\cdots (4)$$

$$P_d = \frac{P_{d1}+P_{d2}+\cdots\cdots P_{dn}}{n} \quad\cdots\cdots (5)$$

$$R_d = \frac{R_{d1}+R_{d2}+\cdots\cdots R_{dn}}{n} \quad\cdots\cdots (6)$$

式中:

P_{dn} ——第 n 种类别目标的查准率,单位为百分号(%);

TP ——样本类型为正样本且识别为正样本的样本个数;

FP ——样本类型为负样本但识别为正样本的样本个数;

R_{dn} ——第 n 种类别目标的查全率,单位为百分号(%);

FN ——样本类型为正样本但识别为负样本的个数;

P_d ——倒伏识别查准率,单位为百分号(%);

P_{d1} ——倒伏的查准率,单位为百分号(%);

P_{d2} ——未倒伏的查准率,单位为百分号(%);

R_d ——倒伏识别查全率,单位为百分号(%);

R_{d1} ——倒伏的查全率,单位为百分号(%);

R_{d2} ——未倒伏的查全率,单位为百分号(%);

n ——目标的种类数。

5.6.3 识别实时性测定按以下程序进行:

a) 选定测试用试验地块,地块面积应不小于 6 400 m^2,且必须包含倒伏、未倒伏两种特征,试验条件符合 4.1 的要求;

b) 选定 3 名人工机手作为本方法测试用户;

c) 按 5.6.2 的规定,进行倒伏查准率和查全率测定,同时智能作业收获机将识别结果通过显示屏显示给测试用户,测试用户根据自身感受对显示数据的实时性进行打分,打分取值范围 0~10,其中 0 表示实时性最差,10 表示实时性最好;

d) 计算全部测试用户打分的平均值,若平均值不小于 8,则认定该识别的执行速度为实时;若平均值不小于 6 但小于 8,则认定该识别的执行速度为准实时;否则认定为不实时。

5.6.4 性能对比试验按以下程序进行:

性能对比试验主要是对收获机识别能力测试结果与人工机手识别能力测试结果进行比较,按以下程序进行:

a) 将 5.6.2 试验中测定的倒伏的查准率和查全率作为收获机的识别能力指标;

b) 选定 3 名人工机手进行查准率、查全率计算,取该 3 名人工机手的平均查准率、平均查全率作为人工的识别能力指标;

c) 将收获机的识别能力指标与人工的识别能力指标进行对比,确定结果是否满足表 1 中第 9 项的要求。

5.6.5 作物损失检测/本机状态感知速度试验按以下程序进行:

a) 选定测试用试验地块,地块面积应不小于 6 400 m²,试验条件符合 4.1 的要求;

b) 选定 3 名人工机手,作为本方法测试用户;

c) 将选定的损失传感器、位置信息传感器(北斗导航设备)与智能终端/整车控制器连接,通过整车控制器获取损失传感器数据、收获机械位置信息和运行状态参数;

d) 收获机将损失检测结果/本机状态感知结果通过人机交互单元(如显示屏)显示给测试用户,测试用户根据自身感受对显示结果的实时性进行打分,打分取值范围 0~10,其中 0 表示实时性最差,10 表示实时性最好;

e) 计算全部测试用户打分的平均值,若平均值不小于 8,则认定该识别的执行速度为实时;否则认定为不实时。

5.7 茎秆切碎长度合格率

在无人驾驶模式下收获后的地块,沿地块长度方向等间隔选取 6 点,每点测定 0.5 m² 面积内茎秆质量及茎秆切碎长度大于 10 cm 的不合格茎秆质量,按公式(7)计算每点茎秆切碎长度合格率,最终结果取 6 点平均值。

$$F=\frac{M_z-M_b}{M_z}\times100 \quad\cdots\cdots(7)$$

式中:

F ——茎秆切碎长度合格率,单位为百分号(%);

M_z ——每测点 0.5m² 面积内茎秆质量,单位为千克(kg);

M_b ——每测点 0.5m² 面积内不合格茎秆质量,单位为千克(kg)。

5.8 智能控制

5.8.1 智能控制试验包括控制精度测试和控制速度测试

5.8.2 控制精度测试按以下程序进行:

a) 在规定的试验条件下,收获机处于自动模式,启动智能控制功能,由收获机逐项调整行驶速度、割台高度、凹版筛间隙、拨禾轮高度、拨禾轮转速、风机转速、滚筒转速、筛片开度和卸粮速度并记录其误差;

b) 在规定的试验条件下,收获机处于人工模式下,由机手逐项调整行驶速度、割台高度、凹版筛间隙、拨禾轮高度、拨禾轮转速、风机转速、滚筒转速、筛片开度和卸粮速度并记录其误差;

c) 比较以上两款项测定的误差,评判收获机智能控制精度是否符合规定。

5.8.3 控制速度测试按以下程序进行:

a) 在规定的试验条件下,收获机处于自动模式,启动智能控制功能;

b) 通过人机交互单元(如显示屏)将行驶速度、割台高度、凹版筛间隙、拨禾轮高度、拨禾轮转速、风机转速、滚筒转速、筛片开度和卸粮速度的调整结果显示给测试人员进行控制实时性评判;

c) 通过人机交互单元(如显示屏)将割台、凹版筛间隙、拨禾轮、风机、滚筒、筛片、行走系统、制动系统、卸粮系统的执行结果显示给测试人员进行部件执行实时性评判。

5.9 无人作业

5.9.1 无人作业试验包括无人作业性能测试和错误/危险操作告警性能测试。

5.9.2 无人作业性能测试按以下程序进行:

a) 选定 1 台收获机;选定同样条件、同样面积的两块试验地块 A 和地块 B;

b) 收获机以自动模式完成地块 A 的收获作业,记录其含杂率、破碎率、损失率指标以及整个作业时长;

c) 收获机以人工模式完成地块 B 的收获作业,记录其含杂率、破碎率、损失率指标以及整个作业时长;

d) 比较以上两款项测定结果,评判收获机的自动模式作业水平和速度是否不低于人工模式作业水平和速度。

5.9.3 错误/危险操作告警性能测试按以下程序进行:

在规定的试验条件下,收获机处于自动模式下,由机手随机做出 100 个错误/危险/致命错误/致命危险操作,由收获机对其响应并给出告警,由机手对告警正确率和实时性进行评判。

5.10 人机交互

在规定的试验条件下,收获机处于自动模式下。由机手观察收获机在显示屏、音箱设备上输出的信息是否符合表 1 中第 13 项的规定,由机手操作键盘、鼠标或其他输入设备并观察无人驾驶大豆收获机是否正确接收所输入信息。

5.11 避障距离

将直径为 25 mm、高度为 600 mm 的圆柱形测试障碍桩水平放置在地面上,并垂直于收获机的行驶方向。收获机以使用说明书中规定的作业速度靠近测试障碍桩,应在测试障碍桩与收获机的刚性部件或载荷接触前停车制动,并测量出收获机与障碍桩的距离。测试重复 6 次,1 次测试障碍桩放置在收获机正前方的中心线上,1 次测试障碍桩放置在收获机正后方的中心线上,另外 4 次测试障碍桩分别放置在机器轮廓边界线两端的前后。

5.12 收获后地表状况及污染情况

用目测法观察检测区收割后地表状况;籽粒中有无由收获机漏油造成的污染,检测区内的茎秆和地块有无由于收获机漏油造成的污染。

6 检验规则

6.1 不合格项目分类

按照其对作业质量的影响程度,将检测项目分为 A、B 两类。检测项目分类见表 2。

表 2 检测项目分类表

分类		检测项目名称
类	项	
A	1	喂入量
	2	总损失率
	3	破碎率
	4	含杂率
	5	可靠性
	6	满幅利用率
	7	信息获取
	8	智能感知
	9	茎秆切碎长度合格率
	10	智能控制
	11	无人作业
	12	人机交互
	13	避障距离

表 2（续）

分类		检测项目名称
类	项	
B	1	割茬高度
	2	收获后地表状况
	3	污染情况

6.2 判定规则

对所有项目进行逐项检测。A 类项目全部合格且 B 类项目不多于 1 项不合格时，判定收获机作业质量为合格；否则为不合格。

ICS 65.060.10
CCS B 91

Q/BDHNJ

北大荒农垦集团有限公司企业标准

Q/BDHNJ 0017—2022

无人驾驶拖拉机　作业质量

2022-12-26 发布

2022-12-26 实施

北大荒农垦集团有限公司 发布

前　言

本文件按照 GB/T 1.1—2020《标准化工作导则　第 1 部分:标准化文件的结构和起草规则》的规定起草。

请注意本文件的某些部分可能涉及专利。本文件的发布机构不承担识别专利的责任。

本文件由北大荒农垦集团有限公司提出并归口。

本文件起草单位:黑龙江省农垦科学院、黑龙江农垦农业机械试验鉴定站、北大荒农垦集团有限公司建三江分公司、北京农业智能装备技术研究中心、扬州大学机械工程学院、北大荒集团黑龙江红卫农场有限公司、北大荒集团黑龙江胜利农场有限公司、北大荒集团黑龙江友谊农场有限公司。

本文件主要起草人:姜庆海、于省元、修德龙、柳春柱、顾冰洁、白雪、梁道满、丁毓军、秦泗君、裴浩男、贺佳贝、高嵩、邢左群、于孟京、卢宝华、李东涛、杜吉山、朱梅梅、王金楠、常相铖、刘威、张传文、张立国。

无人驾驶拖拉机 作业质量

1 范围

本文件规定了无人驾驶拖拉机的作业质量、检测方法和检验规则。

本文件适用于无人驾驶拖拉机(以下简称"拖拉机")的作业质量评定。

2 规范性引用文件

下列文件中的内容通过文中的规范性引用而构成本文件必不可少的条款。其中,注日期的引用文件,仅该日期对应的版本适用于本文件;不注日期的引用文件,其最新版本(包括所有的修改单)适用于本文件。

Q/BDHNJ 0006—2021 无人驾驶拖拉机作业功能评价技术规范

3 术语和定义

Q/BDHNJ0006—2021界定的以及下列术语和定义适用于本文件。

3.1

A-B 线

在作业田块中(场地上)选定适当位置 A 点和 B 点,直连 A 点和 B 点作为拖拉机作业基准线的虚拟直线。

3.2

直线度精度

拖拉机沿 A-B 线从行程起点至终点,其行驶轨迹与 A-B 线的标准差。

3.3

衔接行间距精度

在直线作业状态,实际测量作业衔接行间距与理论衔接行间距之间的符合度的标准偏差。

3.4

车载计算机

安装于拖拉机上用于实现无人驾驶拖拉机的人机交互、网络通信、数据处理、分析计算等功能,具有IP65 防护等级及以上的嵌入式计算机。

3.5

电子围栏

能够在相应电子地理范围中设定特定区域,并配合拖拉机控制系统,限制拖拉机运行不超过特定范围(田块作业范围),保障运行区域安全的软硬件系统。

4 作业质量

4.1 通用要求

4.1.1 号牌

拖拉机应具有经政府部门批准颁发的号牌。

4.1.2 电子围栏功能

拖拉机应具有电子围栏系统,当卫星信号完全丢失时,应能保证机器在电子围栏内自动停车并报警。

4.1.3 监控摄像头

拖拉机应至少配置前、后、左、右 4 个视频镜头,保证 360°全范围内无视觉死角,并能适时将监控情况传输至用户手机端和管控云平台。确保用户能随时观察机器作业状态。

4.1.4 负载换挡或变速功能

当拖拉机作业时遇到较大阻力时,能够适时通过自动变换挡位或变速提高牵引力,保证作业质量。

4.1.5 避障功能

具有雷达与视觉识别结合使用(或识别性能更高级)的避障传感器,当机器感知到障碍物后能迅速识别其是真正的障碍还是干扰信息(如整地作业时,识别地面的杂草、不构成障碍的小型土块、树枝等)。

4.1.6 智能模块

智能模块应具备以下功能:

a) 如智能模块提供示教、维修、系统升级等模式切换功能,则系统应配备模式切换选择器,并通过设置口令验证等方式特定权限人员才能访问。

b) 如智能模块提供再编程功能,则该功能应通过设置口令验证等方式限制用户访问,并且系统应保留访问和编程记录。

c) 智能模块应配备运行信息存储系统,每秒至少存储 1 次,实时记录并保存拖拉机的运行作业情况。存储系统记录的内容至少应包括:拖拉机身份信息、位置坐标、作业速度、异常记录。存储系统的记录应至少保存 3 年。

d) 智能模块应提供辅助故障查找的接口或系统。

e) 智能模块应同时具备手动控制模式和自主控制模式,且在拖拉机运行过程中 2 种模式应可以自由切换,切换时拖拉机运行状态应无明显变化。

4.1.7 智能控制

a) 液压输出机构能按照规划指令的时间段适时进行有效动作,并适时检测农具状态是否到位,例如液压翻转犁的自动翻转。并且能够支持电控三点悬挂可支持电控或 CAN 总线进行控制升降。

b) 按照使用说明书中的步骤正确设置/操作拖拉机,拖拉机能够实现自动前进、停车、倒退、转弯、PTO 自动结合和分离、液压提升机构自动提升和降落,并能正确到达正确位置等。

4.2 作业条件

4.2.1 地块

试验地块应呈规则矩形,地表平整,无障碍物、无沟壑等情况,试验地长度应不少于 300 m,宽度不少于 6 个作业幅宽。

4.2.2 环境

环境温度:0℃～40℃;环境湿度:不大于 90%,海拔:不大于 2 000 m。

4.2.3 干扰源情况

直径 200 m 范围内应无大功率无线电发射源(如电视台、电台、微波站等);直径 50 m 范围内应无高压输电线和微波无线电信号通道;附近不应有强烈反射卫星信号的物件(如大型建筑物等)。

4.3 作业性能

在 4.2 规定的作业条件下,拖拉机的作业质量应符合表 1 的要求。

表 1 作业质量指标

序号	检测项目名称	质量指标要求	检测方法对应的条款号
1	避障距离,m	≥2	5.1
2	抗扰续航时间,s	≥100	5.2
3	作业直线度精度,cm	≤2.5	5.3
4	作业衔接行间距精度,cm	≤2.5	5.4
5	作业路径规划覆盖率,%	≥95	5.5
6	作业速度偏差,%	≤5	5.6

5 检测方法

5.1 避障距离

将直径为 80 mm、高度为 600 mm 的红色圆柱形试验障碍桩垂直、水平放置于平整地面上,并垂直于拖拉机的行驶方向。拖拉机以不小于 2.5 m/s 的速度靠近试验障碍桩,当拖拉机自动制动停车后,测量出拖拉机前端最外端与障碍桩的最小距离。试验重复 3 次,1 次试验障碍桩放置在拖拉机正前方的中心线上,另外 2 次试验障碍桩分别放置在机器轮廓边界线的两端。

5.2 抗扰续航时间

样机在智能控制模式下按照不小于 2.5 m/s 的作业速度沿上述 A-B 线自动驾驶,待拖拉机进入稳态直线跟踪后,当前轮中心线达到 50 m 处时关闭 RTK 差分服务,记录误差在 2.5 cm 以内的时间。每隔 0.1 m 取一个点,直至轨迹跟踪平均误差超过 2.5 cm。累加所有续航时间作为导航驾驶系统抗扰持续时间,重复测量 3 次,计算平均值,该值即为关闭 RTK 差分服务下抗扰续航时间。

5.3 作业直线度精度

拖拉机要求作业基站与卫星接收机距离 5 km±0.5 km(单基站系统),试验前先确定 A-B 线,确定 A 点位置和 B 点位置,进入测区,利用高精度测量型卫星接收机记录自动导航作业的 A 点坐标、B 点坐标及行驶轨迹。拖拉机至少完成 1 次以 A-B 线为基准线的导向路径作业。然后以 A-B 线为基准线,按照不小于 100 m 长的直线路径在正常速度作业(图 1)。用高精度测量型卫星接收机记录的位置数据作为实际行驶轨迹点,取 50 个检测点,测量拖拉机实际行驶轨迹点距离 A-B 线的距离,利用公式(1)计算距离标准差作为拖拉机直线度精度。

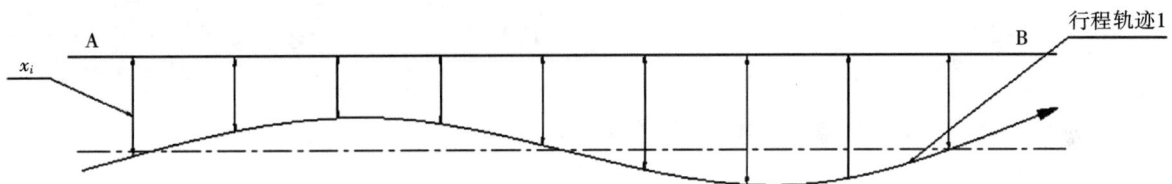

图 1 无人驾驶拖拉机直线度精度检测

$$S_1 = \sqrt{\sum_i^N (x_i - \bar{x}_i)/(N-1)} \quad \cdots\cdots\cdots\cdots\cdots\cdots\cdots\cdots (1)$$

式中:

S_1——直线度精度,单位为厘米(cm);

x_i——无人驾驶拖拉机实际行驶轨迹点到 A-B 线的距离,单位为厘米(cm);

$\bar{x}_i$——无人驾驶拖拉机实际行驶轨迹点到 A-B 线的距离的平均值,单位为厘米(cm);

N——所取的检测点点数。

5.4 衔接行间距精度

拖拉机要求作业基站与卫星接收机距离 5 km±0.5 km(单基站系统),作业时至少完成二次衔接行的作业。在驾驶拖拉机上安装高精度测量型卫星接收机。该卫星接收机的安装位置位于该拖拉机的纵向中心线上,安装高度尽量降低。在无人驾驶拖拉机自动导航系统作业过程中利用该卫星接收机记录作业的 A 点坐标、B 点坐标。以 A-B 线或 A-航向为基准线,在正常速度下按设定衔接行距离作业,完成至少 2 次调头作业,每次调头作业后的直线行驶距离不小于 100 m;用高精度测量型卫星接收机记录的位置数据作为实际行驶轨迹点,在第 1 条轨迹线中记录行驶轨迹点 A_i(i 从 1 到 50),在第 2 条轨迹线中记录行驶轨迹点 B_i(i 从 1 到 50),A_i、B_i 要对应。从而得到轨迹 1 和轨迹 2 的相对间距 h_i(i 从 1 到 50)(图 2)。利用公式(2)计算得出每种作业速度下轨迹 1 和轨迹 2 的精度。

$$S_2 = \sqrt{\sum_i^N (h_i - \bar{h}_i)^2/(N-1)} \quad \cdots\cdots\cdots\cdots\cdots\cdots\cdots\cdots (2)$$

Q/BDHNJ 0017—2022

式中：

S_2 ——拖拉机衔接行间距精度，单位为厘米（cm）；

h_i ——轨迹线 1 和轨迹线 2 的相对间距，单位为厘米（cm）；

$\bar{h}_i$ ——轨迹线 1 和轨迹线 2 的相对间距平均值，单位为厘米（cm）。

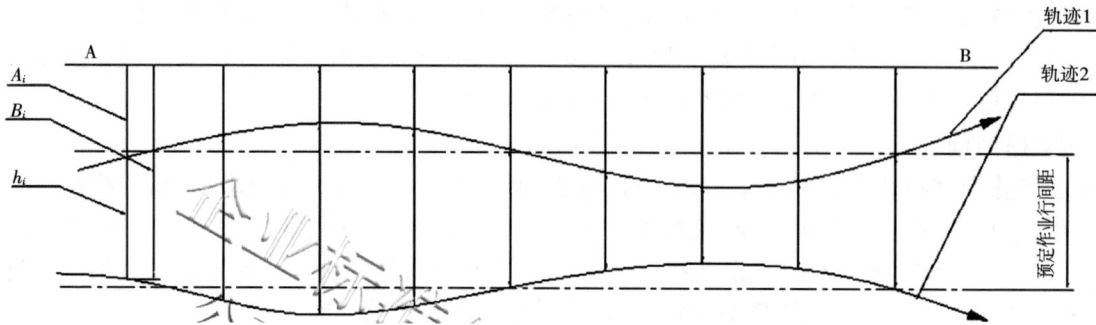

图 2　无人驾驶拖拉机衔接行间距精度检测

5.5　作业路径规划覆盖率

试验在有负荷状态下测试，其中有负荷为搭载配套旋耕机工作状态，配套旋耕机应符合当地作业生产要求，作业深度不低于 12 cm。将高精度测量型卫星接收机安装在拖拉机上，使拖拉机在测区内进行全覆盖路径规划后，按预定规划的路径进行旋耕作业，记录拖拉机位置数据作为实际行驶轨迹点，按公式（3）计算作业路径规划覆盖率。

$$R_1 = \frac{S_f}{S_n} \times 100 \quad\cdots\cdots（3）$$

式中：

R_1 ——作业路径规划的覆盖率，单位为百分号（%）；

S_f ——实际作业的覆盖面积总和，单位为平方米（m²）；

S_n ——作业路径规划的面积，单位为平方米（m²）。

5.6　作业速度偏差

测定直线度精度的同时测定作业速度，其中预备区 20 m，测定区长 50 m，检测拖拉机经过测定区的时间，计算行驶速度。

6　检验规则

6.1　不合格项目分类

6.1.1　按其对作业质量的影响程度分为 A 类不合格项目和 B 类不合格项目，不合格项目分类见表 2。

表 2　不合格项目分类

分类		检测项目
类	项	
A	1	号牌
	2	电子围栏功能
	3	监控摄像头
	4	负载换挡或变速功能
	5	避障功能
	6	抗扰续航时间
	7	路径规划覆盖率
	8	作业直线度精度
	9	作业衔接行间距精度

160

表 2（续）

分类		检测项目
类	项	
B	1	智能模块
	2	智能控制
	3	作业速度偏差

6.2 判定规则

对所有项目进行逐项检测。A 类项目全部合格且 B 类项目不多于 1 项不合格时，判定拖拉机作业质量为合格；否则为不合格。

ICS 65.060.50
CCS B 91

Q/BDHNJ
北大荒农垦集团有限公司企业标准

Q/BDHNJ 0018—2022

无人驾驶稻麦收割机　作业质量

2022-12-26 发布

2022-12-26 实施

北大荒农垦集团有限公司 发布

前　言

本文件按照 GB/T 1.1—2020《标准化工作导则　第 1 部分：标准化文件的结构和起草规则》的规定起草。

请注意本文件的某些部分可能涉及专利。本文件的发布机构不承担识别专利的责任。

本文件由北大荒农垦集团有限公司提出并归口。

本文件起草单位：黑龙江省农垦科学院、黑龙江农垦农业机械试验鉴定站、北大荒农垦集团有限公司建三江分公司、北京农业智能装备技术研究中心、扬州大学机械工程学院、北大荒集团黑龙江红卫农场有限公司、北大荒集团黑龙江胜利农场有限公司、北大荒集团黑龙江友谊农场有限公司。

本文件主要起草人：姜庆海、高广智、刘渊、于省元、刘威、崔少宁、白雪、秦泗君、卢佰谦、孟志军、张瑞宏、梁道满、丁毓军、谭景光、李岩、柳春柱、贺佳贝、牛文祥、高嵩、修德龙、顾冰洁、邢左群、于孟京、卢宝华、李东涛、杜吉山、范淼、常相铖、朱梅梅、裴浩男、张立国、刘廷宇、朱晓萍、刘海民、刘宝。

无人驾驶稻麦收割机　作业质量

1　范围

本文件规定了无人驾驶稻麦收割机的作业质量、检测方法和检验规则。

本文件适用于无人驾驶全喂入稻麦联合收割机（以下简称"收割机"）的作业质量评定。

2　规范性引用文件

下列文件中的内容通过文中的规范性引用而构成本文件必不可少的条款。其中，注日期的引用文件，仅该日期对应的版本适用于本文件；不注日期的引用文件，其最新版本（包括所有的修改单）适用于本文件。

GB/T 8097　收获机械　联合收割机　试验方法

T/CAAMM 13—2018　农业机械卫星导航自动驾驶系统前装　通用技术条件

3　术语和定义

下列术语和定义适用于本文件。

3.1

无人驾驶稻麦收割机

集成北斗系统且兼容 GPS 等精准定位、环境感知、远程通信、智能控制等技术，在限定场景内自动按规划路径实现收割稻麦的机械。

3.2

CAN 总线

CAN 是控制器局域网络（controller area network）的简称。车载计算机控制系统和嵌入式工业控制局域网组成的标准总线。

3.3

查准率

基于人工智能技术的单目标识别中，查准率反映了识别结果中正确识别为正样本的样本数量占全部识别为正样本的样本数量的比例。

3.4

查全率

基于人工智能技术的单目标识别中，查全率反映了识别结果中正确识别为正样本的样本数量占全部正样本数量的比例。

3.5

人工智能

用于模拟、延伸和扩展人的智能理论、方法、技术及应用系统的技术科学。

3.6

智能感知

收割机具有能够模拟、延伸和扩展人感知认知事物、环境、物体等的能力，通常这种能力是通过综合应用人工智能等技术对各种传感器数据进行智能分析获得。

3.7

智能控制

收割机具有能够模拟、延伸和扩展人对感知信息进行分析、判断、决策，形成最优控制方案或策略的能力,通常这种能力是通过综合应用人工智能等技术对各种感知信息进行智能分析、判断、决策获得。

3.8

人机交互

研究系统与用户之间交互关系的科学或技术。系统可以是各种各样的机器,也可以是计算机化的系统和软件。

3.9

实时

智能终端对某种情况的响应与该情况的发生保持同步,用户感觉延迟不明显或者该响应过程与外部过程保持同步。

3.10

满幅收割

在确定作业路线且保证不漏割的前提下,收割机割台全部收获到稻麦的作业状态。

3.11

满幅利用率

在收割机作业过程中,实际割幅与割台标称割幅之比。

4 作业质量

4.1 作业条件

试验地块应平坦,周边环境应开阔无遮挡、无较强的电磁干扰。试验地土壤宜为含水率低的壤土或旱田黏土,不宜为土壤含水率较高或土壤紧实度较低的水田。使用网络RTK时,应能确保当地网络信号良好。试验样机应按使用说明书的规定调整至最佳工作状态,喂入量应不低于标定喂入量。试验用作物应生长均匀、直立、无杂草。水稻草谷比为(1.0～2.4):1、籽粒含水率为15%～28%;小麦:草谷为(0.6～1.2):1、籽粒含水率为12%～20%。宜选择晴天或者阴天进行作业。

4.2 作业质量指标

在4.1规定的作业条件下,收割机的作业质量指标应符合表1的要求。

表 1 作业质量指标

序号	检测项目名称	质量指标要求		检测方法对应的条款号
		水稻	小麦	
1	喂入量,kg/s	≥标定喂入量		5.1
2	总损失率,%	≤2.8	≤1.2	5.1
3	破碎率,%	≤1.5	≤1.0	5.1
4	含杂率,%	≤2.0		5.1
5	割茬高度,mm	≤150	≤100	5.2
6	可靠性,%	有效度≥98		5.3
7	满幅利用率,%	≥97		5.4
8	信息获取	收割机定位精度应符合 T/CAAMM 13—2018 中 5.2 的要求;收割机采集的图像应清晰可靠,图像的采集速度应高于 20 FPS,采集的每帧图像均应包含准确的时间戳,采集图像的分辨率水平像素×垂直像素应不低于 1 280 DPI×720 DPI;收割机处于自动模式工作状态下 CAN 总线数据传输负载率应不高于 30%		5.5
9	智能感知	收割机的作物倒伏率识别水平不低于人工识别水平(以查准率、查全率指标为评判标准);识别速度应实时;收割机的损失率识别、本机状态检测速度应实时		5.6
10	智能控制	收割机对行驶速度、割台高度、拨禾轮高度、拨禾轮转速、风机转速、滚筒转速和筛片开度的自动调整精度应不低于人工调整精度,调整速度应实时;收割机的自动控制割台、拨禾轮、风机、滚筒、筛片的执行系统、制动系统的速度应实时		5.7

表 1（续）

序号	检测项目名称	质量指标要求		检测方法对应的条款号
		水稻	小麦	
11	无人作业	收割机的作业水平应不低于人工操作下作业水平（以含杂率、破碎率、损失率指标为评判标准）；收割机的智能作业速度应不低于人工操作下作业速度；收割机的错误/危险操作告警正确率应不低于90%，致命错误/危险操作告警正确率应不低于99%，告警信息输出速度应实时		5.8
12	人机交互	收割机的人机交互单元应能清晰、准确、实时地输出图像、文字、声音信息给远程控制端，远程控制人员应能够清楚容易地读取信息，收割机应能正确、实时地接收远程控制端的输入信息，远程控制人员应能够容易地通过键盘、鼠标、手写屏输入信息或选择项目		5.9
13	避障距离，m	≤2		5.10
14	通过能力	轮式收割机离地间隙应不小于250 mm，履带式收割机离地间隙应不小于200 mm		5.11
15	收获后地表状况	割茬高度一致、无漏割、地头地边处理合理		5.12
16	污染情况	地块和收获物中无明显污染		5.12

5 检测方法

5.1 基本性能

喂入量、总损失率、破碎率、含杂率按 GB/T 8097 的规定进行测定。

5.2 割茬高度

往返各 1 个行程，每个行程不少于 20 m，沿收割机行驶方向每隔 5 m 取 1 个测点，每点测量全割幅内 5 株的割茬高度，取其平均值为该点处的割茬高度，结果取往返行程各点的总平均值。

5.3 可靠性

收获机在正常工作状态，按正常作业速度在田间工作。对样机进行水稻或小麦（任选一种作物）累计作业时间 18 h 的生产查定。记录作业时间、调整保养时间、样机故障情况及排除时间，按公式（1）计算有效度。

$$K = \frac{\sum t_z}{\sum t_z + \sum t_g} \times 100 \cdots\cdots\cdots\cdots\cdots\cdots\cdots\cdots\cdots (1)$$

式中：

K ——有效度，单位为百分号（%）；

t_z ——样机作业时间，单位为小时（h）；

t_g ——样机故障修复时间，单位为小时（h）。

5.4 满幅利用率

收割机沿作物边界作业至少 50 m，每隔 2 m 采样获得 1 个实际割幅尺寸，记录采样点个数和对应采样点处割幅，按公式（2）计算。

$$\alpha = \frac{\sum b_n}{n_1 B} \times 100 \cdots\cdots\cdots\cdots\cdots\cdots\cdots\cdots\cdots (2)$$

式中：

α ——满幅利用率，单位为百分号（%）；

b_n ——采样点处的割幅，单位为米（m）；

n_1 ——采样点数；

B ——收割机的标称割幅，单位为米（m）。

5.5 信息获取

在规定的试验条件下,收割机处于自动模式,启动信息获取功能,按 T/CAAMM 13—2018 中 5.2 的规定进行定位试验;运行图像采集软件测定图像采集性能;运行数据通信软件测定工作状态数据获取性能。

5.6 智能感知

5.6.1 智能感知试验包括倒伏识别查准率和查全率测定、识别实时性测定和性能对比试验。

5.6.2 倒伏识别查准率和查全率测定按以下程序进行:

a) 根据对作物倒伏特征描述,利用图片的方式,定义倒伏的 n 种类别为 2 类:倒伏(倒伏率大于 0)和未倒伏(倒伏率为 0);

b) 选定测试用试验田块,田块面积应不小于 4 000 m^2,且必须包含倒伏、未倒伏 2 种特征,试验条件符合 4.1 的要求;

c) 收割机处于自动模式下完成试验田块作业,系统自动记录并存储作业过程中的倒伏识别相机获取的图片,选取 600 张图片,其中倒伏的图片 300 张、未倒伏的图片 300 张;

d) 收割机在作业中自动处理 600 张图片,并对每张图片自动给出识别结果(倒伏和未倒伏);

e) 倒伏识别的查准率和查全率按公式(3)、公式(4)、公式(5)、公式(6)计算。

$$P_{dn} = \frac{TP}{TP+FP} \quad\cdots\cdots\cdots\cdots\cdots\cdots\cdots\cdots\cdots\cdots\cdots\cdots\cdots (3)$$

$$R_{dn} = \frac{TP}{TP+FN} \quad\cdots\cdots\cdots\cdots\cdots\cdots\cdots\cdots\cdots\cdots\cdots\cdots\cdots (4)$$

$$P_d = \frac{P_{d1}+P_{d2}+\cdots\cdots P_{dn}}{n} \quad\cdots\cdots\cdots\cdots\cdots\cdots\cdots\cdots\cdots\cdots (5)$$

$$R_d = \frac{R_{d1}+R_{d2}+\cdots\cdots R_{dn}}{n} \quad\cdots\cdots\cdots\cdots\cdots\cdots\cdots\cdots\cdots\cdots (6)$$

式中:

P_{dn} ——第 n 种类别目标的查准率,单位百分率;

TP ——样本类型为正样本且识别为正样本的样本个数;

FP ——样本类型为负样本但识别为正样本的样本个数;

R_{dn} ——第 n 种类别目标的查全率,单位百分率;

FN ——样本类型为正样本但识别为负样本的个数;

P_d ——倒伏识别查准率,单位百分率;

P_{d1} ——倒伏的查准率,单位百分率;

P_{d2} ——未倒伏的查准率,单位百分率;

R_d ——倒伏识别查全率,单位百分率;

R_{d1} ——倒伏的查全率,单位百分率;

R_{d2} ——未倒伏的查全率,单位百分率;

n ——目标的种类数。

5.6.3 识别实时性测定按以下程序进行:

a) 选定测试用试验田块,田块面积应不小于 4 000m^2,且必须包含倒伏、未倒伏 2 种特征,试验条件符合 4.1 的要求;

b) 选定 3 名人工机手作为本方法测试用户;

c) 按 5.6.2 的规定,进行倒伏识别查准率和查全率测定,同时收割机将识别结果通过显示屏显示给测试用户,测试用户根据自身感受对显示数据的实时性进行打分,打分取值范围为 0~10,其中 0 表示实时性最差,10 表示实时性最好;

d) 计算全部测试用户打分的平均值,若平均值不小于 8,则认定该识别的执行速度为实时;若平均值不小于 6 但小于 8,则认定该识别的执行速度为准实时;否则,认定为不实时。

5.6.4 性能对比试验主要是对收割机识别能力测试结果与人工机手识别能力测试结果进行比较,按以下程序进行:

    a) 将 5.6.2 中测定的倒伏识别查准率和查全率作为收割机的识别能力指标;

    b) 选定 3 名人工机手进行查准率、查全率计算,取该 3 名人工机手的平均查准率、平均查全率作为人工的识别能力指标;

    c) 将收割机的识别能力指标与人工的识别能力指标进行对比,确定结果是否满足表 1 中第 9 项的规定。

5.6.5 作物损失检测/本机状态感知速度试验按以下程序进行:

    a) 选定测试用试验田块,田块面积应不小于 4 000 m²,试验条件符合 4.1 的要求;

    b) 选定 3 名人工机手,作为本方法测试用户;

    c) 将选定的损失传感器、位置信息传感器(北斗导航设备)与智能终端/整车控制器连接,通过整车控制器获取损失传感器数据、收获机械位置信息和运行状态参数;

    d) 收割机将损失检测结果/本机状态感知结果通过人机交互单元(如显示屏)显示给测试用户,测试用户根据自身感受对显示结果的实时性进行打分,打分取值范围为 0~10,其中 0 表示实时性最差,10 表示实时性最好;

    e) 计算全部测试用户打分的平均值,若平均值不小于 8,则认定该识别的执行速度为实时;否则,认定为不实时。

5.7 智能控制

5.7.1 智能控制试验包括控制精度测试和控制速度测试。

5.7.2 控制精度测试按以下程序进行:

    a) 在规定的试验条件下,收割机处于自动模式,启动智能控制功能,由收割机逐项调整行驶速度、割台高度、拨禾轮高度、拨禾轮转速、风机转速、滚筒转速和筛片开度、卸粮速度并记录其误差;

    b) 在规定的试验条件下,收割机处于人工模式下,由机手逐项调整行驶速度、割台高度、拨禾轮高度、拨禾轮转速、风机转速、滚筒转速和筛片开度、卸粮速度并记录其误差;

    c) 比较以上两种模式下的测定误差,评判收割机智能控制精度是否符合规定。

5.7.3 控制速度测试按以下程序进行:

    a) 在规定的试验条件下,收割机处于自动模式,启动智能控制功能;

    b) 通过人机交互单元(如显示屏)将行驶速度、割台高度、拨禾轮高度、拨禾轮转速、风机转速、滚筒转速和筛片开度、卸粮速度的调整结果显示给测试人员,进行控制实时性评判;

    c) 通过人机交互单元(如显示屏)将割台、拨禾轮、风机、滚筒、筛片、行走系统、制动系统、卸粮系统的执行结果显示给测试人员,进行部件执行实时性评判。

5.8 无人作业

5.8.1 无人作业试验包括无人作业性能测试和错误/危险操作告警性能测试。

5.8.2 无人作业性能测试按以下程序进行:

    a) 选定 1 台收割机,选定同样条件、同样面积的两块试验田块 A 和田块 B;

    b) 收割机以自动模式完成田块 A 的收割作业,记录其含杂率、破碎率、损失率以及整个作业时长;

    c) 收割机以人工模式完成田块 B 的收割作业,记录其含杂率、破碎率、损失率以及整个作业时长;

    d) 比较以上两种模式下的测定结果,评判收割机的自动模式作业水平和速度是否不低于人工模式作业水平和速度。

5.8.3 错误/危险操作告警性能测试按以下程序进行:

在规定的试验条件下,收割机处于自动模式下,由机手随机做出 100 个错误危险操作,由收割机对其响应并给出告警,由机手对告警正确率和实时性进行评判。

5.9 人机交互

在规定的试验条件下,收割机处于自动模式下。由机手观察收割机在显示屏、音箱设备上输出的信息是否符合表1中第12项的规定,由机手操作键盘、鼠标或其他输入设备并观察收割机是否能够正确接收所输入信息。

5.10 避障距离

将直径为 25 mm、高度为 600 mm 的圆柱形测试障碍桩水平放置在地面上,并垂直于收割机的行驶方向。收割机以使用说明书中规定的作业速度靠近测试障碍桩,应在测试障碍桩与收割机的刚性部件或载荷接触前停车制动,并测量出收割机与障碍桩的距离。测试重复 6 次,1 次测试障碍桩放置在收割机正前方的中心线上,1 次测试障碍桩放置在收割机正后方的中心线上,另外 4 次测试障碍桩分别放置在机器轮廓边界线两端的前后,结果取最大值。

5.11 通过能力

收割机割台升起后,用钢直尺或其他线性尺寸测量装置测定轮胎间或履带间的机架、驱动箱、消声器等部件的最小离地间隙。

5.12 收割后地表状况及污染情况

用目测法观察检测区收割后地表状况;收获的籽粒中有无因收割机漏油造成的污染,检测区内的茎秆和地块有无因收割机漏油造成的污染。

6 检验规则

6.1 不合格项目分类

按照其对作业质量的影响程度,将检测项目分为 A、B 两类。检测项目分类见表 2。

表 2 检测项目分类表

分类		检测项目名称
类	项	
A	1	喂入量
	2	总损失率
	3	破碎率
	4	含杂率
	5	可靠性
	6	满幅利用率
	7	避障距离
	8	信息获取
	9	智能感知
	10	智能控制
	11	无人作业
	12	人机交互
B	1	割茬高度
	2	通过能力
	3	收获后地表状况
	4	污染情况

6.2 判定规则

对所有项目进行逐项检测。A 类项目全部合格且 B 类项目不多于 1 项不合格时,判定收割机作业质量为合格;否则为不合格。

ICS 65.060.20
CCS B 91

Q/BDHNJ

北大荒农垦集团有限公司企业标准

Q/BDHNJ 0019—2022

无人驾驶拖拉机组　犁　作业质量

2022-12-26 发布

2022-12-26 实施

北大荒农垦集团有限公司 发布

Q/BDHNJ 0019—2022

前　言

本文件按照 GB/T 1.1—2020《标准化工作导则　第 1 部分：标准化文件的结构和起草规则》的规定起草。

请注意本文件的某些部分可能涉及专利。本文件的发布机构不承担识别专利的责任。

本文件由北大荒农垦集团有限公司提出并归口。

本文件起草单位：黑龙江省农垦科学院、黑龙江农垦农业机械试验鉴定站、北大荒农垦集团有限公司建三江分公司、北京农业智能装备技术研究中心、扬州大学机械工程学院、北大荒集团黑龙江红卫农场有限公司、北大荒集团黑龙江胜利农场有限公司、北大荒集团黑龙江友谊农场有限公司。

本文件主要起草人：杨宝龙、修德龙、顾冰洁、于省元、柳春柱、白雪、马磊、秦泗君、裴浩男、贺佳贝、高嵩、邢左群、于孟京、卢宝华、李东涛、杜吉山、朱梅梅、王金楠、常相铖、刘威、梁道满、王晓锋、张立国。

无人驾驶拖拉机组 犁 作业质量

1 范围

本文件规定了无人驾驶拖拉机组（犁）的作业质量、检测方法和检验规则。

本文件适用于无人驾驶拖拉机组（犁）（以下简称"犁组"）的作业质量评定。

2 规范性引用文件

下列文件中的内容通过文中的规范性引用而构成本文件必不可少的条款。其中，注日期的引用文件，仅
该日期对应的版本适用于本文件；不注日期的引用文件，其最新版本（包括所有的修改单）适用于本文件。

GB/T 5262 农业机械试验条件 测定方法的一般规定

T/CAMA 1—2017 农机深松作业远程监测系统技术要求

DG/T 253 农机耕整地作业监测控制终端

Q/BDHNJ 0006 无人驾驶拖拉机作业功能评价技术规范

Q/BDHNJ 0008 无人驾驶拖拉机组 犁 作业功能评价技术规范

3 术语和定义

T/CAMA 1—2017、DG/T 253、Q/BDHNJ 0006、Q/BDHNJ 0008 界定的术语和定义适用于本文件。

4 作业质量

4.1 作业条件

4.1.1 试验选择的犁组应按使用说明书的规定调整至正常作业状态，无人驾驶拖拉机、控制终端、管控云
平台互联顺畅，各项功能正常。管控云平台应符合 T/CAMA 1—2017 的要求。控制终端应符合 DG/T
253 的要求。拖拉机的作业速度应大于 0.2 m/s，且在犁组使用说明书规定的范围内。

4.1.2 试验地应平坦、视野开阔，远离大功率无线电发射源（如电视台、电台、微波站等），远离高压输电线
和微波无线电信号通道，附近不应有强烈反射卫星信号的物件（如大型建筑物等）。

4.1.3 在测定作业深度测量误差时，试验地测区长度应不小于 50 m，两端分别留有不小于 10 m 的稳定
区，测区宽度应不小于作业幅宽的 2 倍。试验地表面以上植被（包括留茬）覆盖量不大于 1 kg/m²，留茬不
低于当地实际作业要求。按 GB/T 5262 的规定测定植被覆盖量、土壤绝对含水率和土壤坚实度。

4.1.4 在测定作业面积计量精度时，试验地面积应不小于 2 000 m²，两端分别留有不小于 10 m 的区域，
两侧分别留有不小于半个作业幅宽的区域。

4.1.5 在测定重复作业检测准确率时，试验地长度应不小于 150 m，两端分别留有不小于 10 m 的区域，
测区宽度应不小于作业幅宽的 4 倍，两侧分别留有不小于半个作业幅宽的区域。

4.2 作业质量指标

在 4.1 规定的作业条件下，犁组的作业质量指标应符合表 1 的要求。

表 1 作业质量指标

序号	检测项目名称	质量指标要求		检测方法对应的条款号
		犁体幅宽＞30 cm	犁体幅宽≤30 cm	
1	作业深度测量误差，cm	≤3	5.1	
2	作业面积计量精度，%	≥97	5.2	
3	重复作业检测准确率，%	≥85	5.3	

表 1（续）

序号	检测项目名称		质量指标要求		检测方法对应的条款号
			犁体幅宽>30 cm	犁体幅宽≤30 cm	
4	植被和残茬覆盖率,%	地表以下	≥85	≥80	5.4
		8 cm 深度以下（旱田犁）	≥60	≥50	
5	碎土率,%或断条率,次/m	旱田耕作,≤5 cm 土块	≥65	≥70	5.5
		水田耕作,断条率	—	≥3.0	
6	入土行程,m	总耕幅>1.8 m	≤6		5.6
		总耕幅≤1.8 m	≤4		
7	作业速度,km/h		≥5		5.7
8	牵引功率		拖拉机最大牵引功率的70%~100%		5.8
9	可靠性		有效度≥98%;作业量:旱田犁每米工作幅宽不小于100 hm²,水田犁每米工作幅宽不小于75 hm²（其中水耕率不低于20%）;考核全过程中不得出现致命和严重故障		5.9
10	信息获取		定位性能指标应符合 T/CAMA 1—2017 中 5.3.6 的要求。摄像头应支持夜视功能;采集的图像应清晰可靠,图像的采集速度应高于 20 FPS,采集的每帧图像均应包含准确的时间戳,采集图像的分辨率水平像素×垂直像素不低于320×240(QVGA),该类图像不允许被覆盖		5.10
11	智能感知		各项监测数据要实时。可以查看机具属性信息、机组时空信息、作业详细信息等		5.11
12	智能控制		对作业深度、作业幅宽及拖拉机作业速度的调整应实时		5.12
13	智能作业		智能作业精度应不低于人工检测精度值。错误/危险操作报警正确率应为100%,告警信息输出速度应实时		5.13
14	人机交互		人机交互单元应能清晰、准确、实时地输出图像、文字、声音信息给控制终端,控制人员应能够清楚容易地读取信息,犁组应能正确、实时地接收控制终端的输入信息,控制人员应能够容易地通过键盘、鼠标、手写屏输入信息或选择项目		5.14

5 检测方法

5.1 作业深度测量误差

田间作业环境下,犁组进行耕地作业,待作业正常后停车,用耕深尺或其他测量仪器测量最后一犁体当前实际作业深度,即犁沟底距作业前地表面的垂直距离,按公式（1）计算作业深度测量误差。在测试区域内等间隔选取 3 点进行检测,结果取平均值。

$$\Delta H = |H_1 - H_2| \quad \cdots\cdots\cdots\cdots\cdots\cdots\cdots\cdots\cdots (1)$$

式中:

ΔH ——作业深度测量误差,单位为厘米(cm);

H_1 ——控制终端测量的作业深度,单位为厘米(cm);

H_2 ——实际作业深度,单位为厘米(cm)。

5.2 作业面积计量精度

选取规则的矩形试验地块进行往复直线作业,完成试验地块作业后,读取犁组计量的作业面积,用高精度 RTK-GNSS 或其他方法测量试验地块面积,按公式（2）计算。检测次数不少于 3 次,结果取平均值。

$$\rho = \left(1 - \frac{|S_1 - S_2|}{S_2}\right) \times 100 \quad \cdots\cdots\cdots\cdots\cdots\cdots\cdots (2)$$

式中:

ρ ——作业面积计量精度,单位为百分号（%）;

S_1——犁组计量的作业面积,单位为平方米(m^2);

S_2——实际测量的试验地块面积,单位为平方米(m^2)。

5.3 重复作业检测准确率

在试验地块上进行长度不小于 150 m 的往复直线作业 2 次。以按 4.1.4 操作的实际作业地块为作业地块 1,按 4.1.5 操作的实际作业地块为作业地块 2,要求作业地块 2 与作业地块 1 至少重复 2 个作业幅宽。完成作业后,读取犁组计量的重复作业面积。用高精度 RTK-GNSS 或其他方法测量试验地块实际重复作业面积,按公式(3)计算。

$$\rho_c = \left(1 - \frac{|S_{c1} - S_c|}{S_c}\right) \times 100 \quad \cdots\cdots\cdots\cdots\cdots\cdots\cdots (3)$$

式中:

ρ_c——重复作业检测准确率,单位为百分号(%);

S_{c1}——犁组计量的重复作业面积,单位为平方米(m^2);

S_c——实际测量的重复作业面积,单位为平方米(m^2)。

5.4 植被和残茬覆盖率

在测区内选 3 个测点,在已耕地上取宽度为 $2b$(b 为犁体幅宽)、长度为 30 cm 的面积,分别测定地表以上的植被和残茬质量,地表以下 8 cm 深度内的植被和残茬质量以及 8 cm 以下耕层内的植被和残茬质量。按公式(4)和公式(5)计算。

$$F = \frac{Z_2 + Z_3}{Z_1 + Z_2 + Z_3} \times 100 \quad \cdots\cdots\cdots\cdots\cdots\cdots\cdots (4)$$

$$F_b = \frac{Z_3}{Z_1 + Z_2 + Z_3} \times 100 \quad \cdots\cdots\cdots\cdots\cdots\cdots\cdots (5)$$

式中:

F ——地表以下植被和残茬覆盖率,单位为百分号(%);

F_b ——8 cm 深度以下植被和残茬覆盖率,单位为百分号(%);

Z_1 ——露在地表以上的植被和残茬质量,单位为克(g);

Z_2 ——地表以下 8 cm 深度内的植被和残茬质量,单位为克(g);

Z_3 ——8 cm 深度以下植被和残茬质量,单位为克(g)。

植被和残茬覆盖率也可以采用数丛法。用数丛法测定时,植被或残茬被覆盖的长度未达到其长度的 2/3 者按未覆盖论,按公式(6)计算。

$$f = \frac{Z_4 - Z_5}{Z_4} \times 100 \quad \cdots\cdots\cdots\cdots\cdots\cdots\cdots (6)$$

式中:

f ——植被或残茬覆盖率,单位为百分号(%);

Z_4 ——耕前平均丛数,单位为丛每平方米(丛/m^2);

Z_5 ——耕后平均丛数,单位为丛每平方米(丛/m^2)

5.5 碎土率或断条率

犁组在旱耕时,测定碎土率。测区内选 3 个测点,在不小于 b(犁体幅宽)$\times b$ 面积(cm^2)耕层内,分别测定全耕层内最大尺寸>5 cm 的土块质量和最大尺寸≤5 cm 的土块质量,按公式(7)计算。

$$C = \frac{G_3}{G} \times 100 \quad \cdots\cdots\cdots\cdots\cdots\cdots\cdots (7)$$

式中:

C ——碎土率,单位为百分号(%);

G_3 ——全耕层内最大尺寸≤5 cm 的土块质量,单位为千克(kg);

G ——全耕层土块总质量,单位为千克(kg)。

犁组在水耕时,测定断条率。测定最后犁体的垡片断条数(如该犁体处于拖拉机轮辙处,应拆掉该犁体)。垡片断裂面积超过该断面50%时为一断条,按公式(8)计算。

$$P = \frac{f_T}{L} \quad \cdots\cdots\cdots\cdots\cdots\cdots\cdots\cdots\cdots\cdots\cdots\cdots\cdots\cdots\cdots\cdots\cdots (8)$$

式中:

P ——断条率,单位为次每米(次/m);

f_T ——断条数,单位为次;

L ——测定长度,单位为米(m)。

5.6 入土行程

测定最后犁体铧尖着地点至该犁体达到稳定耕深时犁的前进距离,稳定耕深按试验预测耕深的80%计算。每行程测定1次,至少测3次,结果取平均值。

5.7 作业速度

犁组正常工况作业时,测定不少于往返2个行程的作业速度,按公式(9)、公式(10)计算平均作业速度。

$$V_i = \frac{l_i}{t_i} \quad \cdots\cdots\cdots\cdots\cdots\cdots\cdots\cdots\cdots\cdots\cdots\cdots\cdots\cdots\cdots\cdots\cdots (9)$$

$$v = \frac{\sum_{i=1}^{n} V_i}{n} \quad \cdots\cdots\cdots\cdots\cdots\cdots\cdots\cdots\cdots\cdots\cdots\cdots\cdots\cdots (10)$$

式中:

V_i ——单一行程作业速度,单位为米每秒(m/s);

l_i ——单一行程测试区域长度,单位为米(m);

t_i ——单一行程通过测试区域的时间,单位为秒(s);

v ——作业速度,单位为米每秒(m/s);

n ——测试的行程数。

5.8 牵引功率

用测力仪器测出犁组的牵引阻力(对难于测出整机牵引阻力的产品允许测出犁体牵引阻力,换算出整机阻力),犁体工作部件的阻力用专门的测力装置在田间或在土壤槽内进行。在测定阻力的同时测定耕深耕宽和速度,分别按公式(11)、公式(12)计算每行程犁耕(或犁体耕作)比阻和犁所消耗功率,并求其平均值。

$$K_1 = \frac{10P_L}{H \times B} \quad \cdots\cdots\cdots\cdots\cdots\cdots\cdots\cdots\cdots\cdots\cdots\cdots\cdots (11)$$

$$N_1 = P_L \times V \times 10^{-3} \quad \cdots\cdots\cdots\cdots\cdots\cdots\cdots\cdots\cdots\cdots (12)$$

式中:

K_1 ——犁耕(或犁体耕作)比阻,单位为千帕(kPa);

P_L ——犁组牵引阻力,单位为牛顿(N);

H ——平均耕深,单位为厘米(cm);

B ——平均耕宽,单位为厘米(cm);

N_1 ——犁功率消耗,单位为千瓦(kW);

V ——平均速度,单位为米每秒(m/s)。

5.9 可靠性

5.9.1 可靠性考核采用有效度方法评定。

5.9.2 有效度按公式(13)计算。

$$K = \frac{\sum T_z}{\sum T_z + \sum T_g} \times 100 \quad \cdots\cdots\cdots\cdots\cdots\cdots\cdots\cdots\cdots (13)$$

式中：

K ——使用有效度，单位为百分号（%）；

T_z ——样机累计作业时间，单位为小时（h）；

T_g ——样机累计故障排除时间，单位为小时（h）。

5.9.3 旱田犁每米工作幅宽的作业量不少于 100 hm²；水田犁每米工作幅宽的作业量不少于 75 hm²（其中水耕不少于 20%）。

5.10 信息获取

在规定的作业条件下，犁组处于作业状态，按表1中项目10的要求检查信息获取功能。

5.11 智能感知

在规定的作业条件下，犁组处于作业状态，按表1中项目11的要求检查智能感知功能。

5.12 智能控制

在规定的作业条件下，犁组开启智能控制功能，调整作业深度、作业幅宽及拖拉机作业速度，检查是否响应。

5.13 智能作业

在规定的作业条件下，记录智能作业深度、作业幅宽及拖拉机作业速度，应不低于人工检测指标。

在规定的作业条件下，由操作人员随机给出10个错误指令，查看犁组报警信息输出速度是否实时，正确率是否达到100%。

5.14 人机交互

在规定的作业条件下，犁组处于正常作业状态，按表1中项目14的要求检查人机交互功能。

6 检验规则

6.1 不合格项目分类

按其对作业质量的影响程度，将检测项目分为 A、B 两类。检测项目分类见表2。

表2 不合格项目分类表

分类		检测项目名称
类	项	
A	1	作业深度测量误差
	2	作业面积计量精度
	3	重复作业检测准确率
	4	植被和残茬覆盖率
	5	碎土率或断条率
B	1	作业速度
	2	牵引功率
	3	可靠性
	4	信息获取
	5	智能感知
	6	智能控制
	7	智能作业
	8	人机交互
	9	入土行程

6.2 判定规则

对所有项目进行逐项检测。A类项目全部合格且B类项目不多于1项不合格时，判定犁组作业质量为合格；否则为不合格。

ICS 65.060.99
CCS B 91

Q/BDHNJ

北大荒农垦集团有限公司企业标准

Q/BDHNJ 0020—2022

无人驾驶拖拉机组 卫星平地机 作业质量

2022-12-26 发布

2022-12-26 实施

北大荒农垦集团有限公司 发布

前　言

本文件按照 GB/T 1.1—2020《标准化工作导则　第 1 部分：标准化文件的结构和起草规则》的规定起草。

请注意本文件的某些部分可能涉及专利。本文件的发布机构不承担识别专利的责任。

本文件由北大荒农垦集团有限公司提出并归口。

本文件起草单位：黑龙江省农垦科学院、黑龙江农垦农业机械试验鉴定站、北大荒农垦集团有限公司建三江分公司、北京农业智能装备技术研究中心、扬州大学机械工程学院、北大荒集团黑龙江红卫农场有限公司、北大荒集团黑龙江胜利农场有限公司、北大荒集团黑龙江友谊农场有限公司。

本文件主要起草人：姜庆海、邢左群、马磊、崔少宁、于省元、秦泗君、袁忠兴、柳春柱、贺佳贝、牛文祥、高嵩、修德龙、顾冰洁、高广智、刘渊、于孟京、卢宝华、李东涛、杜吉山、朱梅梅、裴浩男、王金楠、常相铖、刘威、李岩、丛威、王晓锋、刘志强、刘宝。

无人驾驶拖拉机组　卫星平地机　作业质量

1　范围

本文件规定了无人驾驶拖拉机组(卫星平地机)的作业质量、检测方法和检验规则。

本文件适用于无人驾驶拖拉机组(卫星平地机)(以下简称"平地机组")的作业质量评定。

2　规范性引用文件

下列文件中的内容通过文中的规范性引用而构成本文件必不可少的条款。其中,注日期的引用文件,仅该日期对应的版本适用于本文件;不注日期的引用文件,其最新版本(包括所有的修改单)适用于本文件。

Q/BDHNJ 0006　无人驾驶拖拉机作业功能评价技术规范

Q/BDHNJ 0009　无人驾驶拖拉机组　卫星平地机　作业功能评价技术规范

3　术语和定义

Q/BDHNJ 0006、Q/BDHNJ 0009界定的术语和定义适用于本文件。

4　作业质量

4.1　作业后的地表平整度标准差应不大于3.0 cm。

4.2　在规定的平地作业面积内,平地铲累计通过面积与作业面积之比应不大于4。

4.3　对试验样机进行累计作业时间为18 h的生产查定,其有效度应≥98%。

4.4　平地机的控制系统与拖拉机自动驾驶系统实现互联,并将定位信息和高程信息实时统计上传至管控云平台。

4.5　智能感知各项监测数据要实时。可以查看机具属性信息、机组时空信息、作业详细信息等。

4.6　对取土量及拖拉机作业速度的调整应实时。

4.7　智能作业精度应不低于人工检测精度值。错误/危险操作报警正确率应为100%,告警信息输出速度应实时。

4.8　人机交互单元应能清晰、准确、实时地输出图像、文字、声音信息给控制终端,控制人员应能够清楚容易地读取信息,平地机组应能正确、实时地接收控制终端的输入信息,控制人员应能够容易地通过键盘、鼠标、手写屏输入信息或选择项目。

5　检测方法

5.1　作业条件

试验地的选择:试验地应具有代表性,地表有起伏。旱地作业时,试验地原地表平整度应符合产品使用说明书的要求,地表应无植被覆盖或有少量植被覆盖,试验地土壤团块最大直径应不大于10 cm,测区应为规则长方形,长度不少于60 m,宽度不少于30 m;水田作业时,地表应无植被覆盖或有少量植被覆盖(或经过秸秆深埋处理),试验地灌水浸泡时间应符合样机作业条件要求,水面深度平均值不大于3 cm,测区应为规则长方形,长度不少于30 m,宽度不小于作业幅宽的8倍。

田间调查:记录土壤类型。试验地为旱田时,选取3个点,每点测定0.5 m² 内植被密度、土壤绝对含水率及土壤坚实度各1次,取平均值;同时测定土壤团块最大直径,取最大值;试验地为水田时,在试验区内沿两对角线方向取5点,分别测定泥脚深度、水面深度,取平均值;同时记录泡田时间。在整个试验过程中,测定环境温度、湿度和风速各5次,取范围值。

试验选择的平地机组应按使用说明书的规定调整至正常作业状态,无人驾驶拖拉机、控制终端、管控云平台互联顺畅,各项功能正常。

5.2 检测方法

5.2.1 作业后地表平整度标准差

机具在整个测区平地作业完成后(水田作业完成2 h后),沿测区对角线方向每隔5 m测量1点,每条对角线测量11点,共测22点,任设一水平基准面,测量各点地表距水平基准面的垂直距离。按公式(1)、公式(2)计算平地后地表平整度标准差。

$$\bar{x} = \frac{\sum x_i}{n} \quad\cdots\cdots\cdots\cdots\cdots\cdots\cdots\cdots\cdots\cdots\cdots\cdots\cdots\cdots\cdots\cdots\cdots\cdots\cdots \quad (1)$$

式中:
$\bar{x}$ ——平地后地表与水平基准面的垂直距离平均值,单位为厘米(cm);
x_i ——各测点地表与水平基准面的垂直距离,单位为厘米(cm);
n ——测量的点数。

$$B = \sqrt{\sum_{i=1}^{n}(x_i - \bar{x})^2/(n-1)} \quad\cdots\cdots\cdots\cdots\cdots\cdots\cdots\cdots\cdots\cdots\cdots\cdots \quad (2)$$

式中:
B ——平地后地表平整度标准差,单位为厘米(cm)。

5.2.2 平地铲累计通过面积与平地机作业面积之比

在测区内测定平地机正常的作业速度,按公式(3)计算。

$$V = \frac{C}{t} \quad\cdots\cdots\cdots\cdots\cdots\cdots\cdots\cdots\cdots\cdots\cdots\cdots\cdots\cdots\cdots\cdots\cdots\cdots\cdots\cdots\cdots \quad (3)$$

式中:
V ——作业速度,单位为米每秒(m/s);
C ——测区的长度,单位为米(m);
t ——平地作业通过测区的时间,单位为秒(s)。

$$\mu = \frac{V \times T \times L}{S} \quad\cdots\cdots\cdots\cdots\cdots\cdots\cdots\cdots\cdots\cdots\cdots\cdots\cdots\cdots\cdots \quad (4)$$

式中:
μ ——平地铲累计通过面积与平地机作业面积之比;
T ——从平地机作业开始计时,到平地作业结束的累计时间,单位为秒(s);
L ——平地机的作业幅宽,单位为米(m);
S ——平地机作业面积,单位为平方米(m²)。

5.2.3 可靠性

在进行试验的同时,对试验样机进行累计作业时间为18 h的生产查定。记录作业时间、调整保养时间、样机故障情况及排除时间。按公式(5)计算有效度。

$$K = \frac{\sum T_z}{\sum T_z + \sum T_g} \times 100 \quad\cdots\cdots\cdots\cdots\cdots\cdots\cdots\cdots\cdots\cdots \quad (5)$$

式中:
K ——有效度,单位为百分号(%);
T_z ——样机作业时间,单位为小时(h);
T_g ——样机故障排除时间,单位为小时(h)。

5.2.4 位置信息及高程信息

在规定的作业条件下,平地机组处于作业状态,按4.4检查信息获取上传功能。

5.2.5 智能感知

在规定的作业条件下,平地机组处于作业状态,按4.5的要求检查智能感知功能。

5.2.6 智能控制

在规定的作业条件下,平地机组开启智能控制功能,调整取土量及拖拉机作业速度,检查是否响应。

5.2.7 智能作业

在规定的作业条件下,由操作人员随机给出10个错误指令,查看平地机组报警信息输出速度是否实时,正确率是否达到100%。

5.2.8 智能作业

在规定的作业条件下,平地机组处于正常作业状态,按4.8的要求检查人机交互功能。

6 检验规则

6.1 项目分类表见表1。

表1 检测项目分类

分类		项目	对应条款
类	项		
A	1	地表平整度标准差	4.1
	2	平地铲累计通过面积与作业面积之比	4.2
	3	可靠性	4.3
	4	位置信息及高程信息	4.4
B	1	智能感知	4.5
	2	智能控制	4.6
	3	智能作业	4.7
	4	人机交互	4.8

6.2 判定规则

对所有检测项目进行逐项检测。A类项目有1项及以上不合格或B类项目有2项及以上不合格时,则判定平地机作业质量为不合格。

ICS 65.060.30
CCS B 91

Q/BDHNJ

北大荒农垦集团有限公司企业标准

Q/BDHNJ 0021—2022

无人驾驶拖拉机组
电控播种机　作业质量

2022-12-26 发布
2022-12-26 实施

北大荒农垦集团有限公司 发布

Q/BDHNJ 0021—2022

前　　言

本文件按照GB/T 1.1—2020《标准化工作导则　第1部分：标准化文件的结构和起草规则》的规定起草。

请注意本文件的某些部分可能涉及专利。本文件的发布机构不承担识别专利的责任。

本文件由北大荒农垦集团有限公司提出并归口。

本文件起草单位：黑龙江省农垦科学院、黑龙江农垦农业机械试验鉴定站、北大荒农垦集团有限公司建三江分公司、北京农业智能装备技术研究中心、扬州大学机械工程学院、北大荒集团黑龙江红卫农场有限公司、北大荒集团黑龙江胜利农场有限公司、北大荒集团黑龙江友谊农场有限公司。

本文件主要起草人：于省元、于孟京、卢宝华、秦泗君、梁道满、王生、刘威、崔少宁、白雪、郭建国、孟志军、张瑞宏、柳春柱、贺佳贝、牛文祥、高嵩、修德龙、顾冰洁、高广智、刘渊、邢左群、李东涛、李跃林、常相铖、杜吉山、朱梅梅、裴浩男、王金楠、安文宇、李岩、丛威。

无人驾驶拖拉机组　电控播种机　作业质量

1　范围

本文件规定了无人驾驶拖拉机组电控播种机的作业质量、检测方法和检验规则。

本文件适用于播种玉米或大豆的单粒精密无人驾驶拖拉机组（电控播种机）（以下简称"播种机组"）的作业质量评定。

2　规范性引用文件

下列文件中的内容通过文中的规范性引用而构成本文件必不可少的条款。其中，注日期的引用文件，仅该日期对应的版本适用于本文件；不注日期的引用文件，其最新版本（包括所有的修改单）适用于本文件。

GB/T 20865　免（少）耕施肥播种机

3　术语和定义

GB/T 20865 界定的以及下列术语和定义适用于本文件。

3.1

电控播种机

采用电机驱动排种器和排肥器，具有对播种和施肥等信息实时监控功能的播种机。

3.2

播种监控系统

对播种机播种情况（播种量、重播、漏播、堵塞等）进行自动监测并对监测数据进行实时处理的系统。

3.3

施肥监控系统

对播种机施肥情况进行自动监测并对监测数据进行实时处理的系统。

3.4

实时

智能终端对某种情况的响应与该情况的发生保持同步，用户感觉延迟不明显或该响应过程与外部过程保持同步。

3.5

A-B 线

在作业田块中（场地上）选定适当位置 A 点和 B 点，直连 A 点和 B 点作为插秧机作业基准线的虚拟直线。

3.6

衔接行间距精度

在直线作业状态，实际测量作业衔接行间距与理论衔接行间距之间的符合度的标准偏差。

4　作业质量

4.1　作业条件

a)　按使用说明书的要求选择试验用种子和肥料。种子的百粒质量、含水率和原始破损率各取 3 个样品进行测定，测定结果取平均值。原始破损率测定时，每个样品质量不小于 100 g。记录种子、肥料名称和肥料的物理形状。

b) 试验地应符合使用说明书要求,测区长度应不小于 50 m,两端预备区不小于 20 m,宽度应满足测试作业要求。对试验地状况及环境条件进行调查,记录前茬作物、耕作方式和土壤质地;按对角线法选 5 个点,测定土壤含水率、坚实度,取平均值;在整个试验过程中测定环境温度、湿度各 3 次,取范围值。

c) 无人驾驶的拖拉机,拖拉机控制系统与播种机控制系统应能进行协同作业。

d) 播种监控系统传感器响应时间小于 0.1 s。

e) 免耕播种机:试验地的玉米(前茬)残茬覆盖率≥80％,玉米(前茬)残茬覆盖量 1.5 kg/m² ～ 2.3 kg/m²。

4.2 残茬覆盖率的测定

用 100 m 长的绳子沿测区对角线铺放,取中间 30 m,每隔 20 cm 做 1 个记号,数记号下有残茬的点数,再除以总记号数(测定点数),测 3 次取平均值。残茬覆盖率按公式(1)计算。

$$F = \frac{\sum \dfrac{D_2}{D_1}}{3} \times 100 \quad\cdots\cdots\cdots\cdots\cdots\cdots\cdots\cdots\cdots\cdots\cdots\cdots \quad (1)$$

式中:

F ——残茬覆盖率,单位为百分号(％);

D_2 ——测定有残茬的点数;

D_1 ——测定点数。

4.3 残茬覆盖量的测定

在测区内,用对角线取样法选定 5 个测点,每点用 1 m×1 m 的测试框取样,取出测试框内地表的全部残茬(不带土下面的根茬),残茬烘干至含水率不大于 50％,称重后取平均值。残茬覆盖量按公式(2)计算。

$$W = \frac{\sum\limits_{i=1}^{5} W_i}{5} \quad\cdots\cdots\cdots\cdots\cdots\cdots\cdots\cdots\cdots\cdots\cdots\cdots\cdots\cdots\cdots \quad (2)$$

式中:

W ——测区残茬覆盖量,单位为千克每平方米(kg/m²);

W_i ——每个测点残茬覆盖量,单位为千克每平方米(kg/m²)。

4.4 作业性能

作业性能见表 1。

表 1　作业质量指标

序号	项目		种子粒距 X,cm			机型	
			X≤10	10<X≤20	20<X≤30	精密播种机	免耕播种机
1	播种均匀性	粒距合格指数,％	≥70	≥85	≥90	√	√
2		重播指数,％	≤25	≤15	≤10	√	√
3		漏播指数,％	≤12	≤8	≤6	√	√
4		合格粒距变异系数,％	≤30	≤25	≤20	√	—
5	播种深度合格率,％		≥80			√	√
6	动土率,％		≤20			—	√
7	机具通过性		不堵塞或轻微堵塞			—	√
8	种肥间距合格率,％		≥90			√	√

4.5 播种监控系统性能

播种机组在田间正常作业情况下,监控系统性能指标应符合表 2 的要求。

表 2　播种监控系统性能指标

序号	项目	指标及要求,%
1	播种量统计误差率	≤1
2	种子堵塞报警误差率	≤5
3	缺种报警误差率	≤5
4	肥料堵塞报警误差率	≤5
5	缺肥报警误差率	≤5

4.6　自动控制系统性能

无人自动驾驶为动力的播种机组,自动控制性能指标应符合表 3 的要求。

表 3　自动控制性能指标

序号	项目	指标及要求
1	作业面积统计精度,%	≥95
2	衔接行间距精度,cm	±2.5
3	对行(垄)准确度,%	≥100
4	变量施肥精度,%	≥95
5	排种器独立控制	播种机上各排种器单元应具有独立调节播种株距及开启与关停播种功能
6	不规则地块处理	在无重叠播种及无播种情况下,不规则地块能够合理规划处理
7	人机交互	人机交互单元应能清晰、准确、实时地输出图像、文字或声音信息给远程控制端,远程控制人员应能够清楚容易地读取信息,应能正确、实时地接收远程控制端的输入信息,远程控制人员应能够容易地通过键盘、鼠标或手写屏等方式输入信息、选择项目

注:变量施肥按处方图进行施肥。

4.7　排种器性能

排种器对种子的破碎率应符合表 4 的要求。

表 4　排种器种子破碎率

序号	项目	指标及要求,%
1	金属材料排种器	≤1.5
2	非金属材料排种器	≤0.5

4.8　排肥性能

正常作业下,播种机组排肥性能应符合表 5 的要求。

表 5　排肥性能指标

序号	项目	指标及要求,%
1	各行排肥量一致性变异系数	≤13.0
2	总排肥量稳定性变异系数	≤7.8

注:颗粒状化肥含水率不大于 12%、小结晶粉末状化肥含水率不大于 2%、排肥量为 150 kg/hm²～300 kg/hm²。

4.9　可靠性

可靠性有效度≥98%。

5　检测方法

5.1　种子破碎率

从各个排种器排出的种子中取出 3 份种子样本,每份质量不小于 100 g,选出其中破碎损伤的种子称其质量,计算破碎损伤种子质量占样本总质量的百分比,取平均值,再减去试验前测定的种子原始破损率。

5.2 机具通过性

在使用说明书规定的作业速度下,样机在测区内作业往返1个行程,观察机具在作业过程中是否能连续正常作业,残茬对机具的堵塞程度。

5.3 播种深度合格率

在往返1个行程内预先交错选定好的3个小区内进行测定,各小区内测定5点。播种覆土后,扒开土层,测定种子上部覆盖土层的厚度,计算覆土深度为$(h\pm1)$cm。当播深小于3 cm时,覆土深度为$(h\pm0.5)$cm,范围内的点占测定点数的百分比。h为按农艺要求调整的播深。

5.4 种肥间距合格率

种肥间距合格率与播种深度合格率同时测定。

沿机器前进方向的作业区域内测6行,少于6行者全测。测定时,将土层横断面切开,每行随机选3点进行测量,计算种肥间距合格率。种肥间距应大于3 cm。

5.5 排肥性能

施肥作业距离不小于50 m,测定行数不少于6行,少于6行全测。按公式(3)至公式(6)计算各行排肥量一致性标准差及变异系数、总排肥稳定性标准差及变异系数,重复5次。

　　a)　各行排肥量一致性标准差及变异系数按公式(3)、公式(4)计算。

$$S=\sqrt{\frac{1}{n-1}\sum(X-\bar{x})^2} \quad\cdots\cdots\cdots\cdots\cdots\cdots\cdots\cdots\cdots\cdots\cdots\quad (3)$$

式中:

S ——各行排肥量一致性标准差,单位为克(g);

n ——行数;

X ——各行排肥量,单位为克(g);

$\bar{x}$ ——平均排肥量,单位为克(g)。

$$a=\frac{S}{\bar{x}}\times100 \quad\cdots\cdots\cdots\cdots\cdots\cdots\cdots\cdots\cdots\cdots\cdots\quad (4)$$

式中:

a ——各行排肥量一致性变异系数。

　　b)　总排肥量稳定性标准差及变异系数,按公式(5)、公式(6)计算。

$$S_z=\sqrt{\frac{1}{m-1}\sum(X_z-\bar{X}_z)^2} \quad\cdots\cdots\cdots\cdots\cdots\cdots\cdots\cdots\quad (5)$$

式中:

S_z ——总排肥量稳定性标准差,单位为克(g);

m ——测定次数;

X_z ——每次总排肥量,单位为克(g);

$\bar{X}_z$ ——平均总排肥量,单位为克(g)。

$$a_z=\frac{S_z}{\bar{X}_z}\times100 \quad\cdots\cdots\cdots\cdots\cdots\cdots\cdots\cdots\cdots\cdots\quad (6)$$

式中:

a_z ——总排量稳定性变异系数。

5.6 动土率

测量播种深度的同时,测量检验区域内2个工作幅宽上的动土宽度,每幅宽随机测定3处,按公式(7)计算动土宽度占测区宽度的百分比,5个测区的平均值为动土率。

$$D_t=\frac{\sum k_i}{6w}\times100 \quad\cdots\cdots\cdots\cdots\cdots\cdots\cdots\cdots\cdots\cdots\quad (7)$$

式中：

D_t ——动土率，单位为百分号（％）；

k_i ——每处测定的动土宽度，单位为米（m）；

w ——工作幅宽，单位为米（m）。

5.7 播种均匀性

调整播种机的开沟器，在开沟器不入土的情况下，作业 1 个行程，将种子播在土壤细碎、无秸秆、平整的地表上，不覆土。

至少测定 5 行，少于 5 行的全测，每行连续测定 10 个所播种子的粒距。按公式（8）至公式（20）算粒距合格指数、重播指数、漏播指数和合格粒距变异系数。

$$n'_1 = \sum n_i \, (X_i \in \{0 \sim 0.5\}) \quad\quad\quad (8)$$

$$n'_2 = \sum n_i \, (X_i \in \{>0.5 \sim \leqslant 1.5\}) \quad\quad\quad (9)$$

$$n'_3 = \sum n_i \, (X_i \in \{>1.5 \sim \leqslant 2.5\}) \quad\quad\quad (10)$$

$$n'_4 = \sum n_i \, (X_i \in \{>2.5 \sim \leqslant 3.5\}) \quad\quad\quad (11)$$

$$n'_5 = \sum n_i \, (X_i \in \{>3.5 \sim \leqslant \infty\}) \quad\quad\quad (12)$$

$$X_i = \frac{x_i}{X_r} \quad\quad\quad (13)$$

$$N = n'_1 + n'_2 + n'_3 + n'_4 + n'_5 \quad\quad\quad (14)$$

$$N' = n'_2 + 2n'_3 + 3n'_4 + 4n'_5 \quad\quad\quad (15)$$

式中：

n'_i ——在每个区段内粒距出现的频数；

n_i ——粒距出现的频数；

X_i ——每个区段的变量，区段长度为 $0.1 X_r$；

x_i ——区段的中值，单位为毫米（mm）；

X_r ——理论粒距，单位为毫米（mm）；

N ——试验测定的粒距总数；

N' ——区间数。

$$A = \frac{N - 2n'_1}{N} \times 100 \quad\quad\quad (16)$$

$$B = \frac{n'_1}{N'} \times 100 \qu\quad\quad\quad (17)$$

$$M = \frac{n'_3 + 2n'_4 + 3n'_5}{N'} \times 100 \quad\quad\quad (18)$$

式中：

A ——粒距合格指数；

B ——重播指数；

M ——漏播指数。

$$\overline{X} = \frac{\sum n_i X_i}{n'_2} \, (X_i \in \{>0.5 \sim \leqslant 1.5\}) \quad\quad\quad (19)$$

$$C = \sqrt{\frac{\sum n_i X_i^2}{n'_2} - \overline{X}^2} \times 100 \quad\quad\quad (20)$$

式中：

$\overline{X}$ ——平均合格粒距，单位为毫米（mm）；

C ——合格粒距变异系数。

5.8 播种量统计误差率

在测定播种均匀性的同时测定播种量统计误差率,播种机显示统计的总播种量超过 1 000 粒后停车,检查实际播种总量,按公式(21)计算每次作业播种量统计误差率,试验 3 次求平均值。

$$\Delta Q = \left| 1 - \frac{Q_1}{Q_2} \right| \times 100 \quad\cdots\cdots\cdots\cdots\cdots\cdots\cdots\cdots\cdots\cdots (21)$$

式中:

ΔQ ——播种量统计误差率,单位为百分号(%);

Q_1 ——播种机统计的播种量,单位为粒;

Q_2 ——实际播种总量,单位为粒。

5.9 种子堵塞报警误差率

把所有的排种口堵住,当种子因堵塞堆积到监测传感器部位时,记录未报警的次数 H_1,如果出现误报警,误报警的次数同样计入 H_1,并随时清除报警指示继续测量,反复测量 50 次。

按公式(22)进行计算种子堵塞报警误差率。

$$\delta_1 = \frac{H_1}{50} \times 100 \quad\cdots\cdots\cdots\cdots\cdots\cdots\cdots\cdots\cdots\cdots (22)$$

式中:

δ_1 ——种子堵塞报警误差率,单位为百分号(%);

H_1 ——统计的种子堵塞未报警和误报警总次数,单位为次。

5.10 缺种报警误差率

根据试验场地的大小,在每一个种箱中加入少量的种子,当种箱排空时,记录未报警的次数 H_2,如果出现误报警,误报警的次数同样计入 H_2,并随时清除报警指示继续测量,反复测量 50 次。按公式(23)计算缺种报警误关蓄。

$$\delta_2 = \frac{H_2}{50} \times 100 \quad\cdots\cdots\cdots\cdots\cdots\cdots\cdots\cdots\cdots\cdots (23)$$

式中:

δ_2 ——缺种报警误差率,单位为百分号(%);

H_2 ——统计的缺种未报警和误报警总次数,单位为次。

5.11 肥料堵塞报警误差率

把所有施肥的开沟器排肥口堵住,当肥料因堵塞堆积到监测传感器部位时,记录未报警的次数 H_3,如果出现误报警,误报警的次数同样计入 H_3,并随时清除报警指示继续测量,反复测量 50 次。

按公式(24)进行计算肥料堵塞报警误差率。

$$\delta_3 = \frac{H_3}{50} \times 100 \quad\cdots\cdots\cdots\cdots\cdots\cdots\cdots\cdots\cdots\cdots (24)$$

式中:

δ_3 ——肥料堵塞报警误差率,单位为百分号(%);

H_3 ——统计的肥料堵塞未报警和误报警总次数,单位为次。

5.12 缺肥报警误差率

根据试验场地的大小,在每一个肥箱中加入少量的肥料,当肥料低于传感器部位时,记录未报警的次数 H_4,如果出现误报警,误报警的次数同样计入 H_4,并随时清除报警指示继续测量,反复测量 50 次。

按公式(25)计算缺肥报警误差率。

$$\delta_4 = \frac{H_4}{50} \times 100 \quad\cdots\cdots\cdots\cdots\cdots\cdots\cdots\cdots\cdots\cdots (25)$$

式中:

δ_4 ——缺肥报警误差率,单位为百分号(%);

H_4 ——统计的未报警和误报警总次数,单位为次。

5.13 可靠性

在一定残茬覆盖的田块上(免耕机),对 1 台样机进行累计作业时间不小于 18 h 的生产查定。记录作业时间、调整保养时间、样机故障情况及排除时间。查定过程中不得发生导致机具功能完全丧失、危及作业、人身安全或引起重要总成报废(如排种器、排肥器、开沟器总成)的致命故障,以及导致功能严重下降,主要零部件[如:万向节传动轴、排种(肥)轴、轴承座以及机架等结构件]损坏的严重故障。按公式(26)计算有效度 K。

$$K = \frac{\sum T_z}{\sum T_z + \sum T_g} \times 100 \cdots\cdots\cdots\cdots\cdots\cdots\cdots (26)$$

式中:

K ——有效度,单位为百分号(%);

T_z ——累计作业时间,单位为小时(h);

T_g ——累计故障修复时间,单位为小时(h)。

5.14 衔接行间距精度

在测区内设定 A-B 线为导航线,根据企业提供的说明书设置衔接行间距,将电控播种机组驶向导航线右侧相邻的导航线 A'-B',电控播种机在到达起始线以前应进入稳定工作状态。电控播种机组以低速和中速分别从起始线出发驶过终止线,记录实际行驶轨迹。将起始线与终止线的行驶轨迹均分 49 等份,在轨迹线上得到 50 个相交点,用每对相交点的作业行间距减去预设作业轨迹间距离得到衔接行间距偏差,如图 1。

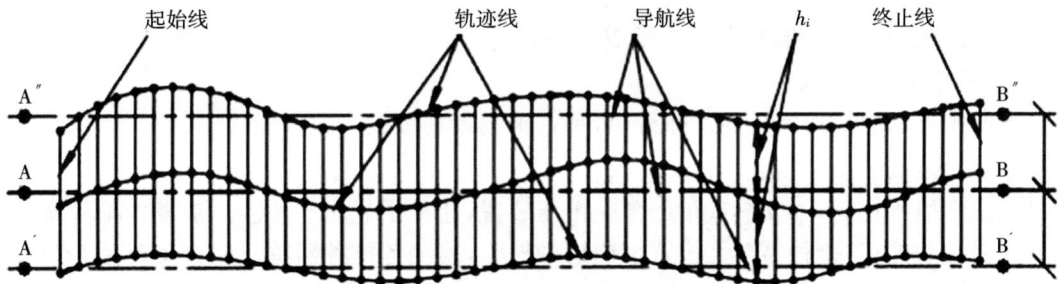

图 1 衔接行间距精度试验

按公式(27)计算衔接行间距精度。然后在导航线的左侧相邻的导航线 A''-B'' 重复试验。分别取左右两次作业衔接行间距平均误差的最大值,衔接行间距精度的最大值作为最终测量结果。

$$S_2 = \sqrt{\frac{1}{N-1} \sum_{i=1}^{N} \left[(h_i - H) - \frac{1}{N} \sum_{i=1}^{N} (h_i - H) \right]^2} \cdots\cdots\cdots\cdots (27)$$

式中:

S_2 ——衔接行间距精度,单位为厘米(cm);

h_i ——第 i 个采样点的横向偏移误差,单位为厘米(cm);

H ——预设衔接行间距,单位为厘米(cm);

N ——采样总数。

5.15 对垄(行)准确度

播种机组,在垄(行)上播种作业时,需要按已起垄状态进行播种作业。试验时往、返各 3 个行程,检查每一行程内垄上作业状态。若有 1 行及以上没有在垄上作业,则为不合格。

5.16 作业面积统计精度

选 3 个不同面积的测区,播种机组正常作业,每个测区播种结束后,记录播种机组统计的作业面积。按公式(28)计算作业面积统计精度,取平均值。

$$Z_j = \frac{|S_s - S_t|}{S_s} \times 100 \quad \cdots\cdots\cdots\cdots\cdots\cdots\cdots\cdots\cdots\cdots\cdots\cdots (28)$$

式中：

Z_j ——作业面积统计精度，单位为百分号（%）；

S_s ——实际作业面积，单位为公顷（hm^2）；

S_t ——播种机组统计的作业面积，单位为公顷（hm^2）。

5.17 变量施肥精度

在施肥量调节范围内，设定每行或总肥料的下肥质量；启动变量施肥功能，根据行走速度进行自动控制施肥，肥料落入接料桶内；行走 2 min 后停止下肥，将各接料桶内的肥料进行称重，行到肥料的总下肥质量；由预设下肥量与作业面积得到肥料理论下肥质量；试验 10 次，取平均值。

按公式（29）计算变量施肥精度。

$$\delta_5 = \frac{G_1 - G_2}{G_2} \times 100 \quad \cdots\cdots\cdots\cdots\cdots\cdots\cdots\cdots\cdots\cdots\cdots (29)$$

式中：

δ_5 ——变量施肥精度，单位为百分号（%）；

G_1 ——实际下肥质量，单位为千克（kg）；

G_2 ——理论下肥质量，单位为千克（kg）。

理论下肥质量按公式（28）计算。

$$G_2 = \frac{L_1 \times A}{10\ 000} \quad \cdots\cdots\cdots\cdots\cdots\cdots\cdots\cdots\cdots\cdots\cdots (30)$$

式中：

L_1 ——施肥量预设下肥质量，单位为千克（kg）；

A ——作业面积，单位为公顷（hm^2）。

具有独立排肥器施肥量控制功能的播种机，每行施肥量精度按公式（29）、公式（30）计算。

5.18 排种器独立控制

播种机组正常播种作业，不安装或抬起覆土镇压装置，让种子显露于地表。检查各排种器单元能否独立开启与关停播种功能；各排种器单元设置不同播种株距，检测各排种器单元能否实现独立调节不同株距功能。

5.19 人机交互

检查人机交互单元能否有清晰、准确、实时地输出图像、文字或声音信息给远程控制端（或显示终端）；并能够清楚容易地读取信息；正确、实时地接收远程控制端（或显示终端）的输入信息；能够容易地通过键盘、鼠标或手写屏等方式输入信息、选择项目等。

5.20 不规则地块处理

播种区域内，规划出 3 块不同形状的作业区，检查播种机在不重叠、不漏播情况下能否正常播种作业。

6 检验规则

6.1 不合格项目分类

按照其对作业质量的影响程度，将检测项目分为 A、B、C 三类。检测项目分类见表 6。

表 6 检测项目分类

分类		项目	精密播种机	免耕播种机
类	项			
A	1	粒距合格指数	√	√
	2	重播指数	√	√

表 6（续）

A	3	漏播指数	√	√
	4	合格粒距变异系数	√	—
	5	种子破碎率	√	√
	6	动土率	—	√
	7	机具通过性	—	√
	8	可靠性	√	√
B	1	各行排肥量一致性变异系数	√	√
	2	总排肥量稳定性变异系数	√	√
	3	播深合格率	√	√
	4	种肥间距合格率	√	√
	5	缺种报警误差率	√	√
	6	缺肥报警误差率	√	√
	7	播种量统计误差率	√	√
C	1	种子堵塞报警误差率	√	√
	2	肥料堵塞报警误差率	√	√
	3	变量施肥精度	√	√
	4	排种器独立控制	√	√
	5	衔接行间距精度	√	√
	6	对行(垄)准确度	√	√
	7	作业面积统计精度	√	√
	8	不规则地块处理	√	√
	9	人机交互	√	√

6.2 判定规则

对所有项目进行逐项检测。A 类项目全部合格、B 类项目不多于 1 项不合格且 C 类项目不多于 2 项不合格时,判定播种机作业质量为合格;否则为不合格。

ICS 65.060.40
CCS B 91

Q/BDHNJ

北大荒农垦集团有限公司企业标准

Q/BDHNJ 0022—2022

植保无人驾驶航空器　作业质量

2022-12-26 发布

2022-12-26 实施

北大荒农垦集团有限公司 发布

Q/BDHNJ 0022—2022

前　言

本文件按照 GB/T 1.1—2020《标准化工作导则　第 1 部分：标准化文件的结构和起草规则》的规定起草。

请注意本文件的某些部分可能涉及专利。本文件的发布机构不承担识别专利的责任。

本文件由北大荒农垦集团有限公司提出并归口。

本文件起草单位：黑龙江省农垦科学院、黑龙江农垦农业机械试验鉴定站、北大荒农垦集团有限公司建三江分公司、北京农业智能装备技术研究中心、扬州大学机械工程学院、北大荒集团黑龙江红卫农场有限公司、北大荒集团黑龙江胜利农场有限公司、北大荒集团黑龙江友谊农场有限公司。

本文件主要起草人：杨宝龙、胡新、李东涛、高广智、白雪、于省元、刘廷宇、吴亚晶、孟志军、张瑞宏、刘宝、秦泗君、杜吉山、柳春柱、贺佳贝、牛文祥、高嵩、修德龙、顾冰洁、刘渊、邢左群、于孟京、卢宝华、杜吉山、朱梅梅、范淼、刘威、常相铖、裴浩男、梁道满、贾力群、修德宣、李岩、丛威。

植保无人驾驶航空器　作业质量

1　范围

本文件规定了植保无人驾驶航空器作业质量、检测方法和检验规则。

本文件适用于植保无人驾驶航空器作业质量评定。

2　规范性引用文件

下列文件中的内容通过文中的规范性引用而构成本文件必不可少的条款。其中，注日期的引用文件，仅该日期对应的版本适用于本文件；不注日期的引用文件，其最新版本（包括所有的修改单）适用于本文件。

GB/T 4208　外壳防护等级（IP 代码）

GB/T 5262　农业机械试验条件　测定方法的一般规定

NY/T 3213—2018　植保无人飞机　质量评价技术规范

3　术语和定义

下列术语和定义适用于本文件。

3.1

植保无人驾驶航空器

配备农药喷洒系统，以电池和/或燃油为动力的单旋翼或多旋翼的遥控无人航空器。

3.2

飞行控制系统

对植保无人驾驶航空器的航迹、姿态、速度等参数进行单项或多项控制的系统。

3.3

管控云平台

以大数据、云计算、人工智能、互联网等技术为支撑，完成对各种信息的处理、存储、分析、智能识别、学习、推理和决策，最终形成各种作业指令、命令下达，并具有各种终端的可视化展示、用户管理基础功能的管控平台。

3.4

路径规划

植保无人驾驶航空器按照地块情况和作业要求，生成用于飞行和作业的路径，以实现该地块的全覆盖作业。路径规划包括全局路径规划和局部路径规划。

3.5

全局路径规划

依据已获取的全区域环境信息，规划出从起始点至终点的一条安全、无碰撞的飞行路径。

3.6

局部路径规划

侧重考虑当前的局部环境信息，通过传感器对植保无人驾驶航空器工作环境进行探测，获取障碍物的位置与几何尺寸等信息，找到一条从当前位置到目标位置的安全、无碰撞的可行进的路径。

3.7

遥控模式

由操作者远程控制运行的操控模式（可采用手机应用软件、遥控器及远程监测平台等方式操作）。

3.8

自动模式

运行时不需人员控制的模式。

3.9

空机质量

不包含药液、燃料和地面设备的植保无人驾驶航空器整机质量。

3.10

最大起飞质量

植保无人驾驶航空器能够起飞的最大质量,包含空机质量和最大负载的质量。

3.11

作业高度

植保无人驾驶航空器作业时机具喷头与受药面的相对距离。

3.12

环境感知

利用视觉技术、传感器技术对植保无人驾驶航空器周边环境进行全方位或对特定物体进行探测甄别。

3.13

电子围栏

为阻挡植保无人驾驶航空器侵入特定区域(包含机场净空区、重点区、人口稠密区等),在相应电子地理范围中画出特定区域,并配合飞行控制系统、保障区域安全的软硬件系统。

3.14

自主作业

植保无人驾驶航空器按规划的路径飞行作业,自动完成升降、转弯入行、喷雾等过程。

3.15

定量喷药

喷雾控制系统可根据速度的变化,实时自动调节喷洒流量,使单位面积的施药量均匀一致。

4 作业质量

4.1 作业条件

试验地周边环境应开阔无遮挡、无强的电磁干扰,多机作业时,应避免电台频率重叠;使用网络 RTK 时,应当确保当地网络信号良好。试验条件按 GB/T 5262 的规定测定温度、湿度、风速等气象条件,试验时,除特别指明的介质外,试验介质为常温下不含固体杂质的清洁水;试验时气温应在 0～30 ℃,相对湿度不低于 50%,风速不大于 3 级。试验样机应按使用说明书的规定调整至最佳工作状态。宜选择早、晚天气较为适宜对作业,雨天不能作业。

4.2 作业质量

在 4.1 规定的作业条件下,植保无人驾驶航空器的作业质量指标应符合表 1 的要求。

表 1 作业质量一览表

序号	项目		单位	质量指标要求	检测方法对应的条款号
1	抗风性能		—	符合 5.3 的要求	5.1
2	作业幅宽		cm	应不低于企业明示值	5.2
3	喷头防滴漏		滴	每个喷头的滴漏数应不大于 5	5.3
4	喷雾量均匀性变异系数		—	≤35%	5.4
5	喷头的喷雾量偏差		—	≤5%	5.5
6	飞行精度	偏航距(水平)	m	≤0.4	5.6
		偏航距(高度)	m	≤0.4	
		速度偏差	m/s	≤0.4	

表 1（续）

序号	项目	单位	质量指标要求		检测方法对应的条款号
7	续航能力	—	单架次总飞行时间与连续喷雾作业时间之比应不小于1.2倍		5.7
			药箱容量 V	连续喷雾作业时间	
			V<10 L	≥5 min	
			10 L≤V≤15 L	≥7 min	
			V >15 L	≥9 min	
8	避障能力	m	悬停位置与障碍物位置之间的距离≥3		5.8
		m	飞行轨迹与障碍物的最小距离≥2		
9	可靠性	%	有效度≥98		5.9

5 检测方法

5.1 抗风性能

通过遥控器或手机 App，操控植保无人驾驶航空器在额定起飞质量条件下置于水平风向稳定、风速为(6±0.5)m/s 的自然风或是人工模拟风场中，操控植保无人驾驶航空器执行飞行动作(如起飞、前飞、后飞、侧飞、转向、悬停、着陆等)，观察其是否能够保持正常姿态。

5.2 喷头防滴漏

植保无人驾驶航空器在额定工作压力下进行喷雾，停止喷雾 5 s 后计时，计数各喷头 1 min 内每个滴漏的液滴数，进行 3 次试验取平均值。

5.3 喷雾量均匀性变异系数

a) 将植保无人驾驶航空器以正常作业姿态固定于集雾槽上方，集雾槽的承接雾流面作为受药面应覆盖整个雾流区域，植保无人驾驶航空器机头应与集雾槽排列方向垂直。

b) 植保无人驾驶航空器加注额定容量试验介质，在旋翼静止状态下，以制造商明示的最佳作业高度进行喷雾作业。若制造商未给出最佳作业高度，则以 2 m 作业高度喷雾。

c) 使用量筒收集槽内沉积的试验介质，当其中任一量筒收集的喷雾量达到量筒标称容量的 90% 时或喷完所有试验介质时，停止喷雾。

d) 记录喷幅范围内每个量筒收集的喷雾量，并按公式(1)~公式(3)计算喷雾量相关指标。

$$\bar{q} = \frac{\sum_{i=1}^{n} q_i}{n} \quad\cdots\cdots\cdots\cdots\cdots\cdots\cdots\cdots\cdots\cdots\cdots\cdots (1)$$

式中：

$\bar{q}$ ——喷雾量平均值，单位为毫升(mL)；

q_i ——各测点的喷雾量，单位为毫升(mL)；

n ——喷幅范围内的测点总数。

$$S = \sqrt{\frac{\sum_{i=1}^{n} (q_i - \bar{q})^2}{n-1}} \quad\cdots\cdots\cdots\cdots\cdots\cdots\cdots\cdots\cdots\cdots (2)$$

式中：

S ——喷雾量标准差，单位为毫升(mL)。

$$V = \frac{S}{\bar{q}} \times 100 \quad\cdots\cdots\cdots\cdots\cdots\cdots\cdots\cdots\cdots\cdots\cdots (3)$$

式中：

V ——喷雾量分布均匀性变异系数。

5.4 作业喷幅

试验在空旷的露天场地,场地表面有植被覆盖,环境平均风速为 0 m/s～3 m/s,温度为 5 ℃～45 ℃,相对湿度为 20%～95% 的环境中进行。

a) 将采样卡(专用试纸)水平夹持在 0.2 m 高的支架上,在植保无人驾驶航空器预设飞行航线的垂直方向(即沿喷幅方向),间隔不大于 0.2 m 或连续排列布置。

b) 植保无人驾驶航空器加注额定容量试验介质,以制造商明示的最佳作业参数进行喷雾作业。若制造商未给出最佳作业参数,则以 2 m 作业高度、4 m/s 飞行速度、进行喷雾作业。在采样区前 50 m 开始喷雾,后 50 m 停止喷雾。

c) 计数各测点采样卡收集的雾滴数,计算各测点的单位面积雾滴数,作业喷幅边界按下列两种方法确定:

——从采样区两端逐个测点进行检查,两端首个单位面积雾滴数不小于 15 滴/cm² 的测点位置作为作业喷幅两个边界;

——绘制单位面积雾滴数分布图,该分布图单位面积雾滴数为 15 滴/cm² 的位置作为作业喷幅两个边界,如图 1 所示。

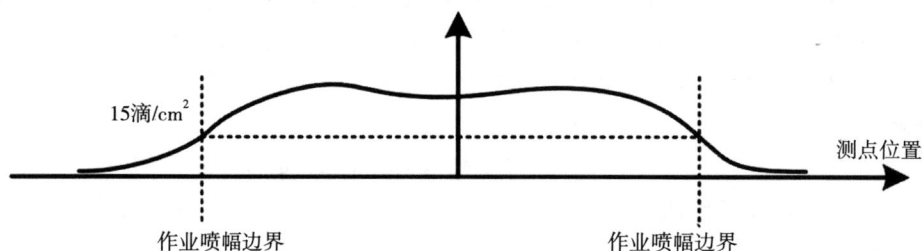

图 1 作业喷幅边界确定

d) 作业喷幅边界间的距离为作业喷幅。试验重复 3 次,取平均值。允许在 1 次试验中布置三行采样卡代替 3 次重复试验,采样卡行距不小于 5 m。

5.5 喷头的喷雾量偏差检测

被测喷头在额定流量、最大流量、最小流量 3 种工况下喷雾,以容器承接雾液并测量体积,每次测量时间 1 min～3 min,重复 3 次,计算实际每分钟平均喷雾量,再计算相对相应工况下喷头的理论每分钟平均喷雾量的偏差,具体按照公式(4)计算。

$$d_1 = \frac{|q_1 - q_0|}{q_0} \times 100 \quad \cdots\cdots\cdots (4)$$

式中:

d_1——喷头的喷雾量偏差,单位为百分号(%);

q_1——实际每分钟平均喷雾量,单位为升每分钟(L/min);

q_0——理论每分钟平均喷雾量,单位为升每分钟(L/min)。

5.6 自主控制飞行模式精度

试验在航线长度不小于 120 m,航线高度不大于 5 m,飞行速度为 3 m/s～5 m/s 的条件下进行。

a) 在额定起飞质量条件下,操控植保无人驾驶航空器以自主控制模式沿航线飞行,同时以不大于 0.1s 的时间间隔对植保无人驾驶航空器空间位置进行连续测量和记录,如图 2 所示,重复 3 次。

b) 将记录的航迹经纬度坐标按 CGCS 2000(2000 中国大地坐标系)的格式进行直角坐标转换;植保无人驾驶航空器的空间位置坐标记为 (x_i, y_i, z_i), $i=0,1,2,\cdots,n$,其中 $i=0$ 时为飞行过程中剔除加速区间段的稳定区开始位置,$i=n$ 时为飞行过程中剔除减速区间段的稳定区终止位置。

c) 整条航线的平面位置坐标记为 $ax+by+c=0$,a、b、c 系数依据航线方向和位置而定,按公式(5)～公式(7)分别计算偏航距(水平)L_i、偏航距(高度)H_i 和速度偏差 V_i,测量值应为测量区间内各点计算值的最大者。

$$L_i = \frac{|ax_i + by_i + c|}{\sqrt{a^2 + b^2}} \quad\cdots\cdots (5)$$

式中：

L_i ——偏航距（水平），单位为米（m）；

i ——为 0,1,2,…,n；

a,b,c——换算系数；

x_i ——采集航迹点位置的东西方向坐标值，单位为米（m）；

y_i ——采集航迹点位置的南北方向坐标值，单位为米（m）。

$$H_i = |Z_i - Z_{set}| \quad\cdots\cdots (6)$$

式中：

H_i ——偏航距（高度），单位为米（m）；

Z_i ——采集航迹点位置的高度坐标值，单位为米（m）；

Z_{set} ——预设航线的高度坐标值，单位为米（m）。

$$v_1 = |V_1 - V_{set}| \quad\cdots\cdots (7)$$

式中：

v_i ——速度偏差，单位为米每秒（m/s）；

V_i ——采集航迹点位置的飞行速度，单位为米每秒（m/s）；

V_{set} ——预设的飞行速度，单位为米每秒（m/s）。

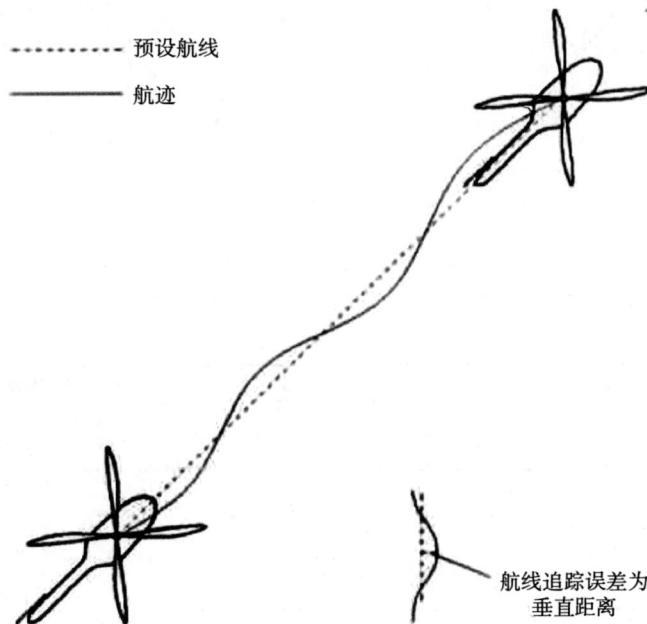

图 2 偏航示意

5.7 续航能力

试验在空旷露天场地、风速不超过 3 m/s 的条件下进行。电池处于满电状态，加注额定容量清水，让植保无人驾驶航空器在自控模式下以 4 m/s 的速度、距地面 2 m 的高度、合理的喷头流量进行喷雾作业，从起飞至电量不足报警后平稳着陆，测试并记录单架次总飞行时间和连续喷雾作业时间。记录单架次最大作业时间为 t_2，起飞至着陆总时间 t_2，计算 t_2/t_1，重复 3 次，取最小值。

5.8 避障性能

5.8.1 在场内设置细长型、松散型障碍物，其中细长型障碍物直径为 5 cm，松散型障碍物以带枝叶的树木为最佳，采用第三方高精度测量仪器标定障碍物位置坐标。

5.8.2 在试验场地内预设植保无人驾驶航空器的飞行航线,航线应经过障碍物,设置飞行速度为制造商明示的最大飞行速度。

5.8.3 在额定起飞质量条件下,操控植保无人驾驶航空器以自主控制模式沿航线飞行,同时以不大于0.1 s的时间间隔对植保无人驾驶航空器空间位置进行连续测量和记录,采用第三方高精度测量型接收机记录的RTK位置数据作为飞机实际位置数据。重复3次。

5.8.4 目测机具是否有对障碍物做出悬停、躲避、绕开等避让措施的功能。

5.8.5 将机具的飞行轨迹与障碍物标定位置进行比对。采取悬停避让的机具,测量其悬停位置与障碍物位置之间的距离,判断其是否大于3 m;采取自主绕障的机具,测量其飞行轨迹与障碍物的最小距离,判断其是否大于2 m。

5.9 可靠性

植保无人驾驶航空器在正常工作状态,按常规作业速度在田间工作。试验用介质为清水或者为按照农业生产防治要求稀释后的农药液剂。对1台样机进行18 h的生产查定,考核机具的运行、故障和维修保养情况,按公式(8)计算机具的有效度。

$$K = \frac{\sum t_z}{\sum t_z + \sum t_g} \times 100 \cdots\cdots\cdots (8)$$

式中:

K ——有效度,单位为百分号(%);

t_z ——样机作业时间,单位为小时(h);

t_g ——样机故障修复时间,单位为小时(h)。

6 检验规则

6.1 不合格项目分类

按照其对作业质量的影响程度,将检测项目分为A、B两类。检测项目分类见表2。

表2 检测项目分类表

分类		合并项目
类	项	
A	1	喷头防滴漏
	2	喷雾量均匀性变异系数
	3	有效度
	4	飞行精度
	5	避障能力
B	1	抗风性能
	2	作业幅宽
	3	喷头的喷雾量偏差
	4	续航能力

6.2 判定规则

对所有项目进行逐项检测。A类项目全部合格且B类项目不多于1项不合格时,判定植保无人机驾驶航空器作业质量为合格。

ICS 65.060.40
CCS B 91

Q/BDHNJ

北大荒农垦集团有限公司企业标准

Q/BDHNJ 0023—2022

无人驾驶喷杆喷雾机　作业质量

Operating quality for unmanned boom sprayer

2022-12-26 发布　　　　　　　　　　　　　　　2022-12-26 实施

北大荒农垦集团有限公司 发布

前　言

本文件按照 GB/T 1.1—2020《标准化工作导则　第 1 部分：标准化文件的结构和起草规则》的规定起草。

请注意本文件的某些部分可能涉及专利。本文件的发布机构不承担识别专利的责任。

本文件由北大荒农垦集团有限公司提出并归口。

本文件起草单位：黑龙江省农垦科学院、黑龙江农垦农业机械试验鉴定站、北大荒农垦集团有限公司建三江分公司、北京农业智能装备技术研究中心、扬州大学机械工程学院、北大荒集团黑龙江红卫农场有限公司、北大荒集团黑龙江胜利农场有限公司、北大荒集团黑龙江友谊农场有限公司。

本文件主要起草人：岳远林、李东涛、胡新、高广智、白雪、刘宝、梁道满、修德宣、吴亚晶、孟志军、张瑞宏、王生、秦泗君、杜吉山、柳春柱、贺佳贝、牛文祥、高嵩、安文宇、顾冰洁、刘渊、邢左群、于孟京、卢宝华、杜吉山、朱梅梅、裴浩男、范淼、刘威、常相铖、李岩、丛威。

无人驾驶喷杆喷雾机　作业质量

1　范围

本文件规定了自走式无人驾驶喷杆喷雾机作业质量、检测方法和检验规则。

本文件适用于自走式无人驾驶喷杆喷雾机(以下简称"喷雾机")作业质量评定。

2　规范性引用文件

下列文件中的内容通过文中的规范性引用而构成本文件必不可少的条款。其中,注日期的引用文件,仅该日期对应的版本适用于本文件;不注日期的引用文件,其最新版本(包括所有的修改单)适用于本文件。

GB/T 5262　农业机械试验条件　测定方法的一般规定

GB/T 24677.1　喷杆喷雾机　技术条件

T/CAAMM 13　农业机械卫星导航自动驾驶系统前装　通用技术条件

T/NJ 1258—2020/T/CAAMM 104—2020　谷物收获机械　智能感知与控制终端

3　术语和定义

T/NJ 1258—2020/T/CAAMM 104—2020 界定的以及下列术语和定义适用于本文件。

3.1

无人驾驶喷杆喷雾机

集成北斗系统且兼容 GPS 等的精准定位、环境感知、远程通信、智能控制等技术,在限定场景内实现按规划的路径进行无人驾驶喷药作业的喷杆喷雾机。

3.2

环境感知

利用视觉技术、传感器技术对喷雾机周边环境进行全方位或对特定物体进行探测甄别。

3.3

路径规划

无人驾驶喷杆式喷雾机按照地块情况和作业要求,生成用于作业的路径,以实现该地块的全覆盖作业。路径规划包括全局路径规划和局部路径规划。

3.4

自主作业

喷雾机按规划的路径行驶作业,自动完成作业、停车、自动变速、转弯入行、喷杆升降、喷雾等作业过程。

3.5

满幅作业

在确定作业路线且保证不漏喷的前提下,喷杆喷雾机喷杆全部展开喷雾的作业状态。

3.6

定量喷雾

喷雾控制系统可根据速度的变化,实时自动调节喷药量,使单位面积的施药量均匀一致。

3.7

变量喷雾

喷雾控制系统依据农田病虫草害、作业速度等信息,控制喷头在各局部区域内按需喷雾。

4 作业质量

4.1 作业条件

试验地周边环境应开阔无遮挡、无强的电磁干扰,多机作业时,应避免电台频率重叠;使用网络 RTK 时,应当确保当地网络信号良好。试验条件按 GB/T 5262 的规定测定温度、湿度、风速等气象条件,试验时,除特别指明的介质外,试验介质为常温下不含固体杂质的清洁水;试验气温应在 0～30 ℃,相对湿度不低于 50％,试验样机应按使用说明书的规定调整至最佳工作状态。早、晚较为适宜,雨天不能作业。

4.2 作业质量

在 4.1 规定的作业条件下,喷雾机的作业质量指标符合表 1 的要求。

表 1　作业质量指标

序号	检验项目名称	质量指标要求	检测方法对应的条款号
1	喷头防滴性能,滴,min	≤10	5.1
2	喷头喷雾量变异系数,％	≤15	5.1
3	喷头喷雾量偏差,％	≤5	5.2
4	可靠性,％	有效度≥98	5..3
5	信息获取	喷雾机定位精度、数据输出频率、测试精度应符合 T/CAAMM13 规定;喷雾机采集的图像应清晰可靠,图像的采集速度应高于 20 FPS,采集的每帧图像均应包含准确的时间戳,采集图像的分辨率水平像素×垂直像素应不低于 1 280 DPI×720 DPI;喷雾机处于自动模式工作状态下 CAN 总线数据传输负载率应不高于 30％	5.4
6	智能感知	喷雾机的位置及状态感知水平均应不低于人工识别水平,本机状态检测速度应实时	5.5
7	智能控制	喷雾机对行驶速度、喷杆高度、喷头流量的自动调整精度应不低于人工调整精度3％	5.6
8	无人作业	喷雾机的作业水平应不低于人工操作下作业水平(以喷头喷雾量偏差为评判标准);喷雾机的智能作业速度应不低于人工操作下作业速度(人工操作下作业速度为所驾驶收获机喷雾机的说明书中标定速度);喷雾机的错误/危险操作告警正确率不小于 90％,致命错误/危险操作告警正确率应不小于 99％,告警信息输出速度应实时。	5.7
9	人机交互	喷雾机的人机交互单元应能清晰、准确、实时地输出图像、文字、声音信息给远程控制端,远程控制人员应能够清楚容易地读取信息,喷雾机应能正确、实时地接收远程控制端的输入信息,远程控制人员应能够容易地通过键盘、鼠标、手写屏输入信息或选择项目	5.8
10	避障距离,m	2	5.9

5 检测方法

5.1 基本性能

5.1.1 喷头防滴性能

在额定工作压力下,停止喷雾 5 s 后,出现滴液现象的喷头数量应不大于喷头总数的 10％,且单个滴漏喷头滴漏的液滴数应不大于 10 滴/min,试验不少于 3 次。

5.1.2 喷头防滴性能

在额定工作压力下进行喷雾,测定喷杆上每个喷头的喷雾量,测定时间 1 min,试验不少于 3 次。计算出变异系数。喷杆上各喷头喷雾量变异系数≤15％。

5.2 喷头防滴性能

被测喷头在额定流量、最大流量、最小流量 3 种工况下喷雾,以容器承接雾液并测量体积,每次测量时间 1 min~3 min,重复 3 次,计算实际每分钟平均喷雾量,再计算相对相应工况下喷头的理论每分钟平均喷雾量的偏差,具体按照公式(1)计算。

$$d_1 = \frac{|q_1 - q_0|}{q_0} \times 100 \quad\quad\quad (1)$$

式中:

d_1——喷头的喷雾量偏差,单位为百分号(%);

q_1——实际每分钟平均喷雾量,单位为升每分钟(L/min);

q_0——理论每分钟平均喷雾量,单位为升每分钟(L/min)。

5.3 可靠性

喷雾机在正常工作状态,按正常作业速度在田间工作。试验用介质为清水或者为按照农业生产防治要求稀释后的农药液剂。对 1 台样机进行 18 h 的生产查定,考核机具的运行、故障和维修保养情况,按公式(2)计算机具的有效度。

$$K = \frac{\sum t_z}{\sum t_z + \sum t_g} \times 100 \quad\quad\quad (2)$$

式中:

K——有效度,单位为百分号(%);

t_z——样机作业时间,单位为小时(h);

t_g——样机故障修复时间,单位为小时(h)。

5.4 信息获取

在规定的试验条件下,喷雾机处于自动模式,启动信息获取功能,按 T/CAAMM 13 的规定进行定位试验;运行图像采集软件测定图像采集性能;运行数据通信软件测定工作状态数据获取性能;运行药液量监测软件测定喷雾机药液量的使用情况。

5.5 智能感知

智能感知试验包括喷雾机位置及状态感知性能,具体如下:

a) 选定位置信息传感器为北斗导航设备

b) 将智能终端和北斗导航设备/整车控制器连接,智能终端通过北斗导航设备/整车控制器读取喷雾机位置信息/运行参数;

c) 选定 3 名人工机手,作为本方法测定用户;

d) 智能终端将智能终端和北斗导航设备/整车控制器连接中读取的结果通过人机交互单元(如显示屏)显示给测定用户,测定用户根据自身感受对数据显示的实时性进行打分,打分取值范围 0~10,其中 0 表示实时性最差,10 表示实时性最好;

e) 计算全部测试用户打分的平均值,若平均值不小于 8,则认定该喷雾机位置及状态感知速度为实时;若平均值不小于 6 但小于 8,则认定该识别的执行速度为准实时;否则认定为不实时。

5.6 智能控制

5.6.1 控制精度测试

a) 在规定的试验条件下,无人驾驶喷杆喷雾机处于自动模式下,启动智能控制功能,由无人驾驶喷杆喷雾机逐项调整喷杆高度、喷头流量、行驶速度、作业幅宽并记录其误差;

b) 在规定的试验条件下,无人驾驶喷杆喷雾机处于人工模式下,由机手逐项调整喷杆高度、行驶速度、作业幅宽并记录其误差;

c) 比较以上两款项测定的误差,评判无人驾驶喷杆喷雾机智能控制精度是否符合表 1 第 7 项的规定。

5.6.2 控制速度测试

a) 在规定的试验条件下,无人驾驶喷杆喷雾机处于自动模式,启动智能控制功能;

b) 通过人机交互单元(如显示屏)将喷杆高度、喷头流量、行驶速度、作业幅宽的调整结果显示给测

Q/BDHNJ 0023—2022

试人员进行控制实时性评判；

c) 通过人机交互单元（如显示屏）将喷杆高度、行驶速度、作业幅宽的执行结果显示给测试人员进行部件执行实时性评判。

5.7 无人作业

5.7.1 无人作业性能测试：

a) 选定1台无人驾驶喷杆喷雾机；

b) 选定同样条件、同样面积的两块试验田块A和B；

c) 喷雾机以自动模式完成A田块的喷雾作业，记录其喷雾量以及整个作业时长，试验条件符合4.1的规定；

d) 喷雾机以人工模式完成B田块的收割作业，记录其喷雾量以及整个作业时长，试验条件符合4.1的规定；

e) 比较以上两款项测定结果，评判无人驾驶喷杆喷雾机的自动模式作业时长和喷雾量是否不低于人工模式作业水平和速度。

5.7.2 错误/危险操作告警性能测试：

在规定的试验条件下，喷雾机处于自动模式下，由机手随机做出100个错误/危险/致命错误/致命危险操作，由喷雾机对其响应并给出告警，由机手对告警正确率和实时性进行评判。

5.8 人机交互

在规定的试验条件下，喷雾机处于自动模式下。由机手观察喷雾机在显示屏、音箱设备上输出的信息是否符合表1中第9项的要求，由机手操作键盘、鼠标或其他输入设备并观察喷雾机是否正确接收所输入信息。

5.9 避障距离

将直径为25 mm、高度为600 mm的圆柱形测试障碍桩水平放置在地面上，并垂直于喷雾机的行驶方向。喷雾机以使用说明书规定的作业速度靠近测试障碍桩，应在测试障碍桩与喷雾机（运输状态）的刚性部件接触前停车制动，并测量出喷雾机与测试障碍桩的距离。测试重复3次，1次测试障碍桩放置在喷雾机正前方的中心线上，另外两次测试障碍桩分别放置在机器轮廓边界线（运输状态）的两端。

6 检验规则

6.1 不合格项目分类

根据对作业质量的影响程度，将不合格项目分为A、B两类。检测项目分类见表2。

表2 检测项目分类表

分类		合并项目
类	项	
A	1	喷头防滴漏
	2	喷雾量均匀性变异系数
	3	避障距离
	4	可靠性
	5	喷头喷雾量偏差
B	1	智能感知
	2	信息获取
	3	智能控制
	4	人机交互
	5	无人作业

6.2 判定规则

对所有项目进行逐项检测。A类项目全部合格且B类项目不多于1项不合格时，则判定喷雾机作业质量为合格。

ICS 65.060.01
CCS B 01

Q/BDHNJ

北大荒农垦集团有限公司企业标准

Q/BDHNJ 0001—2024

代替 Q/BDHNJ 0001—2020

北大荒旱田农机田间作业质量规范

2024-05-15 发布   2024-05-15 实施

北大荒农垦集团有限公司 发布

前　言

　　本文件按照 GB/T 1.1—2020《标准化工作导则　第 1 部分：标准化文件的结构和起草规则》的规定起草。

　　本文件是对 Q/BDHNJ 0001—2020《北大荒旱田农机田间作业质量规范》的修订。

　　本文件由北大荒农垦集团有限公司提出并归口。

　　本文件起草单位：北大荒农垦集团有限公司、黑龙江农垦农业机械试验鉴定站、黑龙江农垦职业学院、北大荒农垦集团有限公司北安分公司、北大荒农垦集团有限公司九三分公司、北大荒农垦集团有限公司建三江分公司、北大荒农垦集团有限公司宝泉岭分公司、北大荒集团黑龙江建设农场有限公司。

　　本文件主要起草人：姜庆海、柳春柱、牛文祥、沙录、王乐宝、林小龙、曲殿波、董桂军、李孝凯、李宪伟、辛福志、韩成新、李洪涛、吕彦学、贺佳贝。

北大荒旱田农机田间作业质量规范

1 范围

本文件规定了北大荒旱田农机田间作业的旱田整地技术标准、旱田播种技术规程、田间管理、收获作业。

本文件适用于北大荒农垦集团有限公司旱田农业机械田间作业质量的检查、验收和管理。

2 规范性引用文件

本文件没有规范性引用文件。

3 术语和定义

下列术语和定义适用于本文件。

3.1
耕地

以农机具的机械作用来改变农田土壤的耕层构造和地面状况的机械作业。主要作业形式有翻地、旋耕、深松、联合耕整地等。

3.2
整地

对表层土壤进行松碎、平整及镇压的作业,主要作业形式有浅耕灭茬、耙地、耢地、镇压、平地、起垄等。

3.3
耕幅

耕地机具的实际作业宽度。

3.4
垡片

耕作机具作业时,单个工作部件所切取的条状或块状土垡。

3.5 重耕、漏耕

相邻两幅或相邻两铧的耕幅发生重叠称为重耕,留有未耕的地称为漏耕。

3.6 开墒

耕地时,用犁开出确定田垄纵向第1条沟,也称开犁。

3.7 开垡、闭垡

相邻土垡各向外翻后形成的垄沟为开垄,相邻土垡相对翻转所形成的垄脊为闭垄。

3.8 内翻、外翻

单向犁耕地时,土垡向耕区中央翻转为内翻,向耕区两侧翻转为外翻。

3.9 立垡、立垡率

翻转角度80°～100°的垡片为垡,在检查区内立垡的长度之和占检查长度的百分比为立垡率。

3.10 回垡、回垡率

在犁通过后又回落犁沟的垡片为回垡。在检查区内,回垡的长度之和占应检查长度的百分比为回垡率。

3.11 土壤含水率

土壤中水分重量与烘干土后土壤重量之间的比值。

3.12 土壤容重

单位容积原状土壤干土的质量,单位 g/cm³。

3.13 地表平整度

地表相对一基准面的起伏程度。

3.14 返浆期

土壤解冻形成的水分称为浆。春季气温回升,表土融化后,水分因有冻层相隔难以下渗,不断向地面返润,形成表土比较潮湿的现象,这种现象称为返浆,这个时期称为返浆期。

3.15 翻转犁

在犁梁的垂直方向上下安装正反2组犁体,在翻地时,通过翻转机构来实现犁体换向。

注:翻地时在地块的长边一侧开垦,作业时用梭形行走路线,翻后的地块没有沟和垄,地表平整,地块不用分区,不用绕地头作业,效率较单向犁高。如图1所示。

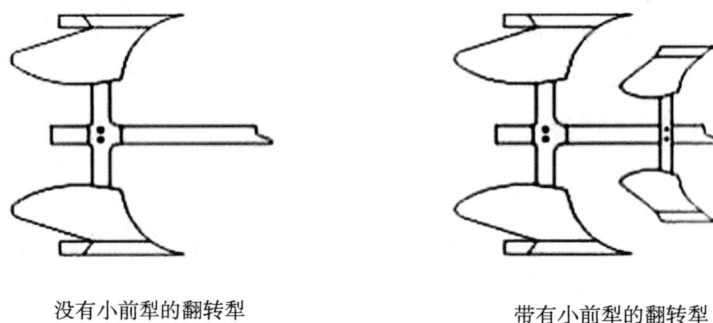

没有小前犁的翻转犁　　　　带有小前犁的翻转犁

图 1　翻转犁

3.16 小前犁(小副铧)

在铧式翻转犁主犁体前方安装,配置在主犁体的一侧。

注:将主犁体所翻垡片易漏残茬的部分提前翻扣到上一个犁沟内,主犁体翻起的土垡再将小前犁(小副铧)翻起的垡片覆盖地沟底,如图2所示。

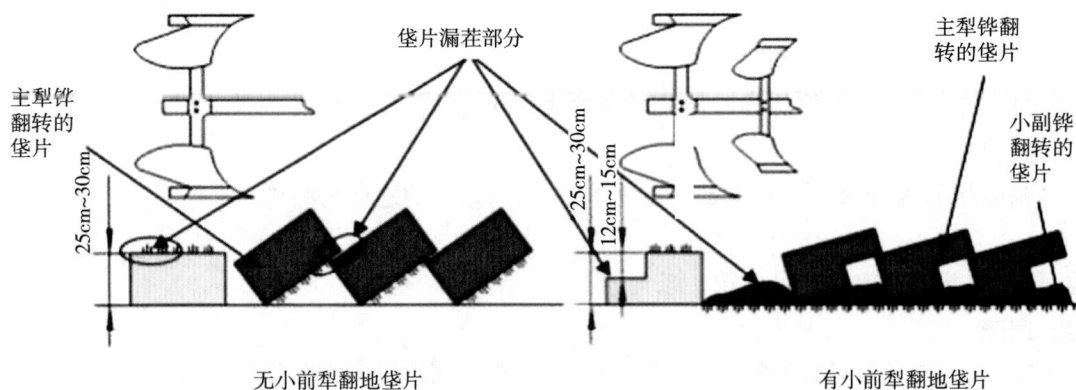

无小前犁翻地垡片　　　　有小前犁翻地垡片

图 2　翻地垡片

3.17 深松

深松作业以破碎犁底层为原则,加深耕作层,增加土壤的透气和透水性,改善作物根系生长环境。一般深度≥30 cm。

注:深松作业方式,采用全面深松在浅翻深松(改为浅翻深松)或耙茬深松的整地时,2年~3年进行1次土壤全面深松;起垄深松在耕整后的土地上结合起垄作业进行起垄深松,深松垄底部位。

3.18 联合耕整地

联合耕整地指一次作业即可完成灭茬碎土、耕层浅松、底层深松、整平合墒、镇压碎土、平整土地等作业,减少作业次数和对土壤的压实。

注:达到一次整地封墒的效果,提高了土壤有效接纳雨水和蓄水保墒的能力,形成了土壤地下水库。

3.19 耕耘作业

耕耘作业适用于茬地和翻地后地表浅层的整地作业。

注:通过浅松土、弹齿耙和碎土辊一次性作业,能形成上有小土块、下有密实土层的良好种床,减少风蚀和水蚀。

3.20 耙地

使用各种耙对表层土壤进行松碎整平的作业。

3.21 耙茬

对耕层土壤进行松碎、平整并破碎作物根茬的作业。

注:适用于大豆、玉米、小麦等软茬作物耙茬后,经整地可进行播种。

3.22 起垄

在平地上进行开沟培土成垄的作业,可分为秋起垄和春起垄。

注:春起垄应在春季耕层化冻 10 cm～15 cm 时进行起垄作业,也称为顶浆起垄。

3.23 镇压

使用各种镇压器将土壤表层适当压实的作业。

3.24 筛目数

目是指每平方英寸(6.45 cm²)筛网上的孔眼数目。

注:50 目就是指每平方英寸上的孔眼是 50 个,目数越大,孔眼越多。

3.25 喷头

喷头可分为扇形喷头和锥形喷头。扇形喷头由喷头体、柱形防滴过滤器、喷嘴和喷头帽组成。锥形喷头由喷头体、柱形防滴过滤器、涡流和喷头片组成。

注:扇形喷头喷雾穿透能力较强,在作物生长繁茂时施药,可直达深层。锥形喷头喷雾穿透能力差,喷杆式喷雾适宜选用扇形喷头,喷洒除草剂一定要选用扇形头。如喷杆喷雾机选用 11003 型扇形喷嘴,110 表示雾锥角 110°,03 表示流量 0.3 加仑*/min。80015 型扇形喷嘴,80 是雾锥角 80°,015 是流量 0.15 加仑/min。喷嘴喷雾形状为平面扇形,适用于机动喷雾机喷洒各种农药及肥料。

3.26 智能喷雾系统

智能喷雾系统是在喷药机上控制喷药量及防止重喷和漏喷的工作装置。

注:其工作原理是通过加装的卫星导航接收器计算出机车行进速度,喷液量由传感器准确监测,机车作业的速度快喷液量加大,速度慢喷液量少,机车停止不喷液。这种喷药作业能够保证单位面积内喷液量一致,改善了以往传统喷药机喷液量不匀的情况,并防止重喷和漏喷。同时能够做到实时跟踪,对单台喷药机的总作业面积、总流量、总时间自动记录保存,大大提高了喷药作业的工作效率。

3.27 风幕式喷杆喷雾机

在喷雾机上加设风机与风囊,作业时风囊出口形成风幕。

注:风幕的风力减少雾滴的飘失,还可使雾滴进行二次雾化,进一步提高雾化效果,增大了雾滴的沉积和穿透能力,使作物叶子正反两面药液达到附着均匀一致,在有风的天气(4级以下)也能正常工作。

4 旱田整地技术标准

4.1 秸秆还田灭茬作业

4.1.1 田间作业质量标准与要求

4.1.1.1 玉米、小麦和高粱等作物秸秆还田后留茬高度≥20 cm 时宜适时进行灭茬作业。

4.1.1.2 秸秆粉碎后长度≤8 cm,秸秆留茬高度≤3 cm。

4.1.1.3 秸秆粉碎还田垄上灭茬率≥95%,垄沟灭茬率≥80%,无漏打,到头到边,不拖堆,抛洒均匀。

---

* 本文件中加仑指美制加仑,1 加仑(美)=3.785 L。

4.1.2 机械作业要求

4.1.2.1 适时打茬,严禁潮湿作业,满足翻地、联合耕整地作业地表秸秆处理要求。

4.1.2.2 配套机具:120 马力～240 马力拖拉机,配套灭茬机,并配垄沟秸秆处理装置。

4.1.2.3 根据秸秆含水量、灭茬质量及土地条件合理控制车速,作业速度≤8 km/h。

4.1.2.4 地头要横向灭茬,避免翻地头拖堆。

4.2 翻地作业

4.2.1 田间作业质量标准与要求

4.2.1.1 翻地作业宜在伏、秋季进行,抓住宜耕期、不误农时、适时耕翻。翻地作业要结合收获及时进行,伏翻地要求在收获后 20 d 内完成,秋翻地要封冻前 10 d 完成,遇到特殊年份,秋翻地要在封冻前完成。

4.2.1.2 伏、秋翻地耕深为 25 cm～30 cm,以不出生土层为准,耕深一致,误差≤1.5 cm。

4.2.1.3 在翻地作业时,不拖堆,扣垡和埋茬严密,地表平整,立垡与回垡率之和≤5%,秸秆、残茬掩埋率≥90%,垂直耕幅 10 m 长度范围内地表平整度≤10 cm。

4.2.1.4 单向铧式犁开闭垄之间距离应在 50 m 以上,开垄宽度≤30 cm,闭垄高度≤10 cm,起落整齐。单向犁三区套耕行走路线如图 3 所示。

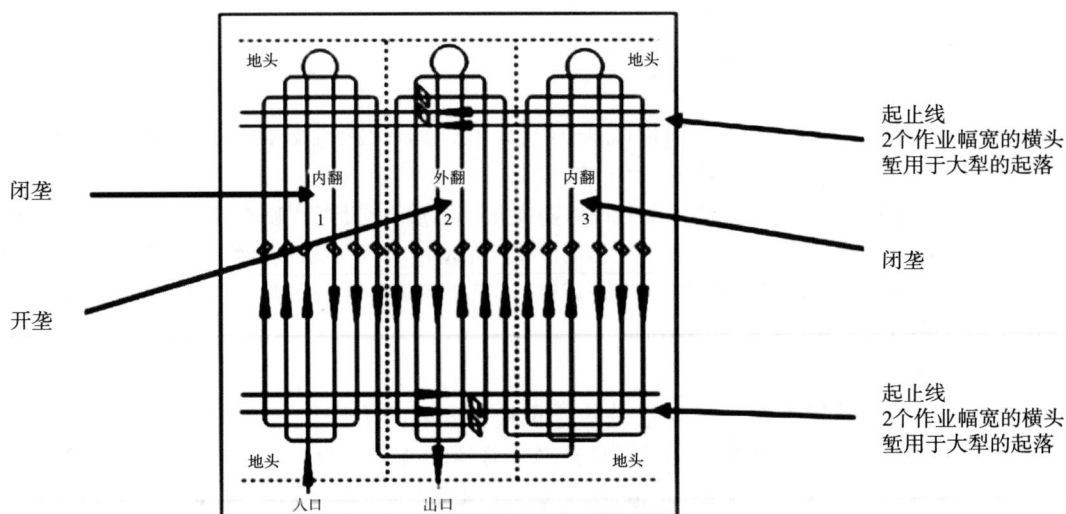

图 3　单向犁三区套耕行走路线

4.2.1.5 翻后的地头整齐,耕垡笔直,百米直线度误差≤4 cm,耕幅误差≤2 cm,无跑犁漏翻现象,不重不漏,翻到头,翻到边,无三角区,重耕率≤2%,地头横耕整齐。

4.2.1.6 电线杆及标桩等建筑物周围翻不到位的地方必须人工挖开并整平整细。

4.2.2 机械作业要求

4.2.2.1 配套机具:大于 200 马力拖拉机,可配卫星导航,选用带有副铧的翻转犁。地表秸秆、残茬较多时,可选用大间距(1.2 m)翻转犁,增加大犁的通过性能,减少拖堆。

> 注:翻地作业前要插垡旗,打横头垡(起止线),要在未耕地头留 8 个作业幅宽处打 3 个作业幅宽的横头垡。地头有农田路的地块,地头预留宽度可适当减少,以保证拖拉机转弯方便为宜。横头垡的垡片要向外翻,入犁和出犁要以横头垡为准。到横头垡时开始入犁,出横头垡时一定要起犁。在横头垡以外不要入犁和起犁,以保证横整齐,在翻横头时不拖堆,保证地头翻地达到 30 cm 以上的深度,为地头出苗整齐打基础。

4.2.2.2 翻转犁翻地要在地的长边一侧进行打垡,不要在地中间开垡,以避免造成没有必要出现的开闭垄,保证地表平整。进行梭形作业,地头转"灯泡弯",减少非作业时间。

4.2.2.3 翻转犁作业时要配小前犁,小前犁调整到主铧耕深的 1/2,12 cm～15 cm。有小副铧翻地垡片见图 2。

注:如果是岸上犁翻地,靠犁沟一侧的拖拉机后双驱动轮的外侧轮要在犁沟内悬空轮胎宽度约 1/3,杜绝一犁一沟,达到扣垡和埋茬严密,地表平整。地块正垡翻完后翻地头,地头 8 个作业幅宽沿地边向地中间翻,垡片向外翻,地头 8 个作业幅宽翻到与横头垡重合为止,合垡沟留在地里距地边最近的第 1 个横头垡里(打横头垡时已耕),合垡耕深为正常耕深的 1/3。翻转犁耕地作业梭形行走路线如图 4 所示。

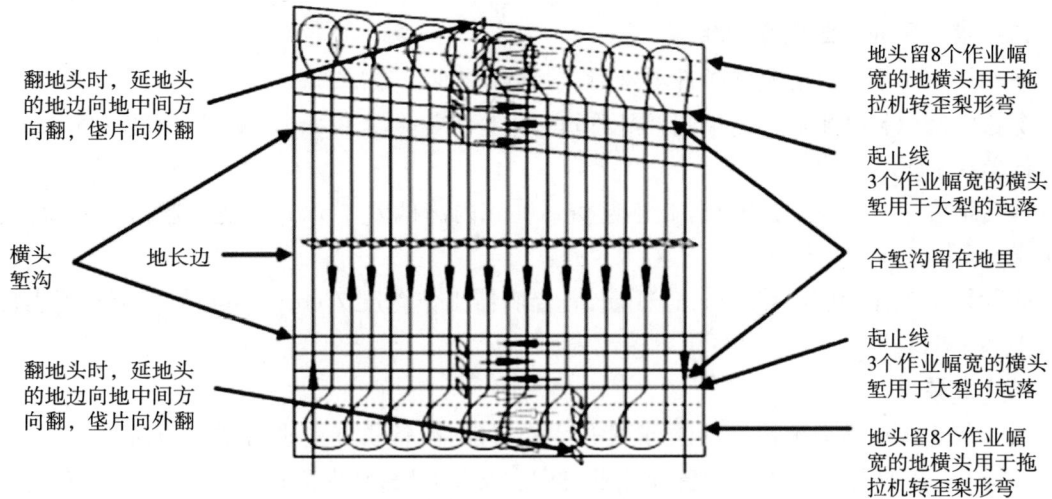

翻地头时,延地头的地边向地中间方向翻,垡片向外翻

横头垡沟

地长边

翻地头时,延地头的地边向地中间方向翻,垡片向外翻

地头留8个作业幅宽的地横头用于拖拉机转歪梨形弯

起止线
3个作业幅宽的横头垡用于大犁的起落

合垡沟留在地里

起止线
3个作业幅宽的横头垡用于大犁的起落

地头留8个作业幅宽的地横头用于拖拉机转歪梨形弯

图 4 翻转犁耕地作业梭形行走路线

4.3 耢地作业

4.3.1 农艺要求与田间作业质量标准

4.3.1.1 不违误农时,适期耢平地,春季耢地在原茬地化冻 3 cm、联合耕整地化冻 5 cm、秋翻地 8 cm 时即可作业,严禁湿耢地。

4.3.1.2 耢子重量适中,作业地头到边、不壅土、不拖堆,往复结合垡无明显凸台。

4.3.1.3 不漏耢,往复结合线重复≥15 cm。

4.3.1.4 地表平整,垂直于播种方向,在 10 m 宽内高低差≤5 cm。

4.3.1.5 耢后土壤细碎,每平方米范围内,大于等于直径 5 cm 的土块不超 3 块。

4.3.2 机械作业要求

4.3.2.1 配套机具:使用 180 马力～240 马力拖拉机,宜配套卫星导航作业,原茬配置链轨或刮板耢子,垄地配置道轨耢子。

4.3.2.2 采取对角或斜向作业。

4.3.2.3 作业速度 5 km/h～6 km/h。

4.4 深松浅翻作业

4.4.1 农艺要求与田间作业质量标准

4.4.1.1 适用于土壤打破犁底层全面深松作业。

4.4.1.2 适时作业,严禁水分过大时深松浅翻作业。

4.4.1.3 作业前必须进行田间秸秆粉碎处理。

4.4.1.4 以破碎犁底层为原则,深度适宜,一般耕深为 30 cm～35 cm,深浅一致,各行深度误差≤2 cm。地表面平整,垂直于耕幅 10 m 长度范围内地表高差≤10 cm。松到地头、地边、地角不漏格,地头整齐,耕幅一致,往复耕线要准确,百米直线度误差≤10 cm。

4.4.1.5 行距一致(垄地按垄距要求),行距误差≤1 cm。

4.4.2 机械作业要求

4.4.2.1 配套机具:大于 200 马力拖拉机,宜配卫星导航系统,杆齿式深松机带双翼掌,增强碎土效果,不留生格。

4.4.2.2　作业前要打起止线,枕地线宽度为2个深松机作业幅宽,田边距≤1 m,确保深松质量。

4.4.2.3　整地深松作业方向应与作物播种方向呈10°~15°,两侧距树带或田间道≤1 m,作业后圈边。

4.5　联合耕整地作业

4.5.1　农艺要求与田间作业质量标准

4.5.1.1　在耕层内土壤水分适宜的条件下进行,严禁湿整地。

4.5.1.2　深松深度以打破犁底层为原则,深度适宜,主杆齿深度≥35 cm,副杆齿深度≥20 cm,同种杆齿深度一致,误差≤2 cm。

4.5.1.3　整后地表平整,不拖堆、不出沟、不起棱,10 m内高低差≤5 cm。地头起落整齐、松向直、不漏松,松到头,松到边。

4.5.1.4　灭茬耙组工作深度应在10 cm~12 cm,合墒器工作深度7 cm~8 cm。碎土辊碎土良好,土壤细碎,达到上实下墒效果。

4.5.2　机械作业要求

4.5.2.1　大于等于300马力拖拉机,可配套使用卫星导航,配备联合整地机,配碎土辊。

4.5.2.2　联合耕整地入墒方向与上次深松作业方向交叉,与播种作业方向有一定夹角,一般为10°~15°,严禁顺播种方向整地。

4.5.2.3　正式作业前首先必须在地块2个横头采取横向深松一个往复(2个工作幅宽)。顺墒作业结束后,绕地一圈进行圈边。

4.5.2.4　地头、地边要整齐一致,百米直线度误差≤5 cm,往复结合墒允许误差≤5 cm。

4.5.2.5　各工作部件齐全磨损不超限,间距合理,误差≤1 cm。

4.6　耙地作业

4.6.1　农艺要求与田间作业质量标准

4.6.1.1　适用于联合耕整地、翻地、深松后地表浅层的整地作业。

4.6.1.2　秋季适墒适时耙地,地表有干土层,以不黏耙不出土块为准,耙后要求地表平整,土壤细碎,耙层表土疏松,严禁湿耙。

4.6.1.3　春季耙地一般在化冻6 cm时即可作业,适时适墒耙地,严禁湿耙,作业时以地表有干土层,不黏耙、不出土块为准。

4.6.1.4　耙深一致,耙透耙碎,耙后要求地表平整,不重耙、不漏耙、不拖堆,10 m内高低差≤10 cm,土壤细碎,耙层表土疏松,重耙后每平方米内≥10 cm直径土块不超过5块,中轻耙后每平方米内≥5 cm直径土块不超过5块。

4.6.1.5　耙深:轻型耙(前后圆盘)10 cm~12 cm,中型耙(前缺口后圆盘)12 cm~15 cm,重型耙(前后缺口)16 cm~20 cm,相邻耙组间耙深误差≤1 cm。

4.6.2　机械作业要求

4.6.2.1　配套机具:180马力~240马力拖拉机,宜配套使用卫星导航,配套偏置式液压耙,要配轻型耢子或碎土辊,进行复式作业。也可选用作业幅宽为4 m的动力驱动耙。根据地块的实际情况,选用偏置式中型耙、重型耙或动力驱动耙。

4.6.2.2　作业时地轮升起,耙架呈水平状态,两幅重叠为10 cm~15 cm。

4.6.2.3　耙地要合理区划,抓住有利时机,不能跑墒。

> 注:当土壤水分适合,需要耙2遍时,可采用二区或三对角交叉耙。二区对角交叉耙行走路线如图5所示,三区对角交叉耙行走路线如图6所示。

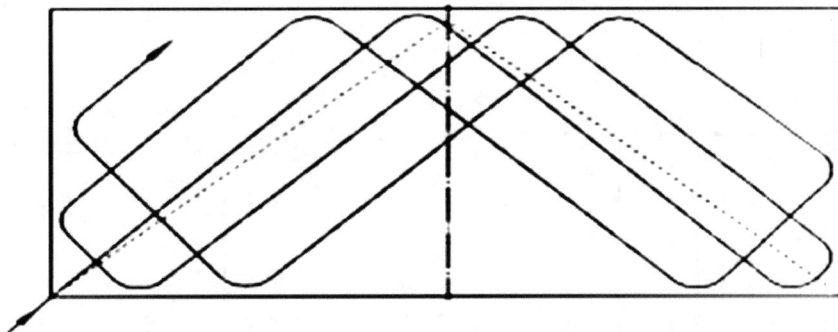

图5 二区对角交叉耙行走路线

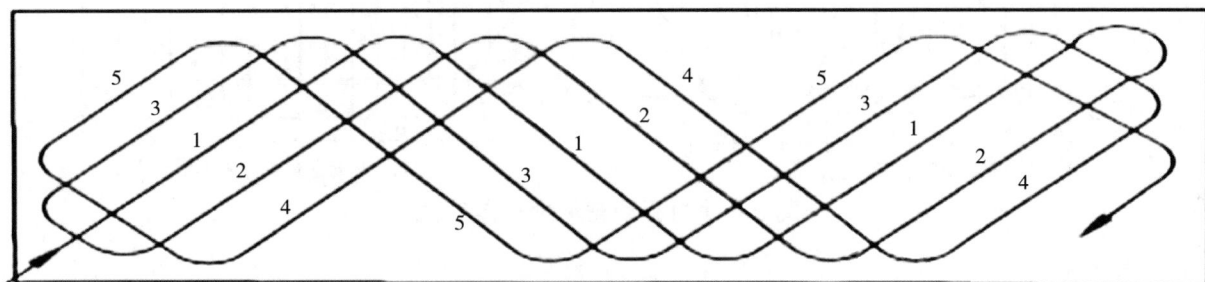

图6 三区对角交叉耙行走路线

4.6.2.4 秋季为了抢农时,湿整地出现明垡片,第1遍耙地可选用缺口重耙,耙地作业结束后必须等到地块表土见干方可进行第2遍耙地作业,严禁2遍连续耙地散墒作业。第2遍耙地作业可选用中型耙,第2遍耙地与第1遍耙地行走方向要交叉,不能同向。一区一遍对角耙第1遍行走路线如图7所示,一区一遍对角耙第2遍行走路线如图8所示。

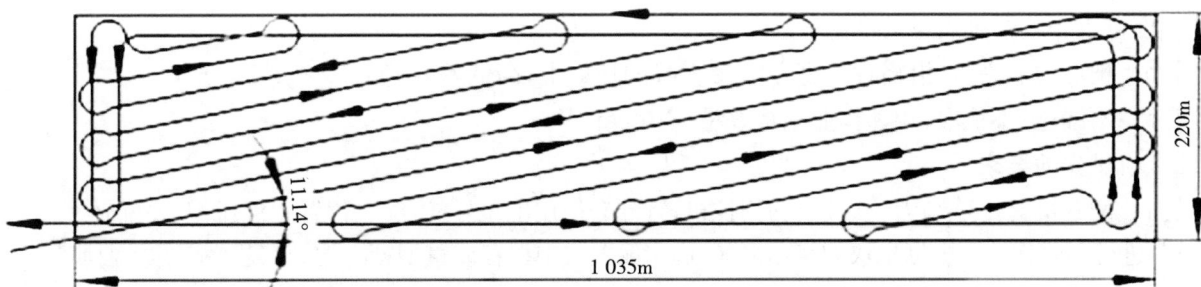

图7 一区一遍对角耙第1遍行走路线

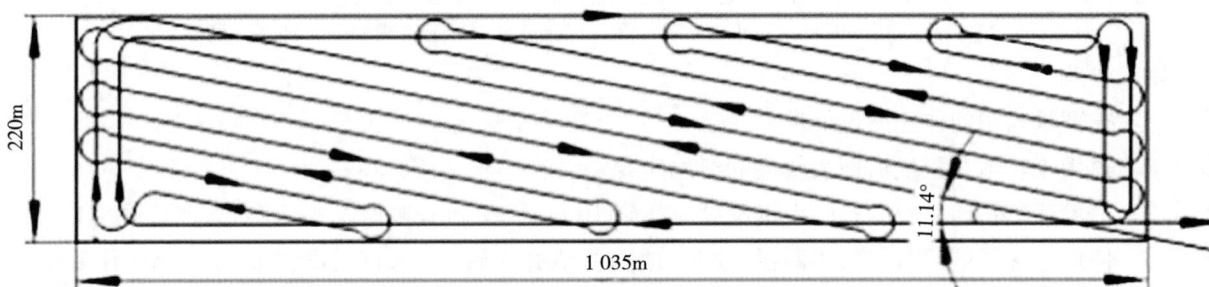

图8 一区一遍对角耙第2遍行走路线

4.6.2.5 土壤黏重、水分大、翻地作业后,出现明垡片不能耙碎的地块,可选用动力驱动耙,在土壤水分适宜时,进行碎土作业,耙深≥15 cm,行走方向可与翻地同向,顺墟碎土结束后,在地头进行横向作业一个往复(2 个作业幅宽),作业 1 遍就可达到起垄要求。应用卫星导航,动力驱动耙耙地可用梭形行走路线,也可用套耙行走路线(图 9)。

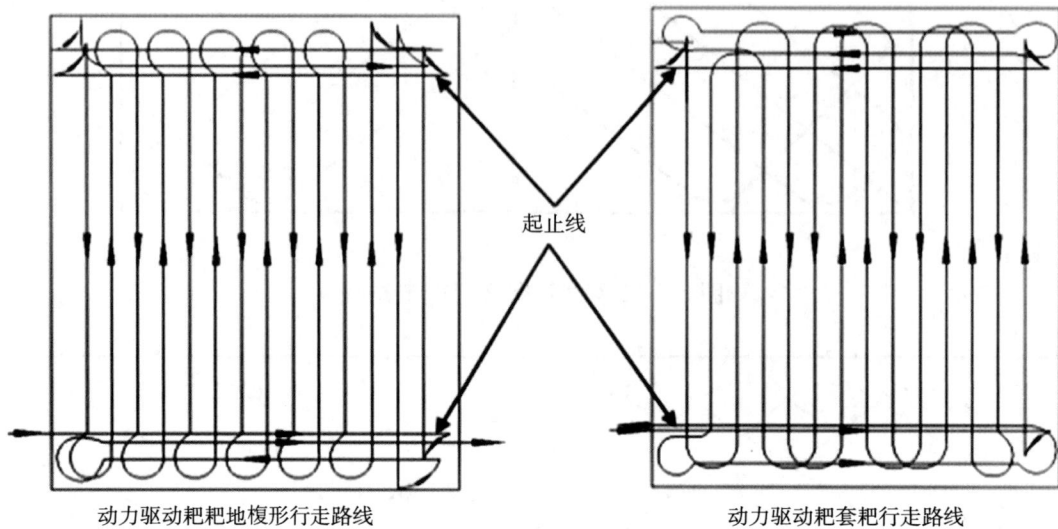

动力驱动耙耙地榷形行走路线　　　　　　动力驱动耙套耙行走路线

图 9　动力驱动耙耙地行走路线

4.7　耙茬作业

4.7.1　农艺要求与田间作业质量标准

4.7.1.1　耙茬适用于前茬深翻或深松基础的大豆、小麦茬的土壤浅层耕作。

4.7.1.2　耙茬作业在作物收获后进行,封冻前结束。春耙茬在解冻达到耙深和水分适宜情况下进行,为保墒,可耙地、起垄、播种和镇压连续作业。

4.7.1.3　耙深应达到 14 cm～16 cm。

4.7.1.4　碎土良好,耙后耕层内无大土块及空隙,每平方米耙层内≥5 cm 的土块不超过 5 个。耙碎残茬细碎程度以不影响播种质量为准。

4.7.1.5　耙后地表平整,沿播种垂直方向在 4 m 的地面上,高低差≤5 cm。

4.7.1.6　不漏耙、不拖堆,相邻作业幅重叠量≤15 cm。

4.7.2　机械作业要求

4.7.2.1　配套机具:180 马力～240 马力拖拉机,宜配套使用卫星导航,配套偏置式液压耙,要配轻型耢子或碎土辊,进行复式作业。根据地块的实际情况,选用偏置式中型耙或重型耙来达到农艺要求的作业质量。

4.7.2.2　作业时轮升起,耙架呈水平状态,作业速度≥8 km/h,两幅结合线重叠为 10 cm～15 cm。

> 注:不同条件的区域,选择不同耙法,但要与耕向有一个角度,以保证作业质量。第 1 遍耙地可选用缺口重耙,耙地作业结束后必须等到地块表土见干方可进行第 2 遍耙地作业,严禁两遍连续耙地散墒作业。第 2 遍耙地作业可选用中型耙,第 2 遍耙地与第 1 遍耙地行走方向要交叉,不能同向。行走路线如图 7 和图 8 所示。

4.8　耕耢作业

4.8.1　农艺要求与田间作业质量标准

4.8.1.1　适用于茬地和翻地后地表浅层的整地作业。

4.8.1.2　适墒适时耕地,搅动、打碎土壤深度应达到 10 cm～15 cm,耕深误差≤1 cm,严禁湿耕。

4.8.1.3　使用卫星导航,不重耕、不漏耕,地头、地边要整齐一致,百米直线度误差≤4 cm。往复结合垄允许误差≤2 cm。

4.8.1.4　配碎土辊,耕碎复式作业,碎土良好,作业后的土壤上实下墒,有利于蓄水保墒和防止土壤流失。整后地表平整,不拖堆、不出沟、不起棱,10 m 内高低差≤5 cm。土壤墒情合适,一遍可完成种床整理,达到播种状态。

4.8.2 机械作业要求

4.8.2.1 配套机具:大于等于300马力拖拉机,耕耘机配碎土辊,使用卫星导航作业。

4.8.2.2 各工作部件间距合理,间距误差≤1 cm。

4.8.2.3 耕地时作业方向与播种方向要有一定夹角,严禁顺耕,一般可采用1遍对角作业。斜耕完毕后绕地边作业1圈,地头耕2遍。行走路线可参照图7和图8所示。

4.9 起垄作业

4.9.1 农艺要求与田间作业质量标准

4.9.1.1 不误农时适时秋起垄,春季要顶浆起垄。

4.9.1.2 垄高一致,镇压后垄高20 cm~22 cm,各垄高度误差≤2 cm;垄距相等,垄距误差≤2 cm;垄距110 cm,垄台台面宽为70 cm,如图10所示;垄距130(136)cm,垄台台面宽为90 cm,如图11所示;垄距65 cm,垄台台面宽为35 cm~40 cm,如图12所示。

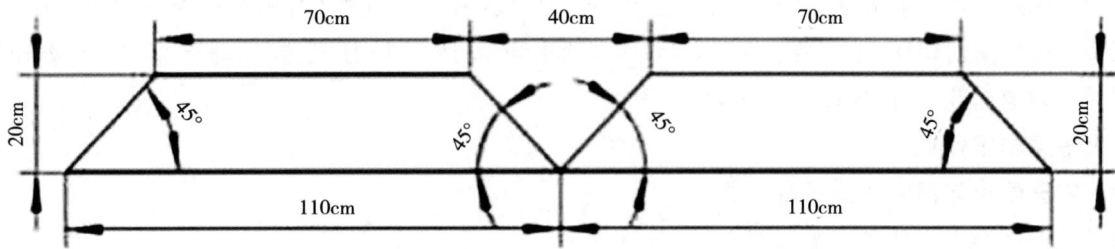

图10 起110 cm大垄镇压后标准

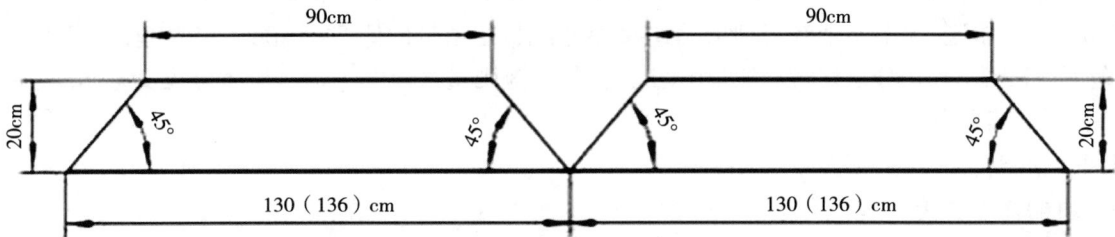

图11 起130(136)cm大垄镇压后标准

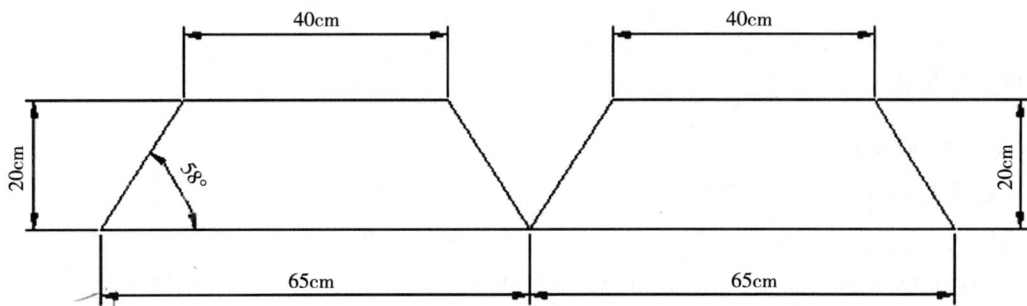

图12 起65 cm小垄镇压后标准

4.9.1.3 使用卫星导航,百米直线度误差≤2 cm。往复结合垄允许误差≤3 cm。

4.9.1.4 地头、地边要整齐一致,不拖堆,垄体饱满,垄面整体平整,不出现凹心垄,垄上无大块、明条。地头整齐,地头直线误差≤30 cm。

4.9.1.5 按农艺要求,垄形整齐,不起垡块,不出现开口垄、馒头垄,到头到边,垄头饱满、整齐。

4.9.2 机械作业要求

4.9.2.1 配套机具:120马力~240马力拖拉机,拖拉机必须配套卫星导航,可根据农艺要求、当地气候土壤条件与拖拉机轮距相匹配,选用 0.65 m、1.1 m、1.3 m 或 1.36 m 大(小)垄起垄机,配有大(小)垄整形器,镇压装置,垄沟要有深松杆尺。

4.9.2.2 起垄要打起止线,确保起落整齐。

4.9.2.3 作业速度为 7 km/h～9 km/h。

4.10 镇压作业

4.10.1 农艺要求与田间作业质量标准

4.10.1.1 适用于播前的平地镇压和垄上镇压,以及小麦播种后的镇压。

4.10.1.2 垄地镇压掌握作业时机,适墒镇压,垄台压实均匀,不破坏垄型,达到封墒、提墒、保墒效果。

4.10.2 机械作业要求

4.10.2.1 配套机具:90 马力～120 马力轮式拖拉机,配套 V 形镇压器,压空垄可加装铁链、条耢子等附属装置。

4.10.2.2 采用套压作业方法,地头转弯不宜过小,禁止梭形作业,相邻工作幅重压宽度≥30 cm。

4.10.2.3 播后适时镇压,地表要有 1 cm 干土层,禁止湿压;压到头、压到边、不漏压、不偏压、不漏籽。

4.10.2.4 匀速作业,作业速度≤6 km/h。

4.11 大垄深施肥作业

4.11.1 农艺要求与田间作业质量标准

4.11.1.1 适用春季或秋季大垄施肥。

4.11.1.2 大豆施肥:大垄垄上三行种植模式(采用垄上三行施肥机),苗带行距 23 cm;两侧肥带距苗带内侧 2 cm,中间肥带距中间苗带任一侧 2 cm,第 1 层为种下(9±1)cm;第 2 层为种下(13±1)cm。

4.11.1.3 玉米施肥:大垄垄上双行种植模式,2 个施肥带距苗带内侧 2 cm;第 1 层为垄下(11±1)cm;第 2 层为垄下(17±1)cm。分层定量施肥,用量准确,各口施肥量误差≤±2%,肥带宽度≥3 cm,深度一致、覆土严密,无漏施和断条,土壤镇压覆盖率达到 100%。

4.11.1.4 施肥行距一致,误差≤1 cm。

4.11.2 机械作业要求

配套机具:120 马力～240 马力拖拉机,须配套卫星导航,配套分层定位定量施肥机,配有施肥电子监控器,可配备双轴肥箱,配有大垄整形器、圆盘式和背式弯刀前后两套施肥器、轨迹松土器。匀速作业,速度≤8 km/h。

5 旱田播种技术规程

5.1 大豆、玉米播种作业

5.1.1 农艺要求与田间作业质量标准

5.1.1.1 适用大豆、玉米垄上精量播种。根据品种、本地区气温和土壤水分情况确定播期,玉米在当地土壤 5 cm 耕层内连续 5 d 地温稳定通过 5 ℃时开始播种,大豆在当地土壤 5 cm 耕层内连续 5 d 地温稳定通过 8 ℃时开始播种,抢抓农时,适时早播。

5.1.1.2 1.1 m 大垄大豆播种 3 行或 2 行,玉米播种 2 行;1.3(1.36)m 大垄大豆播种 4 行,玉米播种 2 行;0.65 m 小垄大豆播种 2 行,玉米播种 1 行;行距按本地区农艺要求和播种机械性能执行。

5.1.1.3 各行种播深度一致,种、肥定位准确,大豆、玉米播种镇压后深度为 3 cm～5 cm;大豆在行间施肥,玉米在种侧施肥,肥施种侧 5 cm,施肥深度种下 3 cm～5 cm。

5.1.1.4 种子分布均匀,垄距、行距相等,误差≤1 cm,结合线误差≤2 cm。玉米可选择"拐子苗"分布;大豆中间行可根据农艺要求,降低播种量。不漏播、不断条,漏播率≤1%,垄向笔直,地头、地边要整齐一致,误差≤20 cm,地头宽度误差≤6 m。

5.1.1.5 覆土均匀、深度适宜，播后及时适度镇压，不破坏垄形，不起垡块，不出现开口垄。

5.1.2 机械作业要求

5.1.2.1 配套机具：选用与大垄垄距相匹配的120马力～240马力拖拉机，配套气吸、气吹式或智能电控精量播种机，配有排肥、排种电子监控系统，大马力拖拉机组要配备轨迹松土器。

5.1.2.2 匀速作业，不无故停车。地轮传动的精量播种机播种作业速度6 km/h～8 km/h，智能电控精量播种机作业速度≤12 km/h。

5.1.2.3 播量精确，实际播量与计划播量允许误差≤0.5%；肥量准确，实际施量与计划施量误差≤2%。

5.1.2.4 气吸式播种机组起步前，要转动排种传动地轮，使排种盘吸满种子后方可起步。

5.2 小麦播种作业

5.2.1 农艺要求与田间作业质量标准

5.2.1.1 播种期：一般采用春季化冻后，东部地区土壤化冻达3 cm深度，北部地区土壤化冻达到5 cm～6 cm深度，西部地区化冻达7 cm～8 cm深度时，及时播种。具体是东部地区于3月底至4月初播种，北部和西部麦区适合播期应在4月10日～20日。

5.2.1.2 西部地区播后需镇压2次，西部及北部地区镇压后播深为4 cm～5 cm，东部地区镇压后的播深为3 cm～4 cm。匀速作业，播种深浅一致，覆土均匀，无漏播、断播、重播。种肥施在种下3 cm～5 cm土层内，秋季深施底肥，深度12 cm。

5.2.1.3 播种单口流量差≤1%，实际播量与计划播量误差≤2%。肥料单口流量差≤3%，实际播量与计划播量误差≤5%。

5.2.1.4 使用卫星导航作业，播行百米直线度误差≤2 cm，往复结合垄≤±2 cm，行距一致，误差≤1 cm，覆土严密，播后及时镇压，漏播率≤1%。地头、地边要整齐一致，误差≤20 cm，地头宽度≤6 m。

5.2.2 机械作业要求

5.2.2.1 配套机具：120马力～240马力拖拉机，须配备卫星导航，配套小麦通用播种机、轨迹松土器、两道覆土链。

5.2.2.2 播前用耕耘机或轻耙整理种床，采用10 cm行距或15 cm行距模式，适期播种。

5.2.2.3 匀速作业，播种速度6 km/h～8 km/h。

5.2.2.4 播深一致，播量准确、不断条、不重、不漏，播到头、播到边，覆土严密，播后及时镇压。

5.3 马铃薯播种作业

5.3.1 农艺要求与田间作业质量标准

5.3.1.1 播期：10 cm土层地温稳定在7℃以上时开始播种，最佳播种时期南部地区为4月下旬，北部地区为5月上旬。

5.3.1.2 选择90 cm或110 cm的大垄，垄高20 cm～25 cm。

5.3.1.3 垄体正中开8 cm～10 cm的深沟施肥，播种深度可根据土壤类型、墒情等情况适当调整播种深度。一般年份，播种深度为8 cm～10 cm；土壤湿度过大时，播种深度为6 cm～8 cm；干旱年份播种深度为10 cm～12 cm。

5.3.1.4 肥料断条率≤3%，空穴率≤3%，种薯破碎率≤2%。

5.3.2 机械作业要求

5.3.2.1 配套机具：大于200马力拖拉机，须配备卫星导航作业，配套勺式排种器的马铃薯播种机，要求点播沟、施肥、点种、合垄、镇压作业一次完成。

5.3.2.2 播种速度控制在4 km/h以内，匀速作业。

6 田间管理

6.1 中耕作业(大豆、玉米和马铃薯)

6.1.1 农艺要求与田间作业质量标准

各行距要一致,偏差≤1 cm。锄齿深度要达到规定要求,其深度误差≤1 cm,沟底要平,地表土壤松碎,垄沟要有5 cm的坐犁土。中耕时不伤苗、不埋苗,埋苗率≤1%,伤苗率≤3%,地头保苗率不低于90%。

6.1.1.1 第1遍中耕(深松放寒)

a) 大豆、玉米第1遍中耕应尽早开展,在能确定苗眼位置时,进行垄沟或行间深松作业为宜,也可以在出苗前进行盲松,第1遍深松放寒作业宜早不宜迟。

注:第1遍中耕深松可根据田间的实际情况,垄沟可采用单杆尺或多杆尺进行深松。工作深度要前浅后深,前杆尺入土深度18 cm～20 cm,后杆尺入土深度≥30 cm,同排杆尺入土深浅一致,误差≤1 cm。各地可根据土壤条件和秸秆量情况,适当调整杆尺入土深度。西部地区深松杆鸭掌宽度6 cm～8 cm。

b) 马铃薯苗出齐后进行第1次中耕,要深松放寒,一般培土厚度3 cm。

6.1.1.2 第2遍中耕(浅培土)

a) 一般提倡2遍～3遍中耕作业。大豆第2遍中耕在分枝期进行扶垄培土,覆土深度3 cm～4 cm,沟里要留有5 cm的坐犁土。

b) 玉米在2片～3片展叶进行第2遍中耕培土、除草。中耕机可视条件决定是否配覆土铧,覆土深度3 cm～4 cm,垄沟里要留有5 cm的坐犁土。

c) 马铃薯发棵期时进行第2遍中耕,培土厚度3 cm～5 cm,要求培土严密,沟里要留有5 cm的坐犁土。动力中耕作业,一定要把动力中耕的整型板摘掉,以免刮伤植株。

6.1.1.3 第3遍中耕(追肥培土)

a) 西部地区大豆第3遍中耕在花期前进行,务必在封垄前结束,以防过晚伤根,造成伤苗、大豆损叶落花。

b) 玉米在5片～6片展叶期结合追肥进行第3遍中耕,施肥在苗侧15 cm～20 cm,深度10 cm～12 cm,垄台要有碰头土,地表不漏肥。

c) 马铃薯追肥结合第3遍中耕进行,在马铃薯初花期时(封垄前1周)进行追肥中耕培土。

6.1.2 机械作业要求

6.1.2.1 大豆、玉米中耕配套机具为120马力～240马力轮式拖拉机,配套多杆齿中耕机。马铃薯中耕配套机具为大于等于200马力拖拉机,配套动力中耕上土起垄机进行作业。根据作物生长状态,作业土壤选择不同型式的锄铲。

6.1.2.2 第1遍中耕,为减少拖堆和埋苗现象发生,提高机械作业效率,中耕机深松杆齿后必须装配护苗器,护苗带宽度为6 cm～8 cm。根据地表和耕层中秸秆数量多少及土壤墒情的实际情况,中耕深松机深松杆齿前可带有前置圆盘切刀或圆盘清障装置,深松钩后可改装配碎土装置,有利于保墒。前茬为玉米茬地表和耕层里秸秆量较大时,为减少拖堆伤苗和埋苗,每个垄沟可只用1个大杆齿,大杆齿前要安装缺口圆盘切刀,大杆齿后侧位置要安装护苗器,如图13所示。

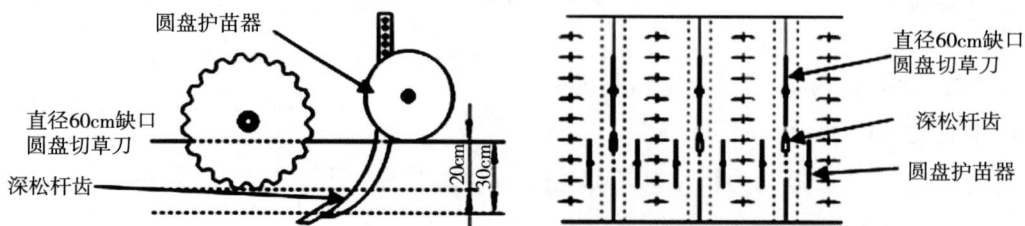

图13 深松机械示意

6.1.2.3 第2遍中耕,杆齿要安装"小鸭掌铲",带有可控制分土量的分土装置。

6.1.2.4 第3遍中耕,追肥机要安装排肥监测系统和施肥开沟器,后杆齿要安装适宜的培土装置,以保证埋肥严密。

6.2 喷雾作业

6.2.1 农艺要求与田间作业质量标准

6.2.1.1 适用于作物的化学除草、病虫防治及叶面喷洒微肥、生长调节剂等田间机械喷雾作业。

6.2.1.2 喷药要适时,作业时要选择阴天或晴朗无风天气,能见度≥5 km,风速4 m/s(三级风)以上时严禁作业,12 h后有大雨时不可以进行茎叶处理,以免影响除草效果,同时注意风向,从下风头开始作业,避免药液漂移,危害邻近作物。喷洒易挥发和苗后除草剂时,一般10:00—16:00不宜作业。

6.2.1.3 区间规划合理,留好枕地线和加药区,打垦旗,划出安全区。

6.2.1.4 苗带喷药时,喷幅宽度不应小于垄台宽度的3/4。

6.2.1.5 喷洒苗前除草剂,要求直径300 μm～400 μm雾滴喷洒密度30个/cm²～40个/cm²。喷液量180 L/hm²～200 L/hm²。

6.2.1.6 喷洒苗后除草剂要求喷洒雾滴直径为250 μm～400 μm,喷洒内吸性农药雾滴密度30个/cm²～40个/cm²,喷洒触杀性农药雾滴密度50个/cm²～70个/cm²。喷杆喷雾机喷洒苗后除草剂喷液量为100 L/hm²～120 L/hm²。

6.2.1.7 施药量应按农艺要求确定,配比度做到定点定量,往复核对,地块结清。要求喷药量与计划误差≤2%,各喷嘴间药量误差≤1%;做到喷洒均匀,雾化良好,不伤苗,不重喷、不漏喷。

6.2.2 机械作业要求

使用卫星导航,百米直线度误差≤2 cm,往复结合垦允许误差≤2 cm。为确保单位面积喷药量恒定,实现精确施药,喷药机应配有智能喷雾控制系统,装配防后滴喷头,地头拐弯或加药时,喷头滴漏≤3滴。

6.3 防风喷嘴

6.3.1 喷液压力在0.3 MPa时,相对标准扇形喷嘴,低漂移喷嘴喷出雾滴比标准扇形喷嘴大,微漂移喷嘴喷出雾滴比低漂移喷嘴大,因此,具有一定的抗风漂移能力,低漂移和微漂移喷嘴喷液量变化不大。根据作业实际情况,可选择防风喷嘴,有条件的可选择带有风幕的喷药机。

6.3.1.1 喷洒苗前除草剂,拖拉机配套喷杆喷雾机选用11003型、11004型扇形喷嘴,配50筛目柱型防后滴过滤器,喷雾压力0.2 MPa～0.3 MPa,喷嘴距地面高度40 cm～60 cm,喷嘴喷雾扇面与喷杆要呈5°～10°夹角,匀速作业,作业速度6 km/h～8 km/h。

6.3.1.2 苗期除草喷嘴距作物顶端高度40 cm～50 cm,喷杆喷雾机喷洒苗后除草剂选用80015型扇形喷嘴,配1 000筛目柱型防后滴过滤器,压力0.3 MPa～0.4 MPa。100马力以上自走喷雾机选用11002型扇形喷嘴,配500筛目柱型防后滴过滤器,压力0.4 MPa～0.5 MPa,匀速作业,作业速度10 km/h～16 km/h(图14)。

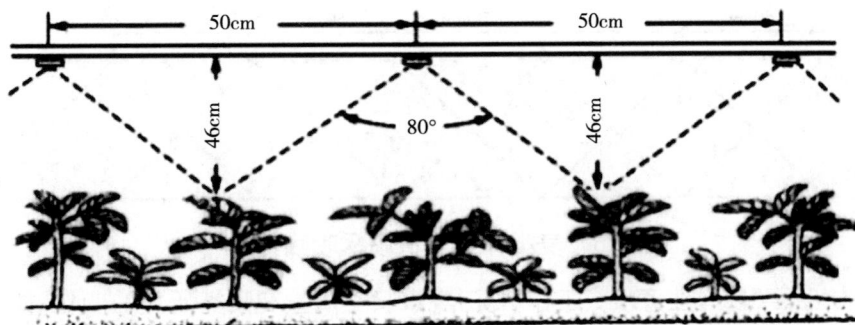

图14 苗后喷雾喷嘴高度调整(应从作物的顶端算起)

6.3.1.3 药剂配制,配制药液前应准备好 2 只药桶供配制母液用。配制母液时如用可湿性粉剂,可先在桶中加入少量水,边搅拌,边加药,切不可一次加药过多,否则不易搅拌均匀。配制乳剂母液应边加药边搅拌。药箱加药时,要先在药箱中加入一半清水,然后加入配制好的母液,再加满清水。可湿性粉剂与乳剂混用时,可在两个药桶中分别配制母液。如在一个桶中配制,要先加可湿性粉剂,待可湿性粉剂搅拌均匀后再加乳剂进行搅拌,待完全均匀后再加入药箱。药剂配制步骤如图 15 所示。

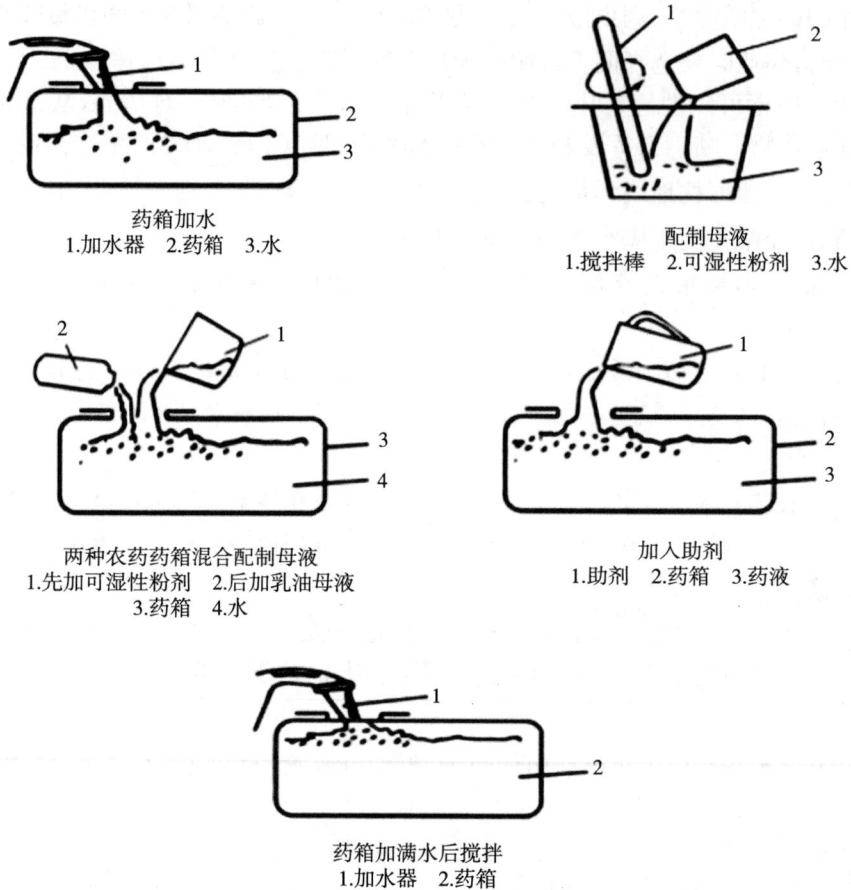

药箱加水
1.加水器 2.药箱 3.水

配制母液
1.搅拌棒 2.可湿性粉剂 3.水

两种农药药箱混合配制母液
1.先加可湿性粉剂 2.后加乳油母液
3.药箱 4.水

加入助剂
1.助剂 2.药箱 3.药液

药箱加满水后搅拌
1.加水器 2.药箱

图 15 药剂配制步骤

6.3.1.4 药液加入药箱后,应进行回水搅拌 3 min~5 min,搅拌均匀后再进行作业,作业时要先给动力,泵压稳定后再起步作业。

6.3.1.5 作业前要进行喷头流量试验,以保证喷洒均匀,喷量准确,流量误差≤3%。

6.3.1.6 在种植麦类作物地块喷雾作业时喷嘴分布示意见图16,配有卫星导航系统,作业时保证不重、不漏,重漏面积≤3%。喷嘴间距为 50 cm,喷嘴喷雾扇面与喷杆要呈 5°~10°夹角(图17)。

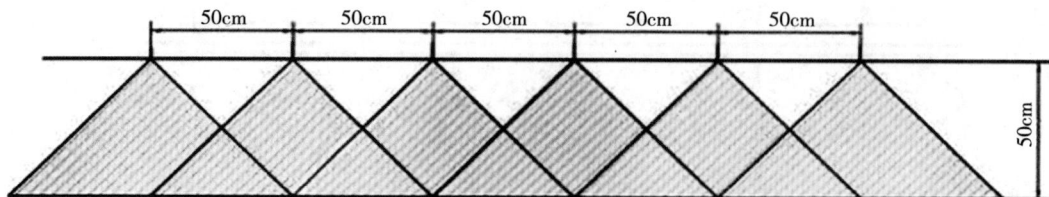

图 16 麦类作物全田喷雾喷嘴分布

6.3.1.7 作业时农机手要随时注意喷头工作情况,观察喷雾质量和喷雾压力的变化,如喷雾质量和压力不稳定,应及时检查排除。发现喷头堵塞,应停止喷雾,清洗喷嘴和滤网,重新装配后方可继续工作。

6.3.1.8 作业人员要配备防药害用具,制定严格防护措施。

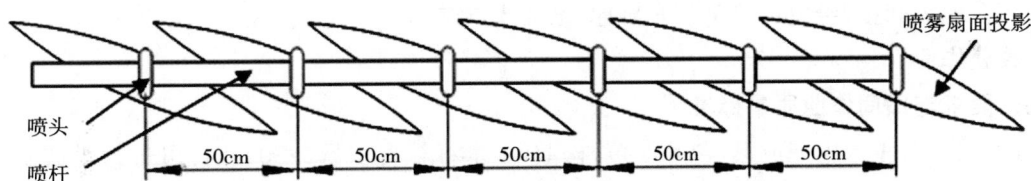

图 17 喷杆结构

6.4 喷灌作业

6.4.1 农艺要求与田间作业质量标准

6.4.1.1 喷灌机在风速 4 m/s(三级风)以上时不宜进行喷灌作业。

6.4.1.2 喷头雾化良好,水滴直径在 0.1 cm~0.35 cm。

6.4.1.3 喷洒均匀,均匀度不低于 85%。

6.4.1.4 喷洒后地面不产生明显径流,适土地情况而定,沙土地可一次喷水量达到 20 mm。

6.4.1.5 不漏喷、喷头间纵横方向无漏喷,喷洒量重复度 100 cm~200 cm。

6.4.2 机械作业要求

6.4.2.1 供水和停水时,应缓慢开启和关闭阀门或给水栓。

6.4.2.2 运行中必须经常监视工作状况,并应符合下列要求:管道首端压力在设计要求范围内;仪器仪表指示正确;转动部件运转平稳,无异常声音;紧固件无松动;密封处无泄漏;灌水器工作正常。

6.4.2.3 中心支轴式和平移式喷灌机在作业时,各塔架车必须基本保持在一条直线上前进。作业开始前应先喷水,后行走;作业结束时应先停止喷水,继续前进 10 cm~20 cm。

6.4.2.4 发现故障应及时排除,严禁强行运行。

6.4.2.5 作业完毕,应排除管内余水,以电为动力的应切断电源。

6.4.2.6 施用液肥、化学制剂后,应对管道进行清洗。长时间停歇时,除应按规定进行保养、维修外,还应符合下列要求:冲洗管道、阀件,清除泥沙、污物;排净水泵及管内的积水;清除行走部位的泥土、杂草;对易锈蚀部位进行防锈处理。

6.4.2.7 拖移时应有专人指挥,喷灌机应停放在拖移路线上,行走轮应调整成拖移状态。牵引钢丝绳必须按规定要求连接、调整和紧固。拖移速度≤3 km/h。

6.4.2.8 气温低于 4 ℃时,严禁喷灌作业。

7 收获作业

7.1 大豆收获作业

7.1.1 农艺要求与田间作业质量标准

7.1.1.1 适时收获,在大豆籽粒归圆呈本品种色泽,含水量 14%~16% 时,用带有挠性割台的联合收割机进行直收。

7.1.1.2 割茬高度以不留底荚为准,一般为 3 cm~5 cm。

7.1.1.3 拨禾轮角度、速度、高度调整合理,直收不漏割,喂入均匀。

7.1.1.4 要根据作物干湿程度,在早、中、晚调整滚筒间隙和转速,收获综合损失率≤2%,破碎率≤3%,"泥花脸"≤3%,清洁率≥97%。

7.1.1.5 秸秆抛撒均匀,不积堆。秸秆还田切碎长度≤10 cm,抛撒宽度不应低于割幅宽度的 95%。

7.1.2 机械作业要求

7.1.2.1 谷物联合收获机配有秸秆粉碎装置,选配大豆挠性割台,大豆割台安装挡泥板及防飞溅网。

7.1.2.2 收获大豆时,首先在地头横向收割 2 个作业幅宽,用于转弯。匀速作业,作业速度≤8 km/h。

7.1.2.3 宜在地头卸粮,避免运粮车压实耕地,破坏土壤结构。

7.2 玉米收获作业

7.2.1 农艺要求与田间作业质量标准

7.2.1.1 适时收获,玉米生理成熟,包叶变黄、松散,玉米籽粒含水量＞30％时,可进行机械摘棒作业;玉米籽粒含水量≤30％时,可直接收获。

7.2.1.2 机械摘棒脱皮率≥97％,脱粒清洁率≥97％,籽粒破碎率≤1％,果穗含杂率≤1％,综合损失率≤3％。

7.2.1.3 籽粒直收脱粒清洁率≥97％,籽粒破碎率≤5％,籽粒含杂率≤3％,综合损失率≤3％。

7.2.1.4 秸秆粉碎还田或打捆回收。割茬高度≤20 cm,秸秆还田切碎长度≤10 cm,抛撒宽度不应低于割幅宽度的95％。

7.2.2 机械作业要求

7.2.2.1 玉米联合收获机割台配底刀,带秸秆粉碎抛撒装置,湿涝地块配套防陷车装置,根据玉米的倒伏情况,可配备扶倒器。

7.2.2.2 在收获玉米时,首先在地头横向收割2个作业幅宽,用于转弯。玉米收获梭形行走路线如图18所示。

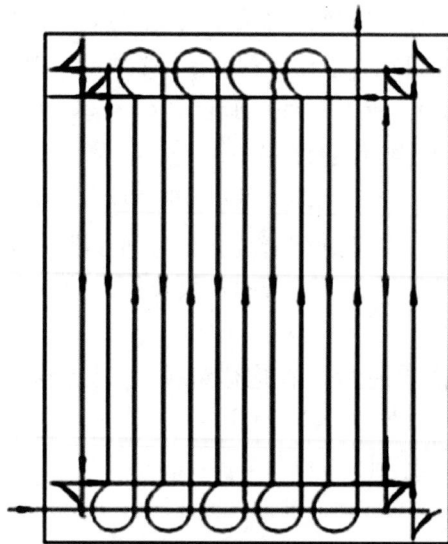

图18 玉米收获梭形行走路线

7.2.2.3 宜在地头卸粮,避免运粮车压实耕地,破坏土壤结构。

7.3 马铃薯收获作业

7.3.1 农艺要求与田间作业质量标准

7.3.1.1 马铃薯生理成熟,植株多数叶片开始枯黄,便可以进行机械收获。

7.3.1.2 挖净率≥98％,明薯率≥97％,伤薯率≤3％。

7.3.2 机械作业要求

7.3.2.1 自走式马铃薯收获机或牵引式马铃薯收获机,根据需要可配备链式捡拾机。

7.3.2.2 机械杀秧:收获前2 d～5 d杀秧,杀秧时要求机械打掉垄上表土2 cm～3 cm,割茬1 cm为宜,以不伤马铃薯块茎为原则。

7.3.2.3 土壤含水量≤25％时,可以直接联合收获。土壤含水量≥25％时,先将马铃薯收至垄上,通过5 h～10 h的晾晒,进行捡拾收获。

7.3.2.4 马铃薯收获机挖掘深度≥20 cm,作业速度≤5 km/h。

7.4 小麦收获作业

7.4.1 割晒作业

7.4.1.1 农艺要求与田间作业质量标准

a) 适时割晒,一般在蜡熟初期打道试割,中期大面积割晒。

b) 割茬高度 15 cm~22 cm。

c) 蜡熟初期:放铺厚度 10 cm~12 cm;蜡熟中后期:放铺厚度 10 cm。放铺宽度 1.2 m~1.5 m。

d) 铺行要直,地头整齐,行距相等。放鱼鳞铺,不塌铺。

e) 无田间道的地头要横割两幅作枕地。

f) 作业速度要匀速,铺均匀、不断条、不集堆、不漏割、不掉穗、不塌铺、不压铺,不许把铺放在行走轮和链轨道上,割晒损失≤0.5%。

7.4.1.2 机械作业要求

a) 自走式割晒机或悬挂式、牵引式割晒机,装配散铺器。土壤水分过大,使用履带式割晒机为宜。

b) 匀速作业,作业速度≤8 km/h。

7.4.2 拾禾、直收作业

7.4.2.1 农艺要求与田间作业质量标准

a) 小麦籽粒含水量降至 18% 以下时应及时拾禾,直接收获在完熟初期进行。

b) 作业时要做到不漏粮、不跑粮、不裹粮、不撒粮。小麦脱净率≥99%,籽粒破碎率≤0.5%,粮食清洁率≥97%,综合损失率≤3%。

c) 秸秆切碎长度≤10 cm,抛撒宽度不应小于割幅95%,并抛撒均匀。

d) 直收打好横头,垄长≥2 km 时要打卸粮道。直收不漏割,地头不出现三角区,拾禾不掉穗、不积堆、喂入均匀。

e) 早、中、晚作业时,要根据作物干湿及时调整滚筒间隙和转速,作业速度早、晚要慢,中午可适当加快。

7.4.2.2 机械作业要求

a) 谷物联合收割机,拾禾根据铺的宽度选配带式拾禾台。直接收获选用稻麦刚性割台或挠性割台,湿涝地块配套防陷车装置。

b) 匀速作业,作业速度≤8 km/h。

———————

ICS 65.060.01
CCS B 01

Q/BDHNJ

北大荒农垦集团有限公司企业标准

Q/BDHNJ 0002—2024

代替 Q/BDHNJ 0002—2020

北大荒水田农机田间作业质量规范

2024-05-15 发布　　　　　　　　　　　　　　　2024-05-15 实施

北大荒农垦集团有限公司 发布

前　言

本文件按照 GB/T 1.1—2020《标准化工作导则　第 1 部分:标准化文件的结构和起草规则》的规定起草。

本文件是对 Q/BDHNJ 0002—2020《北大荒水田农机田间作业质量规范》的修订。

本文件由北大荒农垦集团有限公司提出并归口。

本文件起草单位:北大荒农垦集团有限公司、黑龙江农垦农业机械试验鉴定站、黑龙江农垦职业学院、北大荒农垦集团有限公司建三江分公司、黑龙江北大荒农业股份有限公司八五四分公司、北大荒农垦集团有限公司宝泉岭分公司。

本文件主要起草人:牛文祥、柳春柱、沙录、王乐宝、佟启玉、崔少宁、秦泗君、隋士国、周宇、李庭峰、韩成新、武宝传、贺佳贝、张立国。

北大荒水田农机田间作业质量规范

1 范围

本标准规定了水田耕整地、播种和插秧、田间管理、收获作业。

本标准适用于北大荒农垦集团有限公司农业机械水田田间作业质量的检查、验收和管理。

2 规范性引用文件

本文件没有规范性引用文件。

3 术语和定义

下列术语和定义适用于本文件。

3.1

犁耕深度

犁耕作业后,犁耕沟底到未耕地表的距离。

3.2

漏耕

犁耕作业后,田块中除田角余量外的未耕地。

3.3

地表平整度

地表相对一基准面的起伏程度。

3.4

漏插率

无秧苗的穴数占总穴数的百分率。

3.5

勾伤秧率

勾秧指秧苗栽插后,叶鞘弯曲至 90°以上。伤秧指秧苗叶鞘部有折伤、刺伤、撕裂和切断等现象。秧苗栽插后,勾秧、伤秧的总数占秧苗总数的百分比称为勾伤秧率。

4 水田耕整地

4.1 翻地

4.1.1 农艺与田间作业质量要求

4.1.1.1 水稻秋季收获后,适时翻地作业,残茬高度≤25 cm。

4.1.1.2 犁耕深度 20 cm～22 cm,将秸秆全部扣入垡下,不漏白茬。

4.1.2 机械作业要求

4.1.2.1 选用 90 马力～150 马力拖拉机,配 3 铧或 5 铧重型水田灭茬专用犁进行翻地作业。

4.1.2.2 漏耕率≤2.5%,植被覆盖率≥85%,耕深变异系数≤10%。

4.2 平地

4.2.1 农艺与田间作业要求

4.2.1.1 秋季水稻收获翻地后至耕地封冻前,进行格田改造。

4.2.1.2　结合土壤墒情,进行旱平作业,每个格田面积达到 1 hm² ~ 2 hm²。

4.2.1.3　在格田扩大和土地平整的基础上,打破常规格田布局,中间铺设田间路,两侧是格田,四周是水线。

4.2.1.4　改造前应将表土进行剥离,改造后将表土进行回填,以免地力水平不均影响水稻产量。

4.2.1.5　平地标准达到每 10 延米水平误差≤1 cm,池埂、灌渠等修复到位,地表坡度起伏较大地区,合理缩小格田面积。

4.2.2　机械作业要求

4.2.2.1　选用 180 马力 ~ 300 马力拖拉机,配备 3 m ~ 8 m 幅宽卫星或激光平地机进行作业(落差大的田块可采用大型推土机等进行初平,再采用平地机进行平整);每百平方米高低差≤1 cm;中间田间路面宽度 3.5 m ~ 4.0 m、高度 0.3 m ~ 0.5 m。

4.2.2.2　水渠利用卫星导航定位筑埂机等机械进行作业,顶宽 0.8 m ~ 1.0 m、底宽 0.5 m ~ 0.6 m、渠深 0.3 m ~ 0.4 m。

4.3　筑埂

4.3.1　农艺与田间作业质量要求

4.3.1.1　格田一致、埂到沟边、土地平整、临埂垂直、对埂平行。

4.3.1.2　长方形条田,宽为高性能插秧机 1 个往复的倍数。

4.3.1.3　池埂百米直线度误差≤10 cm。

4.3.1.4　主埂底宽≥60 cm、顶宽≥40 cm、埂高≥40 cm;副埂底宽≥40 cm、顶宽≥30 cm、埂高≥25 cm。

4.3.2　机械作业要求

4.3.2.1　使用 90 马力 ~ 150 马力拖拉机进行筑埂作业。

4.3.2.2　埂高合格率≥80%;埂顶表面坚实度≥0.2 MPa;埂顶宽合格率≥70%。

4.4　水整地、搅浆

4.4.1　农艺与田间作业质量要求

4.4.1.1　实行"花达水"泡田,泡田 3 d ~ 5 d 即可进行整地作业,泡田水深为垡片高的 1/2 ~ 2/3 或旱平(旋)地水深以大"花达水"为宜。

4.4.1.2　整地方向与水渠平行,避免堑沟不直导致插秧方向不直,达到格田四周整齐一致。

4.4.1.3　在旱平的基础上,以大中型机车与小型拖拉机平地相结合的方式进行格田找平,确保格田内高低差≤3 cm,连片到边。

4.4.1.4　全田整地均匀一致,平而有浆、上浆下松。

4.4.1.5　水整地沉淀后,地表有 5 cm ~ 7 cm 的泥浆层,田面约 2 cm 深度划沟,周围软泥徐徐合拢为最佳沉淀状态,此为插秧适期。

4.4.2　机械作业要求

4.4.2.1　宜使用轻型拖拉机进行搅浆作业。

4.4.2.2　搅浆深度 10 cm ~ 16 cm,地表平整度≤5 cm,植被覆盖率≥80%,压茬深度≥5 cm。

5　播种和插秧

5.1　播种

5.1.1　农艺与田间作业质量要求

5.1.1.1　秧盘摆放横平竖直,盘与盘衔接紧密,盘内底土厚度 2 cm ~ 2.5 cm,盘土厚薄一致。

5.1.1.2　当气温达到秧苗生育低限温度指标(平均气温通过 5 ℃,置床温度 12 ℃)时即可播种,播量符合农艺要求。

5.1.1.3 覆土均匀一致,覆土厚度 0.5 cm~0.7 cm。

5.1.2 机械作业要求

5.1.2.1 使用覆土摆盘机摆盘,覆土厚度误差≤1 mm,每 10 m 直线度误差≤0.5 cm。

5.1.2.2 使用电动精密播种机进行播种,匀速作业,空格(穴)率≤2％,播种均匀度合格率≥85％,种子破损率≤1％。

5.1.2.3 使用电动覆土机覆土,覆土稳定性≥90％。

5.2 插秧

5.2.1 农艺与田间作业质量要求

5.2.1.1 常规机插旱育中苗 3.1 叶~3.5 叶,大苗 4.1 叶~4.5 叶;密苗机插秧龄 2.1 叶~2.5 叶。

5.2.1.2 插秧前一天把格田水层调整到 1 cm~2 cm(呈"花达水"状态),机械插秧适宜深度为 2 cm 左右。

5.2.1.3 地力条件好、秧苗素质好的田块宜稀植,地力条件差、秧苗素质差的田块宜密植;积温条件好的地区宜稀插,积温条件差的地区宜密插;分蘖能力强的品种易稀插,分蘖能力差的品种易密插。宽窄行侧深施肥插秧应根据积温带、插秧时间、作业机型、插秧规格,合理选择播量,一般为 5 株/穴~7 株/穴,可以适当增大穴距。

5.2.1.4 根据气候条件、土壤条件、栽培水平、种植品种、插秧规格等确定各地区的适宜栽培密度,一般插秧规格为 30 cm×(10~12)cm,25 穴/m²~30 穴/m²,5 株/穴~7 株/穴,分蘖力差的品种 7 株/穴~9 株/穴,基本苗数 160 株/m²~220 株/m²。

5.2.2 机械作业要求

5.2.2.1 使用水稻轨道运苗车运秧作业时,运输轨道铺设在主埂上,百米直线度误差≤10 cm,90°角转弯处高低差≤5 cm。

5.2.2.2 使用自走式水稻苗运输车田间运苗作业时,要求配备专用秧苗架。

5.2.2.3 宜采用带有辅助直行系统的高速插秧机作业,伤秧率≤4％,漂秧率≤3％,漏插率≤5％,相对均匀度合格率≥85％,插秧深度合格率≥90％,直线度误差≤5 cm,衔接行间距精度≤5 cm。

6 田间管理

6.1 喷雾作业

6.1.1 自走式喷药机

6.1.1.1 农艺与田间作业质量要求

    a) 按农艺要求的药剂品种正确计算用药量和喷液量,做好安全防护,先配制母液,后加入罐中搅拌均匀,地头出入堑时,结合、分离需在农田道进行,避免产生药害。

    b) 选择晴朗天气早晨或傍晚,无风的时候进行,同时注意风向,从下风头开始作业,避免药液漂移。风速大于 4 m/s(三级风)严禁作业。

    c) 施药量要严格按农艺要求确定,配比度做到定点定量,往复核对,并进行喷头流量试验,以保证喷洒均匀,喷量准确,其流量误差≤3％,确定好喷雾压力、行驶速度(理论作业速度 6 km/h),要恒速作业,作业时保证不重、不漏,重漏面积不超过 3％。

    d) 药液加入药箱后,应搅拌 2 min~3 min,搅拌均匀后再进行作业,作业时要先给动力,泵压稳定后再起步作业。

    e) 喷药机必须装配防后滴喷头,地头拐弯或加药时,喷头滴漏不超过 3 滴。

    f) 不重不漏、雾化均匀、无后滴;喷头距作物或封闭作业地面 60 cm~70 cm。

    g) 直行作业过程中压苗率为 0,转弯作业一个往复压苗数量≤50 穴。

6.1.1.2 机械作业要求

a) 配套机具：自走式喷药机，应用卫星导航，匀速作业。

b) 使用卫星导航，百米直线度误差≤4 cm，往复结合垄允许误差≤2 cm。

c) 喷药量和喷液量准确。实际喷液量和计划喷液量误差≤2%，各喷头喷液量误差≤1%。

d) 喷洒均匀，雾化良好，不漏喷，相邻喷头重复宽度为 5 cm～15 cm，且宽度一致。苗带喷药时，单体喷幅宽度不应小于垄台宽度的 3/4。

e) 作业机械伤苗率≤0.5%。

6.1.2 无人机

6.1.2.1 农艺与田间作业质量要求

a) 作业飞行高度：距作物叶尖 1 m～2 m。

b) 作业气象条件：遇降雨或温度超 27 ℃、风力超 3 m/s 时应停止作业。

c) 喷液量：每亩至少 1 L，并应按施药液量的 0.5%～1%添加植物油型助剂。

6.1.2.2 机械作业要求

a) 植保无人机包括油动、电动单旋翼或多旋翼，混合油单旋翼或多旋翼。

b) 飞行速度：4 m/s～6 m/s。

c) 作业喷幅：载液量 10 L 无人机的喷幅一般设定在 3 m～4 m，20 L 无人机可根据机型、飞行高度等因素适当扩大。

d) 对于配备离心式喷头的无人机，飞行高度为 1 m～1.5 m，配备压力式喷头的无人机，飞行高度为 1.5 m～2 m。

6.1.3 固定翼飞机

6.1.3.1 农艺与田间作业质量要求

a) 作业飞行高度：距作物叶尖 4 m～6 m。

b) 作业气象条件：风速≤6 m/s，空气相对湿度≥60%，气温≤30 ℃，2 h 内有降雨时取消当天的作业。

c) 喷液量：采用 7.5 L/hm²～20L/hm²，每亩喷液量≥1 L，并应按施药液量的 1%添加植物油型助剂。喷施叶面施肥作业采用雾滴直径 200 μm～350 μm 的中雾滴喷雾，雾滴密度≤20 个/cm²。

6.1.3.2 机械作业要求

a) 采用固定翼飞机和旋翼直升机机型进行喷施作业。

b) 作业飞行速度：旋翼直升机 90 km/h～140 km/h；固定翼飞机 170 km/h～240 km/h。

c) 作业喷幅：旋翼直升机 25 m～30 m；固定翼飞机 40 m～60 m。

7 收获作业

7.1 水稻收获

7.1.1 农艺与田间作业质量要求

7.1.1.1 水稻割晒

a) 水稻割晒应在黄熟期进行。

b) 放铺整齐不漏割、不丢穗、穗头不触地、不塌铺、不散铺。

c) 放铺笔直，行距相等，地头整齐。

d) 放铺时间 3 d～5 d，铺宽 1.1 m～1.3 m。

7.1.1.2 水稻直收

a) 水稻直收应在水稻遭受 2 次枯霜后进行，大型联合收割机直收水稻应改装钉齿式滚筒。

b) 籽粒含水量≤16%。

c) 种子采用半喂入收获机收获。

7.1.2 机械作业要求

7.1.2.1 水稻割晒机

a) 机械割茬高度 10 cm～15 cm,最高≤20 cm。

b) 放铺角度 90°±20°,角度差≤20°,根差≤100 mm。

c) 割晒损失≤0.5%。

7.1.2.2 水稻联合收获机

a) 全喂入(包括直收、拾禾):总损失率≤3%,破碎率≤1.5%,清洁率≥95%,含杂率≤2.0%,最小离地间隙≥250 mm。半喂入:总损失率≤2.5%,破碎率≤0.5%,含杂率≤1.0%。

b) 割茬一致,割茬高度≤25 cm。

c) 履带接地压力≤24 kPa。

d) 糙米率≤2%。

e) 配备秸秆粉碎还田抛撒器,抛撒均匀,抛撒宽度不应低于割幅宽度的 95%。

7.1.2.3 秸秆还田机

与联合收获机配套,秸秆粉碎长度 8 cm～10 cm,秸秆粉碎长度合格率≥85%,秸秆抛撒不均匀度≤30%。

7.1.2.4 秸秆打捆机

宜使用捡拾宽度 2.2 m 以上、草捆体积大于 0.9 m³ 的打捆机进行打捆作业。

ICS 65.020.20
CCS B 15

Q/BDHZZ

北大荒农垦集团有限公司企业标准

Q/BDHZZ 0009—2024

无人机投放松毛虫赤眼蜂
防治玉米螟技术规程

2024-04-08 发布　　　　　　　　　　　　2024-05-01 实施

北大荒农垦集团有限公司 发布

前　言

本文件按照 GB/T 1.1—2020《标准化工作导则　第 1 部分:标准化文件的结构和起草规则》的规定起草。

请注意本文件的某些内容可能涉及专利。本文件的发布机构不承担识别专利的责任。

本文件由北大荒农垦集团有限公司提出和归口。

本文件起草单位:吉林农业大学、中国科学院东北地理与农业生态研究所农业技术中心、北大荒农垦集团有限公司、北大荒集团黑龙江友谊农场有限公司、北大荒集团黑龙江曙光农场有限公司。

本文件主要起草人:杜文梅、孙勇、李彦生、张俊杰、庞佳瑶、唐曹甲子、张锋、马永亮。

无人机投放松毛虫赤眼蜂防治玉米螟技术规程

1 范围

本文件规定了无人机投放松毛虫赤眼蜂防治玉米螟的虫情监测、放蜂前准备、田间释放、防治效果调查、记录与档案。

本文件适用于北大荒玉米种植区。

2 规范性引用文件

下列文件对于本文件的应用是必不可少的。凡是注日期的引用文件,仅所注日期的版本适用于本文件。凡是不注日期的引用文件,其最新版本(包括所有的修改单)适用于本文件。

GB/T 43071 植保无人飞机

NY/T 1611—2017 玉米螟测报技术规范

DB22/T 2865—2018 赤眼蜂防治二代玉米螟技术规范

3 术语和定义

下列术语和定义适用于本文件。

3.1

工厂化松毛虫赤眼蜂

以柞蚕卵为繁育寄主卵,在温度(25±1)℃,湿度(75±5)%,光照16(日):8(夜)的条件下工厂化生产的松毛虫赤眼蜂(*Trichograma dendrolimi*)。

3.2

旱田放蜂器

利用可降解、隔热材质制作的放蜂器,为2个镂空半球形扣合而成。球壁上有小孔供通气出蜂,大小在0.5 mm×2 mm,羽化赤眼蜂能顺利爬出出蜂口,并且避免昆虫、蜘蛛等进入放蜂器内部,取食赤眼蜂;球内有可装被赤眼蜂寄生的寄主卵的独立桶形仓,避免雨水进入放蜂器内部。

3.3

智能投放桶

由投放桶、舵机和投放阀门3个部分组成,通过控制器控制舵机的开关,使阀门开启、闭合,从而控制赤眼蜂的投放速率和投放时机。投放桶体积可容纳500个～1 000个放蜂器。

4 虫情监测

4.1 诱测方法

4.1.1 灯光诱测

利用太阳能虫情测报灯,灯源离地面1.5 m。从6月初开始,每天上午取回诱集物,置于室内区别种类,清点虫数并记录前一天气象要素。结果记入附录A中表A.1。

4.1.2 性诱剂监测

每年6月初开始布置玉米螟性诱剂进行监测,可使用诱捕器或水盆诱捕玉米螟雄蛾,诱捕器以距离地面1.5 m高度为宜,固定放在地头或田间过道。每天记录1次诱捕雄蛾的数量及气象要素,结果记入表A.2。

4.2 卵发生期预测

按照NY/T 1611—2017第8章描述的期距法对玉米螟卵发生期预测。

5　放蜂前准备

5.1　工厂化松毛虫赤眼蜂准备

根据放蜂时间将赤眼蜂加温发育至特定的龄期。第 1 次放混合两个发育进度的工厂化松毛虫赤眼蜂不少于 11.25 万头/ hm²,其中 6 万头蛹末期(放蜂当天可羽化)、5.25 万头蛹期(25 ℃～30 ℃下 2 d～3 d可羽化)。第 2 次放不少于 11.25 万头蛹末期蜂(放蜂当天可羽化)。

5.2　包装

利用人工或机器进行赤眼蜂包装工作,在每个旱田放蜂器装入 1 mL 已寄生工厂化松毛虫赤眼蜂的柞蚕卵,不少于 3 750 头松毛虫赤眼蜂。

5.3　运输储藏管理

运输途中,应控制赤眼蜂包装箱内温度 18 ℃～26 ℃,遮光、防雨;限 12 h 内运达放蜂点。遇阴雨天气或不能及时放蜂,将放蜂器放在 3 ℃～6 ℃ 条件下储藏,储藏期不超过 5 d。

6　田间释放

6.1　放蜂数量

每公顷释放工厂化松毛虫赤眼蜂不少于 22.5 万头,合计 60 个旱田放蜂器。分 2 次释放,每次不少于11.25 万头,30 个放蜂器。

6.2　放蜂时间

在 6 月末至 7 月初,玉米螟产卵的始盛期开始放蜂,第 1 次放蜂后,间隔 5 d～7 d 后第 2 次放蜂。

6.3　无人机释放松毛虫赤眼蜂

6.3.1　无人机

选用符合 GB/T 43071 要求的植保无人机。

6.3.2　无人机智能投放

将智能投放桶安装在无人机正下方,将装好赤眼蜂的旱田放蜂器放入智能投放桶内:

a)　路线规划:根据作业地块地势和作物长势,进行无人机的自主飞行轨迹规划,航线幅宽 20 m;

b)　释放:无人机装载投放器起飞后,无人机的飞行高度保持在距玉米上方 10 m～30 m,约 16 m 间隔投放 1 个旱田放蜂器,直到放蜂结束。

6.3.3　操作要求

无人机释放赤眼蜂时,操作要求如下:

a)　承担释放服务的单位和无人机驾驶员,应符合《民用无人驾驶航空器运行安全管理规则》,且具有超过 1 年的植保无人机操作经验;

b)　飞行作业时,平均风速应低于 3 级,即风速≤5.4 m/s;雷雨天禁止飞行作业;能见度低于 200 m的天气情况禁止飞行作业;

c)　放蜂器抛点误差≤2 m;

d)　放蜂器应在 24 h 内全部投放完毕,且在 10 ℃～15 ℃ 条件下储藏。

6.4　注意事项

在玉米田进行赤眼蜂释放,应符合下列要求:

a)　及时预测测报,保证放蜂及时准确,在第 1 次放蜂后,根据田间玉米螟实际发生情况,可将第 2 次放蜂时间进行调整,提前 2 d～3 d 或者推后 2 d～3 d;

b)　若放蜂时遇到雨天也可以调整放蜂时间,避开雨天后进行放蜂;

c)　赤眼蜂放蜂期如遇到其他暴发性害虫或者病害时,可以先进行化学农药利用防治,喷药 3 d～5 d后再进行赤眼蜂放蜂;此外应该尽量选择对天敌昆虫毒力较小的生物农药替代化学农药。

7 防治效果调查

按照 DB22/T 2865—2018 中第 7 章描述的方法对玉米螟防治效果进行调查。

8 记录与档案

应对整个放蜂方案、放蜂过程及防治效果及时记录、存档,档案至少保存 5 年,以便追溯管理。

附　录　A

（资料性）

虫情监测方法

玉米螟成虫灯诱记载表见表 A.1。

表 A.1　玉米螟成虫灯诱记载表

灯诱日期		玉米螟,头			开灯期间气象要素	备注
月	日	雌	雄	合计		

玉米螟性诱剂诱捕雄蛾记载表见表 A.2。

表 A.2　玉米螟性诱剂诱捕雄蛾记载表

诱捕日期		玉米螟雄蛾,头	诱捕期间气象要素	备注
月	日			

参　考　文　献

[1]　民用无人驾驶航空器运行安全管理规则

ICS 65.020.20
CCS B 15

Q/BDHZZ

北大荒农垦集团有限公司企业标准

Q/BDHZZ 0011—2024

无人机投放螟黄赤眼蜂防治
大豆食心虫技术规程

2024-04-08 发布

2024-05-01 实施

北大荒农垦集团有限公司 发布

Q/BDHZZ 0011—2024

前　言

　　本文件按照 GB/T 1.1—2020《标准化工作导则　第 1 部分:标准化文件的结构和起草规则》的规定起草。

　　请注意本文件的某些内容可能涉及专利。本文件的发布机构不承担识别专利的责任。

　　本文件由北大荒农垦集团有限公司提出并归口。

　　本文件起草单位:吉林农业大学、中国科学院东北地理与农业生态研究所农业技术中心、北大荒农垦集团有限公司、北大荒集团黑龙江友谊农场有限公司、北大荒集团黑龙江曙光农场有限公司。

　　本文件主要起草人:杜文梅、孙勇、李彦生、王阳、汪强、陈龙、张俊杰、庞佳瑶、张锋、唐曹甲子、马永亮。

无人机投放螟黄赤眼蜂防治大豆食心虫技术规程

1 范围

本文件规定了北大荒大豆种植地区大豆食心虫的虫情监测、放蜂前准备、田间释放、防治效果调查、记录与档案。

本文件适用于北大荒大豆种植区。

2 规范性引用文件

下列文件对于本文件的应用是必不可少的。凡是注日期的引用文件，仅注日期的版本适用于本文件。凡是不注日期的引用文件，其最新版本（包括所有的修改单）适用于本文件。

GB/T 43071　植保无人飞机

DB 22/T 2433—2016　大豆食心虫性诱剂使用技术规程

3 术语和定义

下列术语和定义适用于本文件。

3.1

工厂化螟黄赤眼蜂

以柞蚕卵或米蛾卵为繁育寄主卵，在温度 25 ℃±1 ℃，湿度 75％±5％，光照 L16∶D8 的条件下工厂化生产的螟黄赤眼蜂（*Trichogramma chilonis*）。

3.2

旱田放蜂器

利用可降解、隔热材质制作的放蜂器，为 2 个镂空半球形扣合而成。球壁上有小孔供通气出蜂，大小在 0.5 mm×2 mm，羽化赤眼蜂能顺利爬出出蜂口，并且避免昆虫、蜘蛛等进入放蜂器内部，取食赤眼蜂；球内有可装被赤眼蜂寄生的寄主卵的独立桶形仓，避免雨水进入放蜂器内部。

3.3

智能投放桶

由投放桶、舵机和投放阀门 3 个部分组成，通过控制器控制舵机的开关，使阀门开启、闭合，从而控制赤眼蜂的投放速率和投放时机。投放桶体积可容纳 500 个～1 000 个放蜂器。

4 虫情监测

4.1 诱测方法

4.1.1 灯光诱测

利用太阳能虫情测报灯，灯源离地面 1.5 m。从 7 月初开始，每天上午取回诱集物，置于室内区别种类，清点虫数并记录前一天气象要素。结果记入表 A.1。

4.1.2 性诱剂监测

每年 7 月初开始布置大豆食心虫性诱剂进行监测，可使用诱捕器或水盆诱捕大豆食心虫雄蛾，诱捕器以距离地面 1.5 m 高度为宜，固定放在地头或田间过道。每天记录 1 次诱捕雄蛾的数量及气象要素，结果记入表 A.2。

4.2 卵发生期预测

根据大豆食心虫成虫诱剂数量，结合当年降雨、温度和大豆种植品种和布局，进行大豆食心虫卵发生期预测。

    注:抗虫品种和远距离轮作不需要预测。

5 放蜂前准备

5.1 工厂化螟黄赤眼蜂准备

    根据放蜂时间将赤眼蜂加温发育至特定的龄期。第 1 次混合两个发育进度的工厂化螟黄赤眼蜂不少于 11.25 万头/hm²,其中 6 万头蛹末期(放蜂当天可羽化)、5.25 万头蛹期(25 ℃~30 ℃ 2 d~3 d 可羽化);第 2 次混合两个发育进度的螟黄赤眼蜂不少于 22.5 万头/hm²,其中 11.25 万头蛹末期(放蜂当天可羽化)、11.25 万头蛹期(25 ℃~30 ℃ 2 d~3 d 可羽化);第 3 次不少于 11.25 万头/hm²,全部为蛹末期蜂(放蜂当天可羽化)。

5.2 包装

    利用人工或机器进行赤眼蜂包装工作。在第 1 次和第 3 次使用的旱田放蜂器装入 0.7 mL 寄生螟黄赤眼蜂柞蚕卵或 1.2 cm×5 cm 寄生螟黄赤眼蜂米蛾卵卡,不少于 2 500 头螟黄赤眼蜂;在第 2 次使用的旱田放蜂器装入 1.4 mL 寄生螟黄赤眼蜂柞蚕卵或 1.2 cm×10 cm 寄生螟黄赤眼蜂米蛾卵卡,不少于 5 000 头螟黄赤眼蜂。

5.3 运输储藏管理

    运输途中,应控制赤眼蜂包装箱内温度 18 ℃~26 ℃,遮光、防雨;限 12 h 内运达放蜂点。遇阴雨天气或不能及时放蜂,将放蜂器放在 3 ℃~6 ℃条件下储藏,储藏期不超过 5 d。

6 田间释放

6.1 放蜂数量

    每公顷释放工厂化螟黄赤眼蜂不少于 45 万头,合计 135 个旱田放蜂器。分 3 次释放,第 1 次不少于 11.25 万头,第 2 次不少于 22.5 万头,第 3 次不少于 11.25 万头,每次均使用 45 个放蜂器。

6.2 放蜂时间

    在 7 月末至 8 月初,大豆食心虫产卵的始盛期开始放蜂,第 1 次放蜂后,每间隔 7 d~10 d 放 1 次蜂,共放蜂 3 次。

6.3 无人机释放螟黄赤眼蜂

6.3.1 无人机

    选用符合 GB/T 43071 要求的植保无人机。

6.3.2 无人机智能投放

    将智能投放桶安装在无人机正下方,将装好赤眼蜂的旱田放蜂器放入智能投放桶内:
    a) 路线规划:根据作业地块地势和作物长势,进行无人机的自主飞行轨迹规划,航线幅宽 14 m;
    b) 释放:无人机装载投放器起飞后,无人机的飞行高度保持在距大豆上方 10 m~30 m,约 15 m 间隔投放 1 个旱田放蜂器,直到放蜂结束。

6.3.3 操作要求

    无人机释放赤眼蜂时,操作要求如下:
    a) 承担释放服务的单位和无人机驾驶员,应符合《民用无人驾驶航空器运行安全管理规则》,且具有超过 1 年的植保无人机操作经验;
    b) 飞行作业时,平均风速应低于 3 级,即风速≤5.4 m/s;雷雨天禁止飞行作业;能见度低于 200 m 的天气情况禁止飞行作业;
    c) 放蜂器抛点误差≤2 m;
    d) 放蜂器应在 24h 内全部投放完毕,且在 10 ℃~15 ℃条件下储藏。

6.4 注意事项

在大豆田进行赤眼蜂释放,应符合下列要求:

a) 及时预测测报,保证放蜂及时准确,在第 1 次放蜂后,根据田间大豆食心虫实际发生情况,可将后续放蜂时间进行调整,提前 2 d~3 d 或者推后 2 d~3 d;

b) 若放蜂时遇到雨天也可以调整放蜂时间,避开雨天后进行放蜂;

c) 赤眼蜂放蜂期如遇到其他暴发性害虫或者病害时,可以先进行化学农药利用防治,喷药 3 d~5 d后再进行赤眼蜂放蜂;此外,应该尽量选择对天敌昆虫毒力较小的生物农药替代化学农药。

7 防治效果调查

按照 DB22/T 2433—2016 中第 4 章描述的方法对大豆食心虫防治效果进行调查。

8 记录与档案

应对整个放蜂方案、放蜂过程及防治效果及时记录、存档,档案至少保存 5 年,以便追溯管理。

附 录 A

（资料性附录）

虫情监测方法

大豆食心虫成虫灯诱记载表见表 A.1。

表 A.1 大豆食心虫成虫灯诱记载表

灯诱日期		大豆食心虫，头			开灯期间气象要素	备注
月	日	雌	雄	合计		

大豆食心虫性诱剂诱捕雄蛾记载表见表 A.2。

表 A.2 大豆食心虫性诱剂诱捕雄蛾记载表

诱捕日期		大豆食心虫雄蛾，头	诱捕期间气象要素	备注
月	日			

参 考 文 献

[1]　民用无人驾驶航空器运行安全管理规则

_____

ICS 65.020.01
CCS B 05

Q/BDHZZ

北大荒农垦集团有限公司企业标准

Q/BDHZZ 0015—2024

北大荒多源遥感农业生产
关键环节监测技术规程

2024-04-08 发布 2024-05-01 实施

北大荒农垦集团有限公司 发布

Q/BDHZZ 0015—2024

前　言

　　为推动北大荒农场的现代化建设,进一步完善农业生产进度监测体系,优化农业生产流程,提高生产效率,特制定此标准。

　　本文件按照 GB/T 1.1—2020《标准化工作导则　第1部分:标准化文件的结构和起草规则》的规定起草。

　　本文件由中国科学院东北地理与农业生态研究所和北大荒农垦集团有限公司联合提出。

　　本文件由北大荒农垦集团有限公司归口。

　　本文件起草单位:中国科学院东北地理与农业生态研究所。

　　本文件起草人:郑兴明、郑佳、刘焕军、陈思、李雷、孟繁亮、高尚、时晓民、张立国、黄虎、郭建国、王金楠。

北大荒多源遥感农业生产关键环节监测技术规程

1 范围

本文件规定了北大荒农垦集团有限公司多源遥感农业生产中的基本要求、监测流程图、收获进度监测流程、秋整地进度监测流程和泡田进度监测流程。

本文件适用于北大荒集团有限公司多源遥感农业生产关键环节监测方法的实施和推广。

2 规范性引用文件

下列文件对于本文件的应用是必不可少的。凡是注日期的引用文件,仅注日期的版本适用于本文件,凡是不注日期的引用文件,其最新版本(包括所有的修改单)适用于本文件。

GB/T 14950—2009 摄影测量与遥感术语

GB/T 36296—2018 遥感产品真实性检验导则

3 术语和定义

下列术语和定义适用于本文件。

3.1

农业生产进度 agricultural production progress

在农业领域中,不同农业活动和任务在特定时间内的进展情况和完成程度。本文件主要对水田旱田的农作物收获进度、秋整地进度以及水田的泡田进度3个关键环节进行监测。

3.2

收获进度 harvest progress

在农业领域中,农作物收割工作的进行程度或完成程度,通常以时间、面积或百分比等形式进行衡量。

3.3

秋整地进度 autumn land preparation progress

在秋季进行的土地翻耕工作的进行程度或完成程度。

3.4

泡田进度 field irrigation progress

水稻插秧前对水田灌溉工作的进行程度或完成程度。

3.5

遥感 remote sensing

不接触物体本身,用传感器收集目标物的电磁波信息,经处理与分析后,识别目标物,揭示其几何、物理特征和相互关系及其变化规律的现代化科学技术。

[来源:GB/T 14950—2009,3.1]

3.6

多源遥感 multi-source remote sensing

利用多种不同类型的遥感数据源来获取地球表面信息。这些数据源可能包括不同波段的卫星遥感影像、航空摄影图像等。

3.7

空间分辨率 spatial resolution

遥感影像中能够区分地面观测目标最小单元的尺寸或大小。

3.8

植被指数　vegetation index

利用不同谱段的光谱反射率的线性或非线性组合而形成的能够反映植被生长及健康状况的特征指数。

　　［来源：GB/T 14950—2009，5.201，有修改］

3.9

监督分类　supervised classification

根据已知训练区提供的样本，通过选择特征参数，建立判别函数以对待分类影像进行的图像分类。

　　［来源：GB/T 14950—2009，5.240］

3.10

非监督分类　unsupervised classification

以不同影像地物在特征空间中类别特征的差别为依据的一种无先验(已知)类别标准的图像分类。

　　［来源：GB/T 14950—2009，5.249］

3.11

后向散射系数　backscattering coefficient

入射方向上的散射强度或目标单位面积的平均雷达散射截面，通常以分贝表示。

4　缩略语

下列缩略语适用于本文件：

NDVI：归一化差值植被指数 Normalized Difference Vegetation Index

NDTI：归一化差值耕作指数 Normalized Difference Tillage Index

STI：简单耕作指数 Simple Tillage Index

NDI7：归一化差值指数 7 Normalized Difference Index 7

VTI：植被耕作指数 Vegetation Tillage Index

SVTI：简单植被耕作指数 Simple Vegetation Tillage Index

MNDWI：改进的归一化差值水体指数 Modified Normalized Difference Water Index

各指数的计算公式见附录 A。

5　基本要求

农业生产进度监测包括水田、旱田的农作物收获进度监测和秋整地进度监测以及水田的泡田进度监测。北大荒水田、旱田收获进度监测的时间为 9 月—10 月，秋整地进度监测的时间为 9 月—11 月，水田的泡田进度监测的时间为 4 月—5 月。

6　监测流程图

见图 1。

7　收获进度监测流程

7.1　数据获取与处理

7.1.1　遥感影像数据

遥感数据的选择要求如下：

　　a)　波段要求：光学影像应至少具有蓝光波段、绿光波段、红光波段、近红外波段、短波红外波段，雷达影像可以选择 C 波段、L 波段、P 波段等。

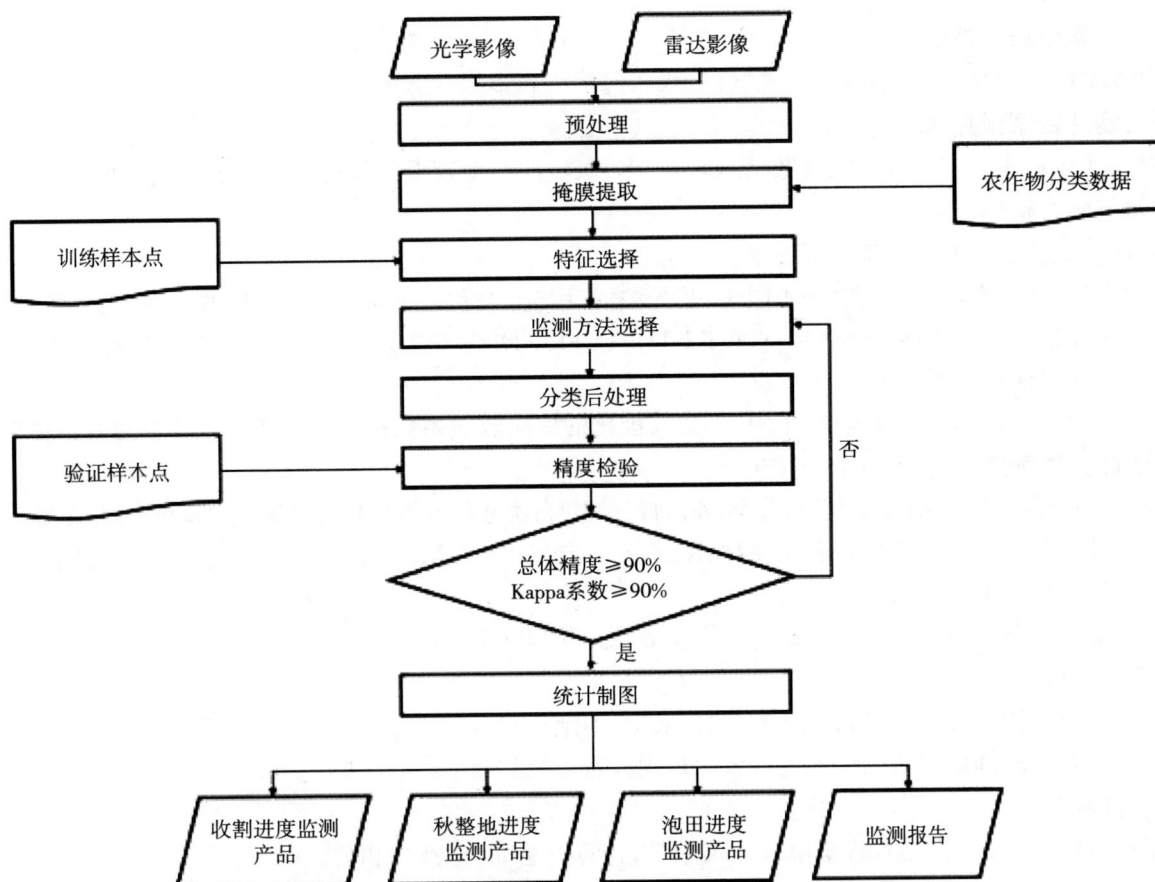

图 1 多源遥感农业生产关键环节监测流程

b) 空间分辨率要求：卫星影像数据的空间分辨率应该优于(包含)10 m。

c) 重访周期要求：卫星影像数据的重访周期应该不大于 5 d,或协同多源卫星影像数据以满足农业生产活动监测的时间分辨率要求。

d) 质量要求：卫星影像应该图面清晰,定位准确,无明显条纹、点状和块状噪声,无数据丢失,无严重畸变,并且影像云量应小于 10%。

7.1.2 样本数据

7.1.2.1 样本数据的获取方式

a) 地面采集：利用手持全球定位系统(global positioning system,GPS)或者实时差分定位(real-time kinematic,RTK)动态测量记录样本点的坐标信息,并同步采集地物类别、照片等信息。

b) 无人机采集：利用无人机拍摄高精度航空影像,经过几何校正和拼接,结合地面调查数据,采用目视解译获取样本。

7.1.2.2 样本数据的空间、数量和时间分布要求

a) 在监测区范围内,选择收获前和收获后的样本数据各不少于 500 个,并在监测区范围内均匀分布。

b) 样本的采集时间应在 9 月—10 月,并与卫星过境时间保持一致。

7.1.3 其他数据

a) 农作物分类数据,其空间分辨率应不小于所使用的遥感影像数据的空间分辨率,用于对不同农作物进行掩膜提取。

b) 监测范围矢量数据,用于边界掩膜。

c) 地形数据,可用于雷达影像预处理。

7.2 数据预处理

7.2.1 光学数据预处理

对光学遥感数据进行辐射定标、大气校正、几何校正和影像裁剪等预处理。

7.2.2 雷达数据预处理

对雷达数据进行定标、拼接、复数信号转换、多视、滤波和地理编码等处理后形成后向散射系数产品。

7.3 特征集合构建

农作物收获进度监测所选特征如下：

a) 对于光学影像，可以选择(不限于)蓝光波段、绿光波段、红光波段、近红外波段、短波红外波段的光谱反射率和植被指数(如 NDVI、NDTI、STI、NDI7、VTI、SVTI 等)作为特征进行农作物收获进度监测。

b) 对于雷达影像，可以选择(不限于)交叉极化的后向散射系数作为特征进行农作物收获进度监测。

7.4 监测方法选择

基于训练样本数据，可以选择监督分类、非监督分类等分类方法或组合进行分类，推荐的分类方法如下：

a) 监督分类方法推荐使用随机森林(RF)、支持向量机(SVM)和最大似然分类(MLC)，或者其他特征性增强的决策树分类方法。

b) 非监督分类方法推荐使用迭代自组织数据分析(ISODATA)和 K 均值聚类(K-means)等方法。

7.5 分类后处理

a) 可以采用(不限于)Majority 等方法，采用(不限于)7×7 窗口消除部分小图斑。

b) 结合经验知识对监测结果进行人工目视检查，对错分结果直接进行修改。

7.6 精度检验

根据混淆矩阵，计算总体精度和 Kappa 系数，计算方法如公式(1)和公式(2)所示。

$$OA(ci)=1/N \cdot \sum_{i=1}^{n} x_{ii} \quad\cdots\cdots\cdots\cdots\cdots\cdots\cdots\cdots\cdots\cdots\cdots\cdots\cdots\cdots\cdots \text{(1)}$$

$$K=(N\sum_{i=1}^{n} x_{ii} - \sum_{i=1}^{n} x_{i+} x_{+i})/(N^2 - \sum_{i=1}^{n} x_{i+} x_{+i}) \quad\cdots\cdots\cdots\cdots\cdots\cdots \text{(2)}$$

式中：

OA ——总体精度；

ci ——某类别的分类结果；

N ——用于精度评估的总样本数量；

n ——混淆矩阵总列数(即总的类别数)；

x_{ii} ——混淆矩阵中的第 i 行、第 i 列上的样本数量，即正确分类的样本数量；

K ——kappa 系数；

x_{i+} ——混淆矩阵中第 i 行上的总样本数量；

x_{+i} ——混淆矩阵中第 i 列上的总样本数量。

7.7 多源遥感农业生产进度监测专题产品制作

7.7.1 专题图制作

绘制农作物收获进度时空动态分布图。

7.7.2 监测报告编写

对农作物收获进度进行统计和分析，编写监测报告。监测报告内容主要包括监测范围、监测时间、监测流程、数据源、监测方法、监测结果统计和分析等。

8 秋整地进度监测流程

8.1 数据获取与处理

8.1.1 遥感影像数据

遥感数据的选择要求同 7.1.1。

8.1.2 样本数据

样本数据的获取方式同 7.1.2。

样本数据的空间、数量和时间分布要求如下:

a) 在监测区范围内,选择秋整地前和秋整地后的样本数据各不少于 500 个,并在监测区范围内均匀分布。

b) 样本的采集时间应在 9 月—11 月,并与卫星过境时间保持一致。

8.1.3 其他数据

秋整地进度监测需要的其他数据同 7.1.3。

8.2 数据预处理

8.2.1 光学数据预处理

秋整地进度监测的光学数据预处理同 7.2.1。

8.2.2 雷达数据预处理

秋整地进度监测的雷达数据预处理同 7.2.2。

8.3 特征集合构建

秋整地进度监测所选特征如下:

选择(不限于)蓝光波段、绿光波段、红光波段、近红外波段、短波红外波段的光谱反射率和 NDVI、NDTI、STI、NDI7、VTI、SVTI 作为特征进行秋整地进度监测。

8.4 监测方法选择

秋整地进度监测方法的选择同 7.4。

8.5 分类后处理

秋整地进度监测的分类后处理同 7.5。

8.6 精度检验

秋整地进度监测的精度检验同 7.6。

8.7 多源遥感农业生产进度监测专题产品制作

8.7.1 专题图制作

绘制秋整地进度时空动态分布图。

8.7.2 监测报告编写

对秋整地进度进行统计和分析,编写监测报告。监测报告内容主要包括监测范围、监测时间、监测流程、数据源、监测方法、监测结果统计和分析等。

9 泡田进度监测流程

9.1 数据获取与处理

9.1.1 遥感影像数据

波段要求:光学影像应至少具有绿光波段、中红外波段或短波红外波段,雷达影像可以选择 C 波段、L 波段、P 波段等。其他遥感数据的选择要求同 7.1.1。

9.1.2 样本数据

样本数据的获取方式同 7.1.2。

样本数据的空间、数量和时间分布要求如下:

a) 在监测区范围内,选择泡田前和泡田后的样本数据各不少于 500 个,并在监测区范围内均匀分布。

b) 样本的采集时间应在 4 月—5 月,并与卫星过境时间保持一致。

9.1.3 其他数据

泡田进度监测需要的其他数据同 7.1.3。

9.2 数据预处理

9.2.1 光学数据预处理

泡田进度监测的光学数据预处理同 7.2.1。

9.2.2 雷达数据预处理

泡田进度监测的雷达数据预处理同 7.2.2。

9.3 特征集合构建

泡田进度监测所选特征如下：

a) 对于光学影像,可以选择(不限于)MNDWI 作为特征进行泡田进度监测。

b) 对于雷达影像,可以选择(不限于)交叉极化的后向散射系数作为特征进行泡田进度监测。

9.4 监测方法选择

泡田进度监测方法的选择同 7.4。

9.5 分类后处理

泡田进度监测的分类后处理同 7.5。

9.6 精度检验

泡田进度监测的精度检验同 7.6。

9.7 多源遥感农业生产进度监测专题产品制作

9.7.1 专题图制作

绘制泡田进度时空动态分布图。

9.7.2 监测报告编写

对泡田进度进行统计和分析,编写监测报告。监测报告内容主要包括监测范围、监测时间、监测流程、数据源、监测方法、监测结果统计和分析等。

附　录　A

（资料性）

各指数计算公式

各指数计算公式见表 A.1。

表 A.1　各指数计算公式

指数	公式
归一化差值植被指数（NDVI）	$NDVI=(R_{NIR}-R_R)/(R_{NIR}+R_R)$
归一化差值耕作指数（NDTI）	$NDTI=(R_{SWIR1}-R_{SWIR2})/(R_{SWIR1}+R_{SWIR2})$
简单耕作指数（STI）	$STI=R_{SWIR1}/R_{SWIR2}$
归一化差值指数 7（NDI7）	$NDI7=(R_{NIR}-R_{SWIR2})/(R_{NIR}+R_{SWIR2})$
植被耕作指数（VTI）	$VTI=(NDVI-NDTI)/(NDVI+NDTI)$
简单植被耕作指数（SVTI）	$SVTI=(NDVI-STI)/(NDVI+STI)$
改进的归一化差值水体指数（MNDWI）	$MNDWI=(R_{Green}-R_{SWIR1})/(R_{Green}+R_{SWIR1})$
注:R 表示反射率。	

参　考　文　献

[1] 李丹,韩留生,黄思宇等. 基于 HJ-1 数据的冬小麦种植面积、长势与收割进度遥感监测[J]. 中国农学通报,2016,32(12):20-28

[2] NY/T 3527—2019　农作物种植面积遥感监测规范

[3] NY/T 4380.1—2023　农业遥感调查通用技术　农作物遥感估产监测技术规范　第 1 部分:马铃薯

————————————

第四部分
经济作物生产技术

ICS 65.020.20
CCS B 23

Q/BDHZZ

北大荒农垦集团有限公司企业标准

Q/BDHZZ 0001—2024

水稻育秧棚稻草覆盖繁育马铃薯
商品薯和种薯技术规程

2024-04-03 发布

2024-05-01 实施

北大荒农垦集团有限公司 发布

前　言

　　本文件依据 GB/T 1.1—2020《标准化工作导则　第 1 部分：标准化文件的结构和起草规则》的规定起草。

　　请注意本文件的某些内容可能涉及专利。本文件的发布机构不承担识别专利的责任。

　　本文件由北大荒农垦集团有限公司提出并归口。

　　本文件起草单位：黑龙江省农垦科学院、北大荒农垦集团有限公司、北大荒农垦集团有限公司农业发展部、北大荒集团黑龙江克山农场有限公司。

　　实施单位：北大荒农垦集团有限公司。

　　本文件主要起草人：唐浩、徐宁、张洪亮、张荣华、高世杰、包东庆、景尚友、郑安波、许亚坤、王维峰、姜民旭、娄伟轩、郇丽娟、刘冬雪。

水稻育秧棚稻草覆盖繁育马铃薯商品薯和种薯技术规程

1 范围

本文件规定了水稻育秧棚稻草覆盖繁育马铃薯商品薯和种薯技术的产地环境、整地施肥、种薯选择与处理、播种、稻草覆盖、田间管理、病虫害防治、杀秧与收获、生产档案。

本文件适用于水稻育秧棚稻草覆盖繁育马铃薯商品薯和种薯技术模式种植。

2 规范性引用文件

下列文件对于本文件的应用是必不可少的。凡是注日期的引用文件,仅注日期的版本适用于本文件。凡是不注日期的引用文件,其最新版本(包括所有的修改单)适用于本文件。

GB 3095 环境空气质量标准

GB 15618 土壤环境质量 农用地土壤污染风险管控标准(试行)

GB 18133 马铃薯种薯

GB 20287 农用微生物菌剂

GB/T 8321(所有部分) 农药合理使用准则

NY/T 496 肥料合理使用准则 通则

NY/T 1276 农药安全使用规范 总则

NY/T 2383 马铃薯病虫害防治技术规程

3 产地环境

空气环境质量应符合 GB 3095 的要求,土壤环境质量标准应符合 GB 15618 的要求。

4 整地施肥

4.1 整地

将育秧棚内原育苗地深松 30 cm,耙 2 遍,使土壤达到疏松、整平、耙细状态。如需保留棚内原始环境不变,可沿育秧棚纵向开浅沟。

4.2 施肥

4.2.1 施肥原则

肥料的选择和使用应符合 NY/T 496 的要求。

4.2.2 施肥方法

在测土配方的基础上,按 N∶P∶K=21∶18∶32 的比例每公顷施化肥纯量 426 kg,如产品当季销售无须窖储过冬也可用氯化钾代替硫酸钾,按 N∶P∶K=27∶23∶42 的比例每公顷施化肥纯量 460 kg。肥料均匀撒于地表,肥料上覆薄土。

5 种薯选择与处理

5.1 种薯选择

选用国家非主要农作物登记的中早熟、丰产、优质、抗逆性强且适于当地种植的品种。种薯质量应符合 GB 18133 的要求。

5.2 种薯处理

播种前 15 d～20 d 将种薯放在 13 ℃～18 ℃散射光环境下催芽,芽长以不超过 5 mm 为宜。种薯切块 40 g~60 g 为宜,切块宜带顶芽,切块上应带有 1 个~2 个芽眼。切刀应放在 0.2％的高锰酸钾或 75％酒精溶液中浸泡消毒,薯块采用微生物拌种剂拌种,微生物拌种剂符合 GB 20287 的要求。

6 播种

6.1 播期

根据水稻移栽时间确定播期,移栽后应尽快播种,播期不宜超过 6 月 1 日。

6.2 播种方式

生产行距 65 cm 为宜。商品薯,株距 22 cm~26 cm。播种密度在 6 万株/ hm²~7 万株/ hm² 为宜。种薯,株距 17 cm~19 cm。播种密度在 8 万株/ hm²~9 万株/ hm² 为宜。根据密度在地表开浅沟,种薯均匀摆放于沟上,薯芽向上,用力压于土表。

7 稻草覆盖

覆盖干稻草厚度 8 cm~10 cm,每公顷覆盖干稻草 12 t~15 t。稻草覆盖方向宜与垄的方向相同,利于后期收获。要把稻草根部和顶部相接,并且覆盖均匀不留空隙,避免见光造成青薯。避免互相交错缠绕,以免影响出苗。

8 田间管理

8.1 除草

播种前用灭生性除草剂对棚内杂草进行处理,生育期内由于稻草覆盖的遮蔽作用,草害较轻,不需化学除草,全生育期人工拔草 2 次~3 次。

8.2 水肥管理

根据天气情况适当灌溉,宜勤浇、细浇、少浇,保持土壤湿润,一般田间持水量 60％~70％,防止忽干忽湿产生畸形薯,收获前 10 d 停止浇水。结合病虫害防治,开花期前喷施以氮肥为主的叶面肥,开花期后喷施钾肥为主的叶面肥,同时喷施微肥 3 次~5 次。

8.3 通风降温

撤掉塑料棚布进行通风降温。超级大棚撤棚布困难,生长期内应做到全面通风,夏季正午挂遮光率 50％左右的遮阳网降温。

9 病虫害防治

9.1 防治原则

按照"预防为主,综合防治"原则,优先使用农业防治、生物防治和物理防治等措施,必须使用化学防治时农药应符合 NY/T 1276 和 GB/T 8321 的要求。

9.2 主要病害防治方法

9.2.1 晚疫病

病害发生前,可喷施多抗霉素和氨基寡糖素等生物型药剂,预防病害发生。

田间发现中心病株,应及时拔除销毁,集中深埋。并选用霜脲·锰锌可湿性粉剂或氟吡菌胺·霜霉威盐酸盐悬浮剂或氟吗啉·锰锌可湿性粉剂或恶霜·锰锌可湿性粉剂或噁唑菌铜·霜脲氰水分散粒剂,每隔 7 d~10 d 施药 1 次,喷雾防治,注意轮换用药。

9.2.2 早疫病

病害发生前,可选用辣根素和氨基寡糖素等生物型药剂作为保护剂,预防病害发生。

初见病斑时,选用戊唑醇悬浮剂或嘧菌酯悬浮剂或 50％异菌脲可湿性粉剂治疗。

9.3 主要虫害防治方法

虫害防治按照 NY/T 2383 的规定执行。

10 杀秧与收获

一般在 9 月下旬,待下部叶片枯黄时即可收获。如种植较晚未达到成熟,在生育后期可覆上棚膜,延长其生长期。收获前 7 d 采用人工收割的方式进行杀秧,促使薯皮老化。收获选择晴天作业,严防块茎雨淋、受冻。

11 生产档案

建立生产档案,内容包括产地环境、整地施肥、种薯选择与处理、播种、稻草覆盖、田间管理、病虫害防治、杀秧与收获。

————————

ICS 65.020.20
CCS B 39

Q/BDHZZ

北大荒农垦集团有限公司企业标准

Q/BDHZZ 0002—2024

水稻育秧棚发酵料栽培平菇技术规程

2024-04-03 发布

2024-05-01 实施

北大荒农垦集团有限公司 发布

前　言

本文件依据 GB/T 1.1—2020《标准化工作导则　第 1 部分：标准化文件的结构和起草规则》的规定起草。

请注意本文件的某些内容可能涉及专利。本文件的发布机构不承担识别专利的责任。

本文件由北大荒农垦集团有限公司提出并归口。

本文件起草单位：黑龙江省农垦科学院、北大荒农垦集团有限公司农业发展部、北大荒农垦集团有限公司、北大荒集团黑龙江勤得利农场有限公司。

实施单位：北大荒农垦集团有限公司。

本文件主要起草人：吴小军、王阳、汪强、陈龙、郑安波、何培雄、郭莹、王红霞、高世杰、景尚友、徐宁、王明明、许亚坤。

水稻育秧棚发酵料栽培平菇技术规程

1 范围

本文件规定了水稻育秧棚发酵料栽培平菇技术的生产技术条件、工艺流程、生产过程、病虫害防治、采收、存储、菌渣处理与生产档案。

本文件适用于水稻育秧棚发酵料栽培平菇。

2 规范性引用文件

下列文件对于本文件的应用是必不可少的。凡是注日期的引用文件,仅注日期的版本适用于本文件。凡是不注日期的引用文件,其最新版本(包括所有的修改单)适用于本文件。

GB 3095 环境空气质量标准

GB 4806.7 食品安全国家标准 食品接触用塑料材料及制品

GB 5749 生活饮用水卫生标准

GB/T 8321(所有部分) 农药合理使用准则

GB 15618 土壤环境质量 农用地土壤污染风险管控标准(试行)

GB 19172 平菇菌种

GB/T 23189 平菇

NY/T 528 食用菌菌种生产技术规程

NY/T 1935 食用菌栽培基质质量安全要求

NY/T 1276 农药安全使用规范 总则

3 生产技术条件

3.1 产地环境

水稻育秧棚环境,以及前期培养料发酵、接种、养菌的场地的环境,需排水良好,水源干净便利,空气环境质量应符合 GB3095 二类以上要求,生产用水质量应符合 GB 5749 的要求,土壤环境质量标准应符合 GB 15618 的要求。

3.2 栽培模式

本文件采用以水稻育秧棚为主要栽培设施的发酵料栽培模式。

3.3 菌种

应选用优质高产、抗逆性强、适应市场需求的高温平菇品种。平菇菌种和菌种的制作需符合 GB 19172和 NY/T 528 的要求。

3.4 培养料

制作发酵料所用的原料主要为玉米芯、木屑、麦麸等,要求新鲜、洁净、干燥(含水量低于 10%)、无虫、无霉、无异味,所有原料需符合 NY/T 1935 的要求。

4 工艺流程

按照配方配料→原料预湿拌料→培养料建堆发酵→摊料降温→装袋→接种→养菌管理→出菇管理→采收。

5 生产过程

5.1 栽培季节

由于水稻育秧棚空闲期在6月—11月,因此,栽培袋一般选择在6月中下旬入棚出菇。

5.2 水稻育秧棚环境消毒

5.2.1 菌袋入棚前,棚上覆盖遮光率为60%～70%的遮阳网。

5.2.2 在菌袋入棚前4 d～5 d,喷洒一遍浓度为5%的石灰水。

5.2.3 菌袋入棚前1 d,向棚室喷多菌灵800倍～1 000倍溶液,密闭棚室24 h后通风。农药使用应符合GB/T 8321和NY/T 1276的要求。

5.3 配方

5.3.1 配方一

玉米芯83%,麦麸8%,玉米面3%,生石灰3%,过磷酸钙2%,石膏0.5%,尿素0.5%。

5.3.2 配方二

玉米芯84%,麦麸10%,生石灰3%,过磷酸钙2%,石膏0.5%,尿素0.5%。

5.3.3 配方三

玉米芯73%,杂木屑10%,麦麸8%,玉米面3%,生石灰3%,过磷酸钙2%,石膏0.5%,尿素0.5%。

5.4 建堆发酵

5.4.1 原料预湿

一般选择5月初开始制作发酵料,按照栽培规模和配方将玉米芯、木屑进行预湿3 d～5 d,充分吸水软化,含水量保持在70%以上。

5.4.2 拌料

先将原料混合均匀,加足水分至培养料含水量达到70%～75%,过磷酸钙、尿素、石膏粉、石灰等辅料分层撒铺于各层。

5.4.3 建堆

在水稻育秧棚附近合适位置,将料堆成高1.2 m～1.5 m,料堆顶部宽1.0 m～1.5 m,料堆底部宽1.5 m～2.0 m的拱形堆,长度不限,料堆侧面陡一些,建堆时将料抖松抛落。建堆后,用直径5 cm左右木棒在料堆上垂直插通气孔,直至料堆底部,间隔0.2 m,呈"品"字形排列。雨天注意防雨,严禁雨水大量渗入料堆。

5.4.4 翻堆

5.4.4.1 料堆中心温度接近60 ℃时,保持24 h后进行第1次翻堆。如若含水量低于70%,需及时补水。翻堆时,把料堆中部和外部的料对调位置,翻堆时必须将料松动,以增加料中含氧量,然后重新建堆,料面打孔,并注意防雨。

5.4.4.2 料堆中心温度达60 ℃以上时,保持24 h左右,进行第2次翻堆,方法同上。

5.4.4.3 料堆中心温度再次达60 ℃以上时,保持24 h左右,进行第3次翻堆,方法同上。如有需要,翻堆时可拌入浓度为3%的石灰水调节含水量至65%～70%。

5.4.4.4 料堆中心温度再次达60 ℃左右时,保持24 h左右,进行第4次翻堆,方法同上。

5.5 发酵料质量标准

合格的发酵料的含水量在65%左右,pH 6.5～7,有大量白色放线菌,无酸臭味,无氨味,褐色,手感松软、有弹性。

5.6 接种

5.6.1 料袋可选择20 cm～27 cm(宽)×45 cm(长)×0.025 cm(厚)、安全要求符合GB 4806.7要求的平菇栽培专用菌袋。

5.6.2 接种前,操作工具及菌种瓶(或者菌种袋)外壁用0.1‰高锰酸钾擦拭消毒。

5.6.3 发酵料温度降至30℃以下时装袋,采用3层菌种2层料方式接种,装袋和接种同时进行,先封一边袋口,放入一层菌种,然后装入半袋料压实,再加一层菌种,再装入半袋料,最后再加一层菌种,然后压实封口。

5.7 养菌管理

接种后,菌袋统一在就近闲置的水稻育秧棚或附近的合格场地内避光培养,养菌环境需提前进行消杀。养菌温度控制在22℃～28℃,环境湿度在60%左右。可通风降温,但不能喷水。随着菌丝生长,逐渐缓慢加大通风量。菌丝萌发后3 d～5 d,菌袋两端开袋套颈圈,用报纸覆盖袋口,用皮筋将报纸固定在颈圈上。25 d～30 d后,菌丝长满菌袋,取下报纸,进入出菇管理。

5.8 出菇管理

将取下报纸的菌袋移入提前消杀好的育秧棚内出菇。码垛摆放,墙式出菇,每垛可摆4层～6层。此时给予菌袋适当的温差刺激和散射光,很快就会长出原基。

5.8.1 温度控制

5.8.1.1 子实体形成前需要给予温差刺激,温度控制在10℃～25℃为宜。

5.8.1.2 子实体生长初期仍然需要温差刺激,温度控制在15℃～26℃为宜。如遇高温,可通过打开水稻育秧棚侧面的棚裙通风降温,也可利用棚内喷淋设施喷水降温。切记不要在棚内最高温时喷水降温。

5.8.1.3 子实体生长期温度应控制在24℃～28℃为宜。棚内降温方法同上。

5.8.2 湿度控制

5.8.2.1 子实体形成前和形成初期,以水稻育秧棚空间喷淋加湿为主,以少量多次为宜,保持地面湿润,空气相对湿度为80%～95%。

5.8.2.2 子实体菌盖大多长至直径3 cm以上时,水可直接喷在菇体上,空气相对湿度为85%～90%。

5.8.2.3 采完一潮菇后,停止喷水3 d左右,然后重新喷水,刺激新一潮菇的形成。

5.8.3 光照控制

5.8.3.1 菌丝长满菌袋后,要给予适当的散射光,但不能阳光直射。

5.8.3.2 原基形成后光照可控制在500lx～800lx。

5.8.3.3 子实体生长发育需要适当增加散射光,每天可延长散射光照时间,但需避免阳光直射。

5.8.4 通风换气

在菌丝生长阶段,对空气中氧的要求比较低。而在子实体形成阶段,对氧气的需求迅速增加。可打开水稻育秧棚两侧大门通风,保持棚内空气新鲜。在高温时期,也可打开育秧棚侧面的棚裙,在保证空气湿度的情况下,尽量增加通风量。

6 病虫害防治

6.1 防治原则

预防为主,综合防治;农业防治、物理防治为主,化学防治为辅。

6.2 主要病虫害

霉菌感染(主要包括绿霉、木霉、毛霉等)、菇蝇、螨虫、线虫等。

6.3 防治措施

6.3.1 农业防治

选用抗病性强的高温平菇品种,创造适宜的生长环境,保证棚内清洁,发现病虫害及时处理。

6.3.2 物理防治

原料在太阳光下曝晒,利用太阳紫外线生杀死病菌孢子。棚内设置孔径0.21 cm～0.25 cm的防虫网、粘虫板、杀虫灯,发现污染菌袋立即清理。

6.3.3 化学防治

优先采用生物防治措施。

栽培前大棚应提前进行消毒和灭虫。发生病虫害及时应对,优先选用高效、低毒、低残留药剂,尽量在无菇期用药,或避菇用药。农药使用应符合 NY/T 1276 和 GB/T 8321 的要求。

7 采收

平菇在菇体颜色由深变浅、菌盖边缘尚未完全展开、孢子未弹时采收。质量应符合 GB/T 23189 的要求。

8 存储

子实体采收后,需存储在 2 ℃~4 ℃的冷库中。冷库要求避光、洁净、无异味,严禁与有毒、有害、有异味、易传播虫害的物品混合存放。

9 菌渣处理

采收完毕后,及时将菌袋集中,袋料分离,菌渣做无害化处理。菌渣可再次参与食用菌生产,或者发酵制作生物肥进行还田,既做到了废弃物再利用,也避免造成环境污染,形成环境友好型生产作业。

10 生产档案

建立生产档案,内容包括生产技术条件、工艺流程、生产过程、病虫害防治、采收、存储及菌渣处理。

ICS 65.020.20
CCS B 23

Q/BDHZZ

北大荒农垦集团有限公司企业标准

Q/BDHZZ 0003—2024

水稻育秧棚繁育马铃薯脱毒微型薯
技术规程

2024-04-03 发布

2024-05-01 实施

北大荒农垦集团有限公司 发布

前 言

本文件按照 GB/T 1.1—2020《标准化工作导则　第 1 部分:标准化文件的结构和起草规则》的规定起草。

请注意本文件的某些内容可能涉及专利。本文件的发布机构不承担识别专利的责任。

本文件由北大荒农垦集团有限公司提出并归口。

本文件起草单位:黑龙江省农垦科学院、北大荒农垦集团有限公司、北大荒农垦集团有限公司农业发展部、北大荒集团黑龙江克山农场有限公司。

实施单位:北大荒农垦集团有限公司。

本文件主要起草人:唐浩、徐宁、张洪亮、张荣华、高世杰、包东庆、景尚友、郑安波、许亚坤、王维峰、姜民旭、娄伟轩、郇丽娟、刘冬雪。

水稻育秧棚繁育马铃薯脱毒微型薯技术规程

1 范围

本文件规定了水稻育秧棚繁育马铃薯脱毒微型薯技术的产地环境、基质准备、苗床炼苗、整地施肥、定植、田间管理、病虫害防治、杀秧与收获、生产档案。

本文件适用于水稻育秧棚繁育马铃薯脱毒微型薯技术模式种植。

2 规范性引用文件

下列文件对于本文件的应用是必不可少的。凡是注日期的引用文件,仅注日期的版本适用于本文件。凡是不注日期的引用文件,其最新版本(包括所有的修改单)适用于本文件。

GB 3095 环境空气质量标准

GB/T 8321(所有部分) 农药合理使用准则

GB 15618 土壤环境质量 农用地土壤污染风险管控标准(试行)

NY/T 496 肥料合理使用准则 通则

NY/T 1276 农药安全使用规范 总则

NY/T 2383 马铃薯主要病虫害防治技术规程

3 产地环境

空气环境质量应符合 GB 3095 的要求,土壤环境质量标准应符合 GB 15618 的要求。

4 基质准备

4.1 基质配比

于水稻移栽前 2 d～3 d 准备苗床基质土,按草炭∶珍珠岩∶田园土＝2∶2∶1,没有条件可用腐熟农家肥∶田园土∶珍珠岩＝2∶2∶1。

4.2 基质施肥

肥料的选择和使用应符合 NY/T 496 的要求。每立方米混合基质土中加腐熟粪肥 2 kg,复合肥按 N∶P∶K＝6∶5∶9 比例施化肥纯量 0.08 kg。

4.3 基质消杀

基质装满钵体后用 800 倍液辛硫磷和 800 倍液多菌灵喷洒基质,并用薄膜覆盖进行消毒和杀虫。

5 苗床炼苗

当基质土消毒杀虫 5 d 后,将脱毒苗移栽至育秧棚内,同时撤掉棚膜,并扣上 80 目防虫网。移苗前 1 d 下午,将生长 15 d～20 d 的脱毒苗,用清水洗净根部培养基。营养钵内基质前一天晚上或移苗当天早上将水浇透,试管苗扦插于钵内,扦插深度 1.5 cm～2 cm,扦插密度 7.5 cm×5 cm 扦插后均匀喷水 30 min。移栽时间选择阴天或晴天的 9:00 前和 16:00 后,扦插后扣上遮阳网 5 d～7 d,防止强光直射,每隔 7 d 叶面喷施营养液 1 次,注意基质保持湿度,一般田间持水量达 70%～80%。

6 整地施肥

当钵内马铃薯脱毒苗生长 20 d～25 d,苗高达 15 cm～18 cm 时进行整地起垄。将育秧棚内原育苗地深松 30 cm 左右、耙 2 遍,土壤达到疏松、整平、耙细状态,垄宽 65 cm,浅垄。施入底肥和农家肥,肥料的选择和使用应符合 NY/T 496 的要求,施腐熟农家肥 15 t/hm²～30 t/hm² 和复合肥,复合肥按 N∶P∶K＝6∶5∶9 的比例每公顷施化肥纯量 400 kg。

7 定植

定植前 1 d 将待移体浇透。垄上开沟深 10 cm，栽植株距 18 cm～20 cm，苗基部 1 节～2 节叶片带根部基质土栽入垄沟，栽后及时合垄，浇透水。

8 田间管理

8.1 培土及除草

植株全部成活后结合除草进行第 1 次培土，上土厚度 3 cm～5 cm；株高 20 cm 时第 2 次培土，上土 5 cm。由于脱毒苗对除草剂比较敏感，不使用除草剂，除草结合中耕培土来进行，同时人工拔大草 3 次～5 次。

8.2 水肥管理

根据天气情况适当灌溉，宜勤浇、细浇、少浇，保持土壤湿润，一般田间持水量 60%～70%，防止忽干忽湿产生畸形薯。收获前 10 d 停止浇水，视苗生长情况结合病虫害防治喷施 0.5% 的磷酸二氢钾或 1.5% 尿素溶液和叶面微肥 3 次～5 次。结合第 1 次中耕培土追施尿素 45 kg/ hm²～75 kg/ hm²，结合第 2 次中耕培土追施硫酸钾 45 kg/ hm²～120 kg/ hm²，要求追肥后保持土壤湿润。若生长过旺，在现蕾—初花期喷 0.2% 多效唑 1 次～2 次，以防徒长。

8.3 拔除病杂株

在现蕾期、初花期各进行 1 次，发现病杂株及时拔除，包括清除地上部植株和地下部新生小薯，装入密闭袋中带出种薯棚深埋或销毁。

9 病虫害防治

9.1 防治原则

按照"预防为主，综合防治"原则，优先使用农业防治、生物防治和物理防治等措施，必须使用化学防治时农药应符合 NY/T 1276 和 GB/T 8321 的要求。

9.2 主要病害防治方法

9.2.1 晚疫病

病害发生前，可喷施多抗霉素和氨基寡糖素等生物型药剂，预防病害发生。

田间发现中心病株，应及时拔除销毁，集中深埋。并选用霜脲·锰锌可湿性粉剂或氟吡菌胺·霜霉威盐酸盐悬浮剂或氟吗啉·锰锌可湿性粉剂或恶霜·锰锌可湿性粉剂或噁唑菌铜·霜脲氰水分散粒剂，每隔 7 d～10 d 施药 1 次，喷雾防治，注意轮换用药。

9.2.2 早疫病

病害发生前，可选用辣根素和氨基寡糖素等生物型药剂作为保护剂，预防病害发生。

初见病斑时，选用戊唑醇悬浮剂或嘧菌酯悬浮剂或 50% 异菌脲可湿性粉剂治疗。

9.3 主要虫害防治方法

虫害防治按照 NY/T 2383 的规定执行。

10 杀秧与收获

收获在 9 月中旬至下旬，下部叶片枯黄时即可收获。收获前 7 d 割秧晾晒，以利于种薯皮老化。收获时尽量不要损伤薯皮和薯块。收获后的原原种，于 10℃～15℃ 条件下预储 7 d～10 d，然后分级，定量装入网袋，入库储藏。

11 生产档案

建立生产档案，内容包括产地环境、基质准备、苗床炼苗、整地施肥、定植、田间管理、病虫害防治、杀秧与收获。

ICS 65.020.20
CCS B 39

Q/BDHZZ

北大荒农垦集团有限公司企业标准

Q/BDHZZ 0004—2024

水稻育秧棚熟料栽培榆黄蘑技术规程

2024-04-03 发布

2024-05-01 实施

北大荒农垦集团有限公司 发布

前　言

本文件依据 GB/T 1.1—2020《标准化工作导则　第 1 部分：标准化文件的结构和起草规则》的规定起草。

请注意本文件的某些内容可能涉及专利。本文件的发布机构不承担识别专利的责任。

本文件由北大荒农垦集团有限公司提出并归口。

本文件起草单位：黑龙江省农垦科学院、北大荒农垦集团有限公司农业发展部、北大荒集团黑龙江勤得利农场有限公司、北大荒农垦集团有限公司。

实施单位：北大荒农垦集团有限公司。

本文件主要起草人：何培雄、郑安波、吴小军、郭莹、王红霞、高世杰、景尚友、徐宁、王明明、许亚坤。

水稻育秧棚熟料栽培榆黄蘑技术规程

1 范围

本文件规定了水稻育秧棚熟料栽培榆黄蘑技术的产地环境、品种选择、栽培时间、栽培技术、采收、病虫害防治、菌渣处理及生产档案。

本文件适用于水稻育秧棚熟料栽培榆黄蘑技术模式种植。

2 规范性引用文件

下列文件对于本文件的应用是必不可少的。凡是注日期的引用文件,仅注日期的版本适用于本文件。凡是不注日期的引用文件,其最新版本(包括所有的修改单)适用于本文件。

GB 3095 环境空气质量标准

GB 5749 生活饮用水卫生标准

GB/T 8321(所有部分) 农药合理使用准则

GB 15618 土壤环境质量 农用地土壤污染风险管控标准(试行)

NY/T 1935 食用菌栽培基质质量安全技术要求

NY/T 1276 农药安全使用规范 总则

3 产地环境

水稻育秧棚环境,以及前期制作菌袋、菌袋接种、养菌的场地的环境,需排水良好,水源干净便利,空气环境质量应符合 GB 3095 二类以上要求,生产用水质量应符合 GB 5749 的要求,土壤环境质量标准应符合 GB 15618 的要求。

4 品种选择

选择抗逆性强、适应市场需求、高产优质的高温型榆黄蘑品种。

5 栽培时间

水稻育秧棚空闲期在 6 月—11 月,一般选择在 6 月中下旬,栽培袋入棚出菇。

6 栽培技术

6.1 工艺流程

按照配方配料→原料预湿拌料→菌袋制作→灭菌→接种→养菌管理→出菇管理→采收。

6.2 配方

6.2.1 配方一

玉米芯 43%,杂木屑 40%,麦麸 15%,生石灰 1%,石膏 1%。

6.2.2 配方二

玉米芯 83%,麦麸 15%,生石灰 1%,石膏 1%。

6.2.3 配方三

玉米芯 73%,麦麸 15%,杂木屑 10%,生石灰 1%,石膏 1%。

6.2.4 栽培基质要求

生产过程所用的原料主要为玉米芯、木屑、麦麸等,要求新鲜、洁净、干燥(含水量低于 10%)、无虫、无霉、无异味,所有原料应符合 NY/T 1935 的要求。

6.3 菌袋制作

选择水稻育秧棚附近的合格场地,提前 1 d 预主料后,与辅料一起搅拌,调节水分,含水量以 65％为宜,充分搅拌均匀后装袋。菌袋选用 22 cm～25 cm(宽)×43 cm～45 cm(长)×0.025 cm(厚)的食用菌专用袋,安全要求应符合 GB 4806.7 的要求。常压灭菌,温度升至 100 ℃,保持 10 h～12 h。

6.4 接种

选择闲置水稻育秧棚或者合格场地接种,接种前将接种环境消毒,尽量在无菌条件下接种。菌袋内温度降至 30 ℃以下时方可接种。菌袋两头分别打开,接入菌种,然后套颈圈并用报纸覆盖袋口,用皮筋将报纸固定在颈圈上。接入的菌种应覆盖整个栽培料面,使榆黄蘑菌丝优先生长占领料面,抑制外来杂菌的滋生。

6.5 养菌期管理

接种后即在接种场所避光培养,初期室内温度保持 22 ℃～25 ℃,注意倒袋,防止高温烧菌。1 周后室温控制在 20 ℃～23 ℃,环境湿度在 60％左右。可通风降温,但不能喷水。随着菌丝生长,逐渐缓慢加大通风量。一般经 30 d 菌丝即可长满袋。此阶段要挑出杂菌污染菌袋,并将养菌未满的菌袋排在一起继续发菌。

6.6 搔菌及催菇

养菌结束后,码垛摆放,墙式出菇,每垛可摆 4 层～6 层。要立即进行搔菌,即把老菌种菌皮成块刮掉。此时应给予菌袋适当的温差刺激和散射光,保持空气相对湿度 95％左右,温度控制在 20 ℃左右,用报纸覆盖或盖膜保湿,以诱发原基出菇。

6.7 出菇管理

6.7.1 在菌棒两头出菇,水稻育秧棚的超级大棚(宽 12.5 m、长 60 m)可摆放 8 000 袋～10 000 袋。大棚采取加盖遮阳网或棉毡方式降温。

6.7.2 育秧棚温度保持在 20 ℃～25 ℃,空气相对湿度 85％～95％,拉大温差,通风换气并给予一定的散射光刺激。约 1 周后,菌蕾就会大量出现。

6.7.3 出菇期间在棚内地面、空间增加喷淋 2 次～3 次,并注意通风,保持空气新鲜,榆黄蘑从现蕾到采收需 7 d～10 d。

6.7.4 如遇高温,可通过打开水稻育秧棚侧面的棚裙通风降温,也可利用棚内喷淋设施喷水降温。切记不要在棚内最高温时喷水降温。

7 采收

榆黄蘑出现原基后,正常情况下 7 d～10 d 成熟。菇蕾在 20 ℃～25 ℃条件下,菌菇生长很快,1 周后便可采收。基本标准是:菌盖基本长大,菇片平展,色泽鲜黄,表面无异色。

8 病虫害防治

8.1 防治原则

预防为主,综合防治;农业防治、物理防治为主,化学防治为辅。

8.2 主要病虫害

主要病害为霉菌感染,主要包括绿霉、木霉、毛霉等。榆黄蘑较容易发生虫害,较为常见的菇棚内害虫主要有眼菌蚊、虱蝇、蒲螨等。

8.3 防治措施

8.3.1 农业防治

选用抗病性强的高温平菇品种,创造适宜的生长环境,保证棚内清洁,发现病虫害及时处理。

8.3.2 物理防治

原料在太阳光下曝晒,利用太阳紫外线生杀死病菌孢子。棚内设置孔径 0.21 cm~0.25 cm 的防虫网、粘虫板、杀虫灯,发现污染菌袋立即清理。

8.3.3 化学防治

优先采用生物防治措施。

栽培前大棚应提前进行消毒和灭虫。发生病虫害及时应对,优先选用高效、低毒、低残留药剂,尽量在无菇期用药,或避菇用药。农药使用应符合 NY/T 1276 和 GB/T 8321 的要求。

9 菌渣处理

采收完毕后,及时将菌袋集中,袋料分离,菌渣做无害化处理。菌渣可再次参与食用菌生产,或者发酵制作生物肥进行还田,既做到了废弃物再利用,也避免造成环境污染,形成环境友好型生产作业。

10 生产档案

建立生产档案,内容包括产地环境、品种选择、栽培时间、栽培技术、采收、病虫害防治及菌渣处理。

ICS 65.020.20
CCS B 39

Q/BDHZZ

北大荒农垦集团有限公司企业标准

Q/BDHZZ 0005—2024

水稻育秧棚栽培大球盖菇技术规程

2024-04-03 发布　　　　　　　　　　　　　2024-05-01 实施

北大荒农垦集团有限公司 发布

前　言

本文件依据 GB/T 1.1—2020《标准化工作导则　第 1 部分：标准化文件的结构和起草规则》的规定起草。

请注意本文件的某些内容可能涉及专利。本文件的发布机构不承担识别专利的责任。

本文件由北大荒农垦集团有限公司提出并归口。

本文件起草单位：黑龙江省农垦科学院、北大荒农垦集团有限公司农业发展部、北大荒集团黑龙江绥滨农场有限公司、北大荒集团黑龙江前哨农场有限公司。

实施单位：北大荒农垦集团有限公司。

本文件主要起草人：李少坤、郑安波、段兰昌、郭莹、王红霞、高世杰、景尚友、徐宁、王明明、许亚坤。

水稻育秧棚栽培大球盖菇技术规程

1 范围

本文件规定了水稻育秧棚栽培大球盖菇技术的产地环境、品种选择、工艺流程、原料发酵、栽培设施消毒、铺料播种、养菌管理、覆土、出菇管理、病虫害防治、采收、存储及生产档案。

本文件适用于水稻育秧棚栽培大球盖菇技术模式种植。

2 规范性引用文件

下列文件对于本文件的应用是必不可少的。凡是注日期的引用文件,仅注日期的版本适用于本文件。凡是不注日期的引用文件,其最新版本(包括所有的修改单)适用于本文件。

GB 3095　环境空气质量标准

GB 5749　生活饮用水卫生标准

GB/T 8321(所有部分)　农药合理使用准则

GB 15618　土壤环境质量　农用地土壤污染风险管控标准(试行)

NY/T 1276　农药安全使用规范　总则

NY/T 1935　食用菌栽培基质质量安全要求

3 产地环境

水稻育秧棚环境需排水良好,水源干净便利,空气环境质量应符合 GB 3095 二类以上要求,生产用水质量应符合 GB 5749 的要求,土壤环境质量标准应符合 GB 15618 的要求。

4 品种选择

选择抗逆性强、适应市场需求、高产优质的大球盖菇品种。

5 工艺流程

按照配方配料→原料预湿拌料→培养料建堆发酵→播种→养菌管理→覆土→出菇管理→采收。

6 原料发酵

6.1 配方

大球盖菇的栽培料一般利用农作物秸秆进行发酵,不添加农药。作物秸秆主要包括稻秸、稻壳、玉米秸、玉米芯等。所有基质都应符合 NY/T1935 的要求。

配方1:玉米秸 40%,玉米芯 27%,稻壳 15%,麦麸 15%,过磷酸钙 1%,石膏粉 1%,石灰 1%。

配方2:稻草 47%,玉米芯 35%,麦麸 15%,过磷酸钙 1%,石膏粉 1%,石灰 1%。

配方3:玉米芯 52%,稻壳 30%,麦麸 15%,过磷酸钙 1%,石膏粉 1%,石灰 1%。

6.2 原料预湿

建料堆前将主要原材料预湿 3 d~5 d,使之充分吸收水分,含水量 70% 以上。

6.3 建堆

在相邻水稻育秧棚的合适位置,将料堆成高 1.2 m~1.5 m,料堆顶部宽 1.0 m~1.5 m,料堆底部宽 1.5 m~2.0 m 的拱形堆,长度不限,料堆侧面陡一些,建堆时将料抖松抛落。建堆后,用直径 5 cm 左右木棒在料堆上垂直插通气孔,直至料堆底部,间隔 0.2 m,呈"品"字形排列。雨天注意防雨,严禁雨水大量渗入料堆。

6.4 翻堆

6.4.1 料堆中心温度接近 60 ℃时,保持 24 h 后进行第 1 次翻堆。如若含水量低于 70%,需及时补水。翻堆时,把料堆中部和外部的料对调位置,翻堆时必须将料松动,以增加料中含氧量,然后重新建堆,料面打孔,并注意防雨。

6.4.2 料堆中心温度达 60 ℃以上时,保持 24 h 左右,进行第 2 次翻堆,方法同上。

6.4.3 料堆中心温度再次达 60 ℃以上时,保持 24 h 左右,进行第 3 次翻堆,方法同上。如有需要,翻堆时可拌入浓度为 3% 的石灰水调节含水量至 65%～70%。

6.4.4 料堆中心温度再次达 60 ℃左右时,保持 24 h 左右,进行第 4 次翻堆,方法同上。

6.5 优质培养料标准

堆制出的优质培养料应具备以下特征:疏松均匀,内部有较多白色放线菌,无粪臭味,无氨味,有草香味,有韧性,手捏培养料能捏拢,松手即散,pH 7.5～8,含水量 65%～70%。

7 栽培设施消毒

在培养料入棚前 4 d～5 d,育秧棚内喷洒 1 遍 5% 石灰水。培养料入棚前 2 d,向育秧棚内喷多菌灵 800 倍～1 000 倍溶液,密闭温室 24 h 后通风。培养料在入棚前,按秧棚长度方向建畦,畦宽 1 m,畦间留走道,先在畦上喷洒 1 遍 5% 石灰水,再喷 1 遍杀虫剂。农药使用应符合 GB/T 8321 和 NY/T 1276 的要求。播种前,育秧棚外面加盖一层遮光率为 60%～70% 的遮阳网。

8 铺料播种

播种一般选择在 7 月初。播种前,操作工具及菌种袋外壁用 0.1% 高锰酸钾溶液擦拭消毒。发酵料温度降至 30 ℃以下时入棚播种,铺料时适当压实,料厚 10 cm～15 cm,在料面打孔,将 2/3 的菌种穴播,孔深 8 cm～12 cm,播完后用铁锹轻扫料面,使菌种埋入孔内,料面撒上剩余的 1/3 菌种,覆膜保湿。菌种用量 0.6 kg/m² ～1.0 kg/m²。

9 养菌管理

菌丝生长阶段,料内温度控制在 24 ℃～28 ℃,环境湿度 80% 左右。每天揭膜通风,刚开始少量通风即可,保持二氧化碳浓度不高于 0.15%。后期逐渐加大通风量,促进菌丝向湿度较大的料内生长,缩短菌丝生长到料底的时间。发菌 15 d～20 d,菌丝吃料 2/3 时要及时揭膜覆土。

10 覆土

10.1 取土与消毒

取土要选择草炭土或未施用过任何肥料的无污染的田园土。如取田园土,要先挖去表层约 8 cm 的表土弃用,然后挖取耕作层内 30 cm 的土壤。取土地点应远离菇场,将土块打碎,喷洒杀虫剂、杀菌剂,堆积起来,用薄膜覆盖备用。农药使用应符合 GB/T 8321 和 NY/T 1276 的要求。

10.2 覆土方法

覆土前 1 d～2 d,若料面较干,可喷施 3% 石灰水调湿。同时向覆土层均匀喷入 3% 石灰水,调节 pH 至 7.5 左右。覆土厚度在 4 cm 左右,覆土薄厚要均匀,土上覆盖草帘保湿。

11 出菇管理

11.1 覆土 7 d～10 d 后,菌丝在土层中大量生长,并且开始突出土表时,就要加大通风量。将环境温度降到 25 ℃左右,保持相对湿度 85%～95%,促使菌丝扭结产生原基。

11.2 如遇低温,应放下水稻育秧棚两侧棚裙,减少每日喷水量和通风。

11.3 如遇高温,应采取沟中灌水、加盖遮阳物、升起水稻育秧棚两侧棚裙通风等方法降低环境温度。

11.4 当子实体大量出现时,用水稻育秧棚内的喷淋设施增加空气湿度,保持相对湿度 85%～95%,出菇期水稻育秧棚内温度应尽量控制在 26 ℃以下。降温过程中,如需大量喷淋或者灌水,需同时加大通风,避免高温高湿。

12 病虫害防治

12.1 防治原则
预防为主,综合防治;农业防治、物理防治为主,化学防治为辅。

12.2 主要病虫害
有黑腐病、蛞蝓等。

12.3 防治措施

12.3.1 农业防治
选用抗病性强的品种,创造适宜的生长坏境,保证棚内清洁,发现病虫害及时处理。

12.3.2 物理防治
原料在太阳光下曝晒,利用太阳紫外线生杀死病菌孢子。棚内设置孔径 0.21 cm～0.25 cm 的防虫网、粘虫板、杀虫灯,发现污染立即用生石灰粉覆盖。

12.3.3 化学防治
优先采用生物防治措施。栽培前大棚应提前进行消毒和灭虫。发生病虫害及时应对,优先选用高效、低毒、低残留药剂,尽量在无菇期用药,或避菇用药。农药使用应符合 NY/T 1276 和 GB/T 8321 的要求。

13 采收
大球盖菇以菌膜尚未破裂,菌盖呈钟形时为采收的最佳时期,最迟应在菌盖内卷、菌褶呈灰白色时采收,以没有开伞的子实体为最佳。

14 存储
子实体采收后,需存储在 2 ℃～4 ℃的冷库中。冷库要求避光、洁净、无异味,严禁与有毒、有害、有异味、易传播虫害的物品混合存放。

15 生产档案
建立生产档案,内容包括产地环境、品种选择、工艺流程、原料发酵、栽培设施消毒、播种、养菌管理、覆土、出菇管理、病虫害防治、采收及存储。

ICS 65.020.20
CCS B 39

Q/BDHZZ

北大荒农垦集团有限公司企业标准

Q/BDHZZ 0006—2024

水稻育秧棚栽培花脸蘑技术规程

2024-04-03 发布   2024-05-01 实施

北大荒农垦集团有限公司 发布

前　言

本文件依据 GB/T 1.1—2020《标准化工作导则　第 1 部分：标准化文件的结构和起草规则》的规定起草。

请注意本文件的某些内容可能涉及专利。本文件的发布机构不承担识别专利的责任。

本文件由北大荒农垦集团有限公司提出并归口。

本文件起草单位：黑龙江省农垦科学院、北大荒农垦集团有限公司农业发展部、北大荒集团黑龙江前哨农场有限公司、北大荒集团黑龙江绥滨农场有限公司。

实施单位：北大荒农垦集团有限公司。

本文件主要起草人：段兰昌、郑安波、李少坤、郭莹、王红霞、高世杰、景尚友、徐宁、王明明、许亚坤。

水稻育秧棚栽培花脸蘑技术规程

1 范围

本文件规定了水稻育秧棚栽培花脸蘑（*lepista sordida*）技术的产地环境、品种选择、工艺流程、原料发酵、栽培设施消毒、铺料播种、养菌管理、覆土、出菇管理、病虫害防治、采收、存储、生产档案。

本文件适用于水稻育秧棚栽培花脸蘑技术模式种植。

2 规范性引用文件

下列文件对于本文件的应用是必不可少的。凡是注日期的引用文件，仅注日期的版本适用于本文件。凡是不注日期的引用文件，其最新版本（包括所有的修改单）适用于本文件。

GB 3095　环境空气质量标准

GB 5749　生活饮用水卫生标准

GB/T 8321（所有部分）　农药合理使用准则

GB 15618　土壤环境质量　农用地土壤污染风险管控标准（试行）

NY/T 1276　农药安全使用规范　总则

NY/T 1935　食用菌栽培基质质量安全要求

3 产地环境

水稻育秧棚环境需排水良好，水源干净便利，空气环境质量应符合 GB 3095 二类以上要求，生产用水质量应符合 GB 5749 的要求，土壤环境质量标准应符合 GB 15618 的要求。

4 品种选择

选择抗逆性强、适应市场需求、高产优质的花脸蘑品种。

5 工艺流程

按照配方配料→原料预湿拌料→培养料建堆发酵→播种→养菌管理→覆土→出菇管理→采收。

6 原料发酵

6.1 配方

利用畜禽粪便和农作物秸秆进行发酵，不添加农药。畜禽粪便主要是牛粪、鸡粪。作物秸秆主要是稻秸、稻壳、玉米秸、玉米芯，秸秆需粉碎。所有基质都应符合 NY/T 1935 的要求。

配方1：玉米秸60%，稻壳20%，牛粪17%，过磷酸钙1%，石膏粉1%，石灰1%。

配方2：稻草47%，玉米芯20%，牛粪30%，过磷酸钙1%，石膏粉1%，石灰1%。

配方3：玉米芯47%，牛粪30%，稻壳20%，过磷酸钙1%，石膏粉1%，石灰1%。

6.2 原料预湿

建料堆前将原料预湿 3 d～5 d，使之充分吸收水分并软化，含水量70%以上。

6.3 建堆

在相邻水稻育秧棚的合适位置，用石灰粉画出宽 1.5 m～2 m 的堆基，长度不限。先铺一层草料，厚约 30 cm，然后在上面铺一层粪，以盖严草层为宜。粪层上面再铺 30 cm 厚的草，草上再铺一层粪。如此反复，总层数 10 层～12 层，高1.5m 左右。过磷酸钙、石膏粉、石灰等辅料分层撒铺于各草层，可额外添加0.5%～1%尿素促进秸秆分解，含水量达到 70%～75%，注意防雨。

6.4 翻堆

6.4.1 料堆中心温度接近 60 ℃时,保持 24 h 后进行第 1 次翻堆。如若含水量低于 70%,需及时补水。

翻堆时,把料堆中部和外部的料对调位置,翻堆时必须将料松动,以增加料中含氧量,然后重新建堆,料面打孔,并注意防雨。

6.4.2 料堆中心温度达 60 ℃以上时,保持 24 h 左右,进行第 2 次翻堆,方法同上。

6.4.3 料堆中心温度再次达 60 ℃以上时,保持 24 h 左右,进行第 3 次翻堆,方法同上。如有需要,翻堆时可拌入浓度为 3%的石灰水调节含水量至 65%～70%。

6.4.4 料堆中心温度再次达 60 ℃左右时,保持 24 h 左右,进行第 4 次翻堆,方法同上。

6.5 优质培养料标准

堆制出的优质培养料应具备以下特征:疏松均匀,内部有较多白色放线菌,无粪臭味,无氨味,有草香味,有韧性,手捏培养料能捏拢,松手即散,pH 7.5～8,含水量 65%～70%。

7 栽培设施消毒

在培养料入棚前 4 d～5 d,育秧棚内喷洒 1 遍 5%石灰水。培养料入棚前 2 d,向育秧棚内喷多菌灵 800 倍～1 000 倍溶液,密闭 24h 后通风。培养料入棚前,按南北向建畦,畦宽 1 m,高 20 cm～30 cm,畦间留走道,先在畦上喷 1 遍 5%石灰水,再喷 1 遍杀虫剂。农药使用应符合 GB/T 8321 和 NY/T 1276 的要求。播种前,育秧棚外面加盖一层遮光率为 60%～70%的遮阳网。

8 铺料播种

播种一般选择在 7 月中上旬。播种前,操作工具及菌种袋外壁用 0.1%高锰酸钾溶液擦拭消毒,并在畦上喷洒 5%石灰水。发酵料温度降至 30 ℃以下时入棚播种,铺料时适当压实,料厚 10 cm～15 cm,在料面打孔,将 2/3 的菌种穴播,孔深 8 cm～12 cm,播完后用铁锹轻扫料面,使菌种埋入孔内,料面撒上剩余的 1/3 菌种,覆膜保湿。菌种用量 0.7 kg/m²～1.0 kg/m²。

9 养菌管理

菌丝生长阶段料内温度控制在 24 ℃～28 ℃,湿度 80%左右。每天揭膜通风,刚开始少量通风即可,保持二氧化碳浓度不高于 0.15%。后期逐渐加大通风量,促进菌丝向湿度较大的料内生长,缩短菌丝生长到料底的时间。发菌 15 d～20 d,菌丝吃料 2/3 时要及时揭膜覆土。

10 覆土

10.1 取土与消毒

取土要选择草炭土或未施用过任何肥料的无污染的田园土。如取田园土,要先挖去表层约 8 cm 的表土弃用,然后挖取耕作层内 30 cm 的土壤。取土地点应远离菇场,将土块打碎,喷洒杀虫剂和杀菌剂,堆积起来,用薄膜覆盖备用。农药使用应符合 GB/T 8321 和 NY/T 1276 的要求。

10.2 覆土方法

覆土前 1 d～2 d,若料面较干,可喷施 3%石灰水调湿。同时向覆土层均匀喷入 3%石灰水,调节 pH 至 7 左右。覆土厚度在 2 cm 左右,覆土薄厚要均匀。

11 出菇管理

11.1 覆土 10 d～15 d 后,菌丝在土层中大量生长,并且开始突出土表时,就要加大通风量。将环境温度降到 25 ℃左右,促使菌丝扭结产生原基。

11.2 如遇低温,应放下水稻育秧棚两侧棚裙,减少每日喷水量和通风。

11.3 如遇高温,应采取沟中灌水、加盖遮阳物、升起水稻育秧棚两侧棚裙通风等方法降低棚内环境温度。

11.4 覆土 15 d～20 d 后,开始形成原基,确保棚内空气新鲜,环境温度在 26 ℃左右,相对湿度 85％～95％。

11.5 当子实体普遍长到 2 cm～3 cm 时,用水稻育秧棚内的喷淋设施增加空气湿度,保持相对湿度 85％～95％,出菇期水稻育秧棚内温度应尽量控制在 28 ℃以下,并保持棚内空气新鲜。

12 病虫害防治

12.1 防治原则

预防为主,综合防治;农业防治、物理防治为主,化学防治为辅。

12.2 主要病虫害

黑腐病、菇蝇、蛞蝓等。

12.3 防治措施

12.3.1 农业防治

选用抗病性强的品种,创造适宜的生长环境,保证棚内清洁,发现病虫害及时处理。

12.3.2 物理防治

原料在太阳光下曝晒,利用太阳紫外线生杀死病菌孢子。棚内设置孔径 0.21cm～0.25cm 的防虫网、粘虫板、杀虫灯,发现污染立即用生石灰粉覆盖。

12.3.3 化学防治

优先采用生物防治措施。栽培前大棚应提前进行消毒和灭虫。发生病虫害及时应对,优先选用高效、低毒、低残留药剂,尽量在无菇期用药,或避菇用药。农药使用应符合 NY/T 1276 和 GB/T 8321 的要求。

13 采收

当子实体普遍长到 5 cm 左右,菌盖没有完全打开时,即可采摘。采摘时留下健康的小菇蕾,如有开伞的小菇蕾则要及时摘下。采摘后及时清除料中的断根和不健康的小菇蕾,以防高温高湿下感染杂菌。每天采摘次数视出菇情况而定,一般情况下早晚各 1 次。采摘后的花脸蘑要及时清除根部泥土并晒干,有条件的将晒干的蘑菇 4 ℃冷藏保存。

14 存储

子实体采收后,可鲜品直接存储在 2 ℃～4 ℃的冷库中,也可将子实体烘干后存储在 2 ℃～4 ℃的冷库中。冷库要求避光、洁净、无异味,严禁与有毒、有害、有异味、易传播虫害的物品混合存放。

15 生产档案

建立生产档案,内容包括:产地环境、品种选择、工艺流程、原料发酵、栽培设施消毒、播种、养菌管理、覆土、出菇管理、病虫害防治、采收及存储。

————————————